**让知识成为每个人的力量**

吴军

LECTURES ON
GENERAL LOGIC

著

# 逻辑学通识讲义

NEWSTAR PRESS
新\星\出\版\社

**图书在版编目（CIP）数据**

逻辑学通识讲义 / 吴军著 . -- 北京 : 新星出版社，
2025. 4（2025. 5 重印）. -- ISBN 978-7-5133-6012-8

Ⅰ . B81

中国国家版本馆 CIP 数据核字第 2025U63R55 号

# 逻辑学通识讲义

吴军　著

| | | | | |
|---|---|---|---|---|
| **责任编辑** | 汪　欣 | | **装帧设计** | 尚世视觉 |
| **策划编辑** | 宋如月　张慧哲 | | **版式设计** | 书情文化 |
| **营销编辑** | 吴　思　王　瑶　郭文博 | | **责任印制** | 李珊珊 |

**出 版 人**　马汝军
**出版发行**　新星出版社
　　　　　　（北京市西城区车公庄大街丙 3 号楼 8001　100044）
**网　　址**　www.newstarpress.com
**法律顾问**　北京市岳成律师事务所
**印　　刷**　北京盛通印刷股份有限公司
**开　　本**　880mm×1230mm　1/32
**印　　张**　14
**字　　数**　290 千字
**版　　次**　2025 年 4 月第 1 版　2025 年 5 月第 2 次印刷
**书　　号**　ISBN 978-7-5133-6012-8
**定　　价**　99.00 元

发行公司：400-0526000　总机：010-88310888　传真：010-65270449

# 第二编　演　绎

# 第三编　归　纳

**第七章　数据和规律**

# 我们为什么要学习逻辑学

如果要问，在我国的教育中，最薄弱的环节是什么，我认为，不是数理化，甚至不是语文，而是逻辑。直到今天，从小学、中学到大学，都不会进行逻辑学通识教育，只有一些大学里少数专业的学生会学习与逻辑学相关的课程。很多人在生活和工作中不讲逻辑，这既影响了他们自身的进步速度，其实也影响了我们国家科学的发展步伐。为什么这么说呢？因为逻辑是科学思维的基础，而科学思维是人类在近代能够快速进步的重要原因。

人类在大约公元前4000年进入文明状态。一直到17世纪科学革命之前，这几千年的时间里，人类文明进步的速度其实都很慢，人们的生活也没有多少实质性的改善。这不是因为过去的人们不努力，而是因为他们没有掌握某种系统的方法，因此无法取得持续的进步。就拿科学领域来说，科学革命之前的发明创造大多是天才偶然为之的结果，有很多运气成分。这些天才的成功，其他人无法复制。这样，文明发展就没有可重复、可叠加的效果。

17世纪的科学革命之后，人类文明进程仿佛被按了加速键。提到科学革命，大家可能首先会想到那些改变世界的发明和定律。其实，科学革命更伟大的地方在于，科学家和哲学家们总结出了一套科学方法，并不断完善，让人类的成功变得可复制、可叠加。此后，发明创造的数量出现井喷，个人的成功也不再是小概率事件。

究竟是什么样的科学方法改变了人类文明发展的进程呢？这里要提到两位伟大的哲学家、科学家——笛卡尔和培根。他们分别代表了人类获取知识的两种最主要的途径。

笛卡尔强调通过人的理性思考获得知识。也就是说，从已有的知识出发，通过演绎推理逐步推理出其他知识，这种方法论被称为理性主义认识论。培根则强调通过经验，从具体的实践和观察中归纳出一般性的原理和规律，这种方法论被称为经验主义认识论。演绎推理和归纳推理共同构成了推动人类文明发展的重要方法，其核心就是逻辑学。

今天，面对一件从没做过的事，即便是像造火箭上火星这样的挑战，人们依然能够用科学的方法来解决。人们会从已有的知识出发，逐步推理出正确的路径，找到解决问题的关键突破口。同时，人们也会通过归纳推理，从具体的实践中归纳总结已有的经验，避免犯同样的错误。

持续成功的关键词就是"可叠加"和"可重复"。想象一下，如果一个人的成功完全靠运气，那他不仅不能把握自己的命运，还经常会因为一次失败，就把之前所有的积累都输光。

如果一个人比别人多积攒了十年的经验，而且那些成功经验是可重复的，那他就站在了更高的起点上，竞争力自然也会更强。但是，如果做事情的方法不对，那么做得再多，对今后也没什么帮助。比如，很多人会遇到35岁的事业瓶颈期，其实就是因为他们之前的经验对以后的工作没有帮助。

"科学方法"虽然包含"科学"二字，但其实适用于所有的领域，并不仅限于科学研究和技术发明。比如，学霸们在学习时采用了科学方法，他们只要做几道题就能把所学知识都掌握，而且每次的进步都是在为今后打基础；而普通学生学习时如果没有采用科学方法，哪怕偶尔做对一次题，也不能保证以后同类问题都做对。再比如，一个球类运动员想提高技艺，也需要采用科学方法进行训练，否则无法从诸多竞争对手中脱颖而出。又比如，平时在单位里工作，有的人进步很快，有的人很慢，其原因就在于前者采用的是科学方法，后者则是靠简单的经验，甚至靠直觉或感觉。回顾我自己的学术生涯和职业生涯，不得不说，正是受益于多年的逻辑思维训练，我才能在每次遇到新的问题时不断想到办法解决。

2024年，我在得到App上开设了《逻辑思维训练50讲》这样一门通识课程，为大家普及逻辑学基本知识，有超过6万名同学参加了学习。不过，有些内容通过音频学习还是有些困难，因此，在我最初的教学大纲基础上，课程内容经过了多次简化、修改和打磨。在课程结束之后，我决定将逻辑推理的全部内容写成讲义，交付给你。相比课程，这本书扩充了很多内容，更完整也更系统，特别是演绎推理的部分。

本书分为三个部分，分别介绍思维和逻辑的关系、演绎推理、归纳推理。书中除了逻辑推理的基本原理和工具，还有大量生活中的例子，以便你可以更好地掌握逻辑推理的方法。相比得到 App 上的课程，这本书的内容要丰富许多，当然理解难度也高一些。为了方便非理工科的读者朋友阅读，我对较难的内容，以及重要但和全书主线关联不强的知识点都做了说明，供你参考。如果觉得理解有困难，你可以跳过那些内容，不影响阅读后面的章节。

作为经常使用逻辑进行思考的受益者，我希望这本书能够帮助年轻的读者们更好地掌握学习和思考问题的方法，帮助职场中的朋友们提升讲道理和谈判的水平，以及做出正确决策的本领。这样，无论是想问题还是做事情，你都可以做到有理有据，找对正确的路径，让成功不再是靠运气和"感觉"，而是成为一种常态，并最终成为一个头脑清醒的明白人。

# 第一编
# 逻辑的基本概念

我语言的边界就是我世界的边界。

——维特根斯坦

# 第一章

# 语言和思维

人是世界上唯一具有复杂思维能力的物种。然而，有复杂思维能力不等于能够有效地发挥这种能力。运用理性思维离不开逻辑。

## 1.1　定义：什么是逻辑

　　什么是逻辑呢？简单地讲，逻辑就是讲道理的学问。这里的"道理"不是老生常谈的"大道理"，不是说教，更不是道德判断，而是指为我们的想法和结论找到站得住脚的理由，用一种能从原因一步步有效地推导出必然结果的方式，论证结论必然成立的过程。

　　比如，要论证"古希腊著名哲学家苏格拉底会死"这个结论，首先要有一个站得住脚的前提——"所有的人都会死"。也就是说，如果把会死的东西放在一个大集合中，人这个集合是在会死的集合当中的，是后者的子集。19世纪英国的数学家和哲学家维恩为了形象地展示集合之间这种相互包含的关系，发明了文氏图[①]（图1–1）。接下来，可以在文氏图中用人这个集合中的一个点代表苏格拉底，因为他是个人，属于人这个集合。从图中可以看出，代表苏格拉底的点也必然在"会死的"这个集合中。于是，我们可以得到"苏格拉底会死"这个必然的结论。这就是利用逻辑讲道理的过程。当然，这个例子非常简单，而现实生活中的逻辑会复杂得多。

---

[①]　维恩英文名为John Venn，文氏图为维恩图（Venn Diagram）的音译。

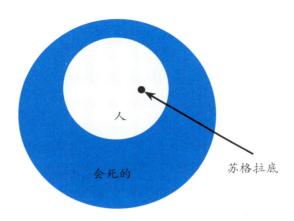

图1-1 利用文氏图论证"苏格拉底会死"的过程

　　讲道理不仅针对他人，也针对自己。比如，上中学时，要做一道几何题，从已知条件出发，通过有效的论证，一步步推导出结论的过程，就是在和自己讲理，在说服自己。和自己讲道理的人一般都是逻辑清晰的人。如果一名同学解题的思路混乱，写出来的步骤前后没有关联，遇到一些想不通的地方，就用"显然"这样的字眼遮掩过去，直接跳到下一步，这就是不讲道理，没有逻辑。通过逻辑这个工具，我们可以让自己在思考时保持清晰的头脑，做出正确的判断，以便在和他人讲话时条理清晰，让他人信服。

　　我们可以把使用逻辑分成三个步骤，依次是：把想法变成概念和命题，确立命题之间的逻辑关系，以及构建逻辑链条进行有效论证。本章重点讲第一步，即把想法变成概念和命题。

## 1.2　语言：如何避免沟通中的歧义

人类表达思想离不开语言，用著名哲学家、语言学家和逻辑学家维特根斯坦的话来说："我语言的边界就是我世界的边界。"为了理解这句话的深意，不妨来设想两个场景。

第一个场景，设想你们部门明天要开例会，你是召集人，要安排议程，主持会议，并且叮嘱小李做记录，然后将会议纪要发给大家。在这个过程中，你脑子里不能想到任何文字，嘴里不能念叨"会议""办公室""发言""记录"这些词，看看能不能做到。

第二个场景，设想一下你见到一个非常喜欢的异性，喜欢到想和他（她）一辈子在一起的程度。这时，你想向对方表白，想让对方相信你是爱他（她）的，并且让对方和你在一起。但是，你的表白不能用语言文字。如果对方拒绝了你，你想再争取一下，让对方相信你们在一起会很幸福，还能一起周游世界，体会很多有趣的事。在这个过程中，你脑子里也不能想到任何文字。你能否做到？

我让很多朋友尝试过，但没有一个人成功。接下来，我又让他们用外语思考，看看能不能把思路捋清楚。事实证明，除非是真正讲双语的人，一般人通常做不到用外语把每一个细节思考清楚，因为语言能力限制了他们的思考能力。

　　语言的发明是人类文明发展过程中的一大步。正是因为有了语言，大家才能够深入了解彼此的思想，合作解决庞大而复杂的难题。其他没有语言能力的动物是做不到这一点的。语言的发明也开启了人类的智慧，今天大部分学者都认为，语言的出现对于人类在智力上的进化有很大的帮助，语言能力本身也是智力的一部分。

　　最初的语言只有对一个个目标对象的描述，比如太阳、大地、水、大树、你我他等。后来，人们从一些目标对象中提炼出了一些概念。比如"王教授是一位好老师"，王教授就是一个具体的对象，而老师则是一个概念。

　　有了彼此都懂的概念，大家就可以进行有效的交流了。比如，当我们说北京的房价在涨或者在跌时，房子就是一个概念，它是抽象的，不是指一栋具体的公寓楼或者四合院。维特根斯坦发现，人类之所以能够用某种语言进行交流，是因为人类对这种语言中概念的理解是相通的，否则对话就是鸡同鸭讲。比如，常有理对梅有据说"北京的房价在上涨"，梅有据则回复"可是鼓楼那里的一座四合院的价格却下跌了"。他们二人观点的冲突，可能不是因为各自依据的事实相互矛盾，而是因为他们对"房子"这个概念理解不同。常有理想的是北京近期出售的所有房子，而梅有据想的是某一栋具体的房子。可见，对概念缺乏一致性理解，会影响我们自己的思考，或者我们与别人的沟通。

　　人们使用概念进行思考和沟通时，时常会犯三种错误。

　　**第一，将一个概念所描述的整体和个体混为一谈**。比如，很多人会有这样的刻板印象："某某地区的人比较小气"或者"某某族裔的人比较懒惰"。实际上，小气和懒惰是个体的属性，人们通过自己遇到的某些人形成这种印象，将对个体的印象套到群体上，就混淆了整体和个体的差异。这其实就是一种在思考问题和讲话时概念不清的表现。我们平时说的"北京人""上海人"是抽象概念，也是集合概念，它们不等同于某一个具体的北京人或者上海人。

**第二，违反逻辑中的同一律（Law of identity）。** 什么是同一律呢？通俗地讲，它是指我们谈论到的任何事物都只能是它自己。苹果就是苹果，香蕉就是香蕉。不仅如此，就算都是苹果，这个苹果也不是那个苹果，黄色的香蕉苹果不是红色的富士苹果，某苹果也不能代表所有的苹果。

比如，常有理向你借了一万元，还写了借条。结果，要还钱的时候常有理说："德谟克利特说，人不能两次跨过同一条河。昨天的我不是今天的我，今天的我没有向你借钱，你去找当初给你写借条的那个常有理要钱。"在哲学上，常有理的这个说法或许可以成立，但涉及商业契约时，我们认定自然人的身份具有同一性。打官司时，大家可以遵照逻辑进行辩论，但是不能违反同一律。在商业层面，法人实体也具有同样的特点。比如，你把钱借给了Ａ公司，Ａ公司后来被Ｂ公司收购了，Ｂ公司就自动承担了向你还债的义务，因为这两个实体具有了同一性。类似地，如果Ａ公司有一项专利，那它被Ｂ公司收购后，别人也不能随意侵犯那项专利的权益，因为这时Ｂ公司作为和Ａ公司同一的实体，就自动拥有了专利权。

**第三，忽略讲话的语境**。大部分概念的真实含义都和语境有关。大家讨论问题，都是在一个各方都默认的语境之中进行的。不妨来看一个例子。

> **例 1-1**
>
> 常有理找你借了一百块钱，商量明天还你。因为金额太小，你没有让他写借条。到了第二天你找他要钱，他说："我说的是明天还你，不是今天还你。"

这个例子中，常有理就犯了忽略语境的谬误。根据约定俗成，大家通常默认一个谈话的语境。"明天"这个概念虽然指的是今天后的第二天，但是人们使用这个概念时总是指特定的某一天，比如，今天是三月二日，"明天"就特指三月三日。

在使用概念时，除了要注意上面三个常犯的逻辑谬误，还要注意自然语言的二义性。比如，有人在借条上写"今借常有理五万元"，等常有理向他要钱时，那个人说："是我借给你五万元，不是向你借五万元。"在这里，"借"有两个完全相反的含义，分别是"借给"和"借到"，这就是语义的二义性。

人们在交流时，常犯另一个和语境有关的逻辑错误，那就是忽略了共识。比如，我们常说："自改革开放以来，中国经济快速增长。"通常人们都会认同这是一个事实，但是总有人抬杠，认为这只是一种看法，因为"快速增长"没有明确的定义。这种看法看似有道理，却忽略了一个常识，就是人们在讨论任何问题时，都需要对语境有一个共识。当大众达成一个共识之后，各种原本有二义性的概念，其实就有了明确的含义。比如，关于经济增长的速度，虽然没有每年5%或者10%这样一个具体的值，但是中国过去几十年的增长速度远远超过普遍认为的高速增长的阈值。

使用语言表达概念时，如何做到既清晰准确，又简洁明了呢？除了遵守同一律和照顾语境外，还有两点需要注意。

**第一，多用名词，少用代词；多用具体的名词，少用抽象的名词，避免造成不必要的歧义。**

比如，在"常有理告诉梅有据他父亲去了医院"这句话中，"他"是指常有理还是梅有据呢？两种可能性都存在。更清晰的表述可以是"常有理告诉梅有据自己的（或者对方的）父亲去了医院"。

再比如，小常问小梅："车钥匙在哪儿？"小梅回答说："放回那个抽屉里了。"小常没有找到车钥匙，因为小常找的"那个抽屉"和小梅说的"那个抽屉"很有可能不是同一个抽屉。代词"那个"的指代并不清晰，比较准确的表述可以是"写字台左边最上面的抽屉"。

类似地，如果有位老师上课的时候说："一些同学觉得最近作业太多了，另一些同学希望再多布置一些。请这些同学课后找我一下。"老师说的"这些同学"是哪些同学，是前一种还是后一种，就有歧义。所以，要尽量少用代词，直接用相应的名词即可。

**第二，在使用名词时，如果能用一个具体的、外延比较小的名词，就不要用外延大的。**1794年法国大革命时期，罗伯斯庇尔在国民公会发表讲话，抨击敌人和叛徒。当时法国笼罩在雅各宾派的恐怖统治中，人人自危，由于罗伯斯庇尔没有说出这些"叛徒"的名字，在场的所有人都担心自己就是下一个目标。于是，反对者们开始筹划热月政变，逮捕并处死了罗伯斯庇尔。可见，一个小小的表述问题，有时会引起难以预料的后果。今天很多企业领导在许诺好处时，会夸大受益人的范围。比如，有的领导会讲："大家好好干，都会有好处的。"他说"大家好好干"时，"大家"指的是所有人，但分好处时，受益较多的通常只是一部分人。这里"大家"这个词的含义不清晰，而且过于宽泛。

　　介绍了如何用自然语言准确表述概念后，本书后面的内容中就假定概念的表述都是清晰的，没有二义性，除非特别说明。

# 1.3　命题：如何用清晰的概念表达想法

　　有了概念之后，几个概念以一定的方式组织起来，就构成了句子，能够表达更完整的思想。在逻辑学中，我们只研究一类特定的句子，那就是命题。

　　简单来说，命题就是一个能够判断真伪的陈述句。任何语言都有四种最基本的句式，分别是陈述句、感叹句、祈使句和疑问句。在这四种句式中，只有陈述句能表述事实。如果你在历史考卷上写"宋朝难道还不算是一个伟大的王朝吗？"老师无法判断这是你的感慨，还是你想表达什么事实，也就无法根据你的文字判断对错。类似地，我们在沟通时，如果发出"多么美好的一天啊！"这样的感叹，或者发出"天气难道不热吗？"这样的疑问，都不属于准确的表达，因为这些语句没有真伪可言，自然也就没有道理可讲。此外，像"你去把茶水给我端来"这样的祈使句也没有真伪可言，不是命题。因此，在逻辑学中，我们只讨论命题，也就是能判断是非的陈述句。

如果命题成立，则它的真值为真，可以用字母 T[①] 来表示真。反之，如果一个命题不成立，则它的真值为假，用 F[②] 表示。比如，"从地球上看，太阳东升西落"，这句话就为真；"海水的密度比纯净水小"，这句话就为假。

一个命题可以进一步细分为主词、谓词和量词。主词是命题的主体，比如，在"苏格拉底会死"这个命题中，苏格拉底就是主词。谓词是指谓语的中心部分，它可以是一个动词，也可以是系词和宾语的组合。比如在"苏格拉底会死"中，"会死"是这个命题的谓词；而在命题"苏格拉底是人"中，系词"是"和宾语"人"，构成了谓词"是人"。

最后来看量词。"所有的人都有份""有些人今天没来"这类句子里，"所有人"和"有些人"就是逻辑中的量词。有些命题对于所有的情况都成立，就要使用全称量词。比如"凡是动物，都属于生物"，限定动物的量词就是全称量词。但有些命题

---

① 英文单词 True 的首字母，意思为真。

② 英文单词 False 的首字母，意思为假。

只有在特定的情况下才成立，比如"有些动物会飞"，对应的量词就是存在量词。

如果想遵循逻辑学的原则进行理性思维，或者和人讲道理，除了前文提到的概念清晰，还有几点需要注意。

**第一，多用陈述句，少用感叹句和疑问句，更要尽量避免祈使句。**

要少用感叹句，因为它们掺杂了情感因素，让人们想表达的意思显得不客观，缺乏说服力。比如，你想为同事小梅说两句好话，"小梅是个好员工"这个表述就已经把意思表达得很清楚了。但如果说"小梅是个多好的员工啊"，就不像是陈述事实，而是发表感慨。

疑问句也要少用，除非是向人询问和请教自己不知道的事情，或者请求许可。如果一定要使用疑问句，也最好不要使用"什么"这样的疑问词，而要多用"哪个"。比如，常有理和梅有据打算出去吃饭，小常问："我们去吃什么呢？"这是个开放性的问题，可能他们讨论二十分钟也得不到结论。但是如果小常问小梅："我们是去吃烤鸭，还是吃火锅？"这样讨论起来就有效多了。如果对答案已经有倾向性了，就少问是与否，多给出建设性的选项。比如，小常与其问小梅"我们今天能不能出去吃饭"，就不如直接跟小梅说："我今天想出去吃饭，咱们是去吃粤菜，还是寿司？"

至于祈使句，它们只适用于在特定场合发布命令，不适合讲道理。

不仅在和他人讲道理时要掌握这些原则，自己进行理性思考时也要如此。比如，一个人想买房子，如果他感叹："哎，我要是能像中国首富一样有钱，买房就简单了！"这种想法对达到买房的目的毫无帮助。而疑问句是启发我们思考的，它不是答案本身。比如，如果要回答"为什么天是蓝色的"这个问题，就可以用一些疑问句启发思考。比如问自己："我们看到蓝天，说明太阳光中其他颜色的光谱被过滤掉了，它们去哪里了呢？"回答问题时就不能用疑问句了，要从基本的光学原理出发，通过一步步论证得到结论。

**第二，准确地使用量词**。虽然自然语言中量词有很多种，但是在逻辑上，它们都可以被总结为全称量词和存在量词。全称量词的使用规则非常严格，不能有例外。一件事哪怕在绝大多数情况下成立，也只能使用存在量词。比如，一件事即使有90%概率会发生，最好也不要使用"总是""完全"这类量词。举个例子。常有理一周五天迟到了四天，如果跟他说"你怎么总是迟到"，他就会找出一个例外反驳你说"我这周三就没有迟到啊。"接下来的沟通可能就进行不下去了。

**第三，主词的内涵和外延必须明确**。内涵是指概念包含的所有本质属性，比如汽车这个概念，它的内涵包括三个基本属性：

1. 车辆；
2. 本身具有动力，动力驱动它前进；
3. 无须轨道、电缆或者它本身之外的动力。

所谓外延，就是这个概念所描绘对象构成的集合的边界。

比如汽车的外延包含家庭轿车、卡车、越野车等。而没有动力的挂车和使用轨道和电缆的火车不在其列。

很多诡辩之人混淆视听的方法，就是把命题中主词的内涵和外延模糊化。比如"飞机需要动力才能飞行"，这肯定没错，但是常有理却说："我用纸叠的飞机不需要动力也能飞。"这里常有理就是故意混淆了飞机的内涵。在一般的语境下，飞机是指固定机翼、有动力驱动的飞行器。根据这个内涵，甚至直升机和无人机都不属于人们通常所说的"飞机"，更不要说纸叠的飞机了。

通常，一个概念内涵越多，外延就越小；反过来，内涵越少，外延越大。很多人常犯一个逻辑错误：一方面往一个概念里装入越来越多的内涵，另一方面又希望它的外延能扩大。这是不可能的。比如，车、汽车和家庭轿车，这三个概念一个比一个内涵丰富，但是它们的外延却越来越小。

图1-2 车、汽车和家庭轿车的外延

　　在日常生活中，很多人提要求的时候经常"既要还要"，比如，找对象的时候既要对方长得帅，又要对方学历高，还要对方对自己死心塌地。这就是往"对象"这个概念中装了太多的内涵，满足条件的人自然就少。

## 本章小结

　　我们的思维依赖于语言。在思维和交流时，要想保持理性和清晰的头脑，就需要用清晰的概念和明确的陈述句来表达想法。在此基础之上，才有可能通过逻辑推理有效地推导出新的知识，或者论证我们的结论。

# 第二章

# 逻辑关系与逻辑链条

在第一章我们了解到，逻辑思维是有效思考和清晰表达的关键，它帮助我们将想法转化为概念和命题，为逻辑推理奠定了基础。但仅仅构建命题是不够的，我们还需要深入理解命题之间的关系，构建逻辑链条进行有效论证，以及准确判断论证的有效性。

## 2.1　复合命题：有哪些基本的逻辑关系

　　用逻辑来思考，第一步就是把复杂的思想变成命题。有些命题比较简单，真假值能够直接判定，而有些命题是由多个简单命题构成的复合命题，判定它们的真假值就要看这些简单命题之间的逻辑关系。在命题能够反映复杂的思想之后，我们就可以通过逻辑运算进行推理，从前提出发，得到结论。这个过程就是逻辑关系链条。这根链条需要完整，并且符合逻辑学的基本原理。如果能做到这一点，我们就说论证的过程是有效的。学习逻辑学的主要目的，就是能够判断人们得出结论的过程是否符合逻辑，或者我们的结论是否站得住脚。

　　我们平时遇到的很多命题都不是简单的陈述句。比如，"常有理去上学了，但梅有据没有去"或者"这个任务可以交给小常，也可以交给小梅"，这两个命题都是复合命题，其中包含了通过连接词联系起来的两个简单命题。这些复合命题是否为真，一方面要看里面每一个简单命题是真是假，另一方面要看它们之间连接词的含义。比如，"常有理去上学了，但梅有据没有去"这个命题，显然，只有其中包含的两个简单命题都成立，这个复合命题才能成立。如果常有理和梅有据都去上学了，第二个简单命题就是错的，整个复合命题就错了。在这种情况下，复合命题中两个简单命题的逻辑关系，被称为"与"或者"合取"

关系。

在逻辑学中，通常用字母 P、Q、R、S 等逻辑符号来代表简单命题。一个命题如果已经简单到不能再简单、无法继续分解了，就被称为原子命题。用字母代表命题有两个好处，一是简洁方便，二是没有二义性。

简单命题构成复杂命题时，需要通过连接词来连接。不同的连接词代表命题之间不同的逻辑关系。命题之间各种复杂的逻辑关系，可以简化为五种基本的逻辑关系。

## 否定关系

每一个命题都会有一个含义相反的命题，我们把它称为命题的否定（negation）。比如"秦始皇是人"这个命题的否定就是"秦始皇不是人"。

我们通常用 ~（或者 ¬）这个符号表示否定，读成"非"。否定关系会将一个真命题变成假命题。如果 P 代表"秦始皇是人"，那么 ~P 就代表"秦始皇不是人"。前一个命题为真，而后一个为假。同时，一个错的命题否定之后会变成正确的。比如，如果一个命题是"三角形的内角之和等于 100 度"，我们知道它是错的，其否定就是"三角形的内角之和不等于 100 度"，这个结论是对的。因此，否定关系永远是将原命题的真值反过来，从真变成假，从假变成真。我们可以用下面的表格（表 2-1）表示否定关系，这种表格被称为真值表。这个真值表有两列，第一列给出命题 P 所有可能的真值，第二列则给出 P 在不同取值下，~P 的取值。

**表2-1 否定关系的真值表**

| P | ~P |
|:---:|:---:|
| T | F |
| F | T |

需要指出的是，否定关系是对整个命题的否定，而不是对其一部分的否定。比如，对命题"所有的人都会死"的否定，是"并非所有的人都会死"，而不是"所有的人都不会死"。也就是说，该命题的否定是"有些人不会死"。在现实生活中，这个原则被经常使用，它也使得证实和证伪一件事的难度变得完全不同。比如，如果要证实一个科学结论，那么，所有的例子都要符合这个结论。然而，要证伪这个结论，只要找到一个反例就可以了。在司法上，要证明一个人犯罪了，需要所有的证据都指向这个结论；要给他脱罪，只需要找出证据链中的一个破绽就可以了。

### 合取关系

合取关系（conjunction）是两个或者更多的命题之间的关系。

例 2-1

命题 P：秦始皇死了。

命题 Q：秦始皇活了 100 岁。

如果说"秦始皇死了，并且秦始皇活了 100 岁"，就构成了一个新的复合命题。其中的两个简单命题之间就是合取关系。只有当这两个简单命题都为真时，通过合取关系组织起来的复合命题才为真。在这个例子中，由于第二个简单命题 Q 为假，因此整个复合命题则为假。对于命题 P 和 Q 的合取，写作 P∧Q。当然，一个复合命题还可以是多个命题的合取。比如，"秦始皇死了，他的儿子们活得没有他长，并且秦始皇活了 100 岁"，就是三个简单命题的合取。在多个命题的合取中，只有其中所有命题都是真的，复合命题才是真的。"秦始皇死了""他的儿子们活得没有他长"这两个命题都是真的，但是"秦始皇活了 100 岁"这个命题是假的，因此整个复合命题就是假的。

合取关系在各种情况下的真值也可以用一张真值表（表 2-2）列举出来。这张真值表有三列，前两列分别是参与合取的命题 P 与 Q，第三列则是它们合取的结果。命题 P 与 Q 的每一个取值都可真可假，一共有 $2^2=4$ 种组合，每一种组合都对应一个合取的结果。因此，真值表有 4 行，每行对应一种组合。

从表中可以看出，只有在一种情况下，也就是 P 和 Q 都为真时，P∧Q 才为真，其余的情况下，P∧Q 都为假。

表2-2　合取关系的真值表

| P | Q | P∧Q |
|---|---|---|
| T | T | T |
| T | F | F |
| F | T | F |
| F | F | F |

如果把命题看成变量，命题之间的各种逻辑关系就相当于数学中的运算。也就是说，给定了 P 和 Q 命题的真值，复合命题就会得到确定的真值结果。因此，在逻辑学中，也把否定关系叫作"非运算"，合取关系叫作"与运算"。

还有一点要注意。自然语言中连接词的含义，和逻辑学中的逻辑关系有时略有不同。像"并且""还有""而且"这样的连接词，它们所连接的命题在逻辑上都表示与运算，这很容易理解。但是，很多通常表达转折甚至否定含义的连接词，比如"然而""但是"等，所对应的逻辑关系也是合取关系。举个例子。"小常考上了研究生，但是小梅却落榜了"。这句话虽然用了"但是"这个转折词，但其含义是前后两个命题所说的事情都发生了，这里的"但是"其实是"并且"的意思。

关于与运算，有两个结论，在生活中是可以直接使用的。

首先，一个命题和它的否定的合取，其真值永远是假的，不存在 P 和 ~P 同时为真的情况，其逻辑公式为 $P \wedge \sim P = F$。这个结论也被称为矛盾律。矛盾律是数学上反证法的逻辑基础，如果从同一个前提出发，能够同时推导出 P 和 ～ P，那就说明前提假设错了。

其次，P 和一切真的命题合取之后的真伪取决于 P 本身，其逻辑公式为 P∧T=P。这个逻辑公式看上去很简单，但是如果用在生活中，却有很多值得细细琢磨的地方。举个例子。如果你的领导要批评你，他一般会先说一些用于铺垫的表扬的话，然后再说"但是……"。"但是"这个词在逻辑上表示合取关系，也就是说，领导前面的表扬都是真值确定为真的场面话，都不是他真正想表达的意思，只有最后那个陈述句 P 才是有用的。如果选择性地把后面的话忽略掉，你就无法得到有用的信息。

## 析取关系

析取关系（disjunction）和合取关系类似，也是针对两个或多个命题的，它的含义相当于"或"。也就是说，两个命题只要有一个为真，析取的结果就为真。只有当这两个命题都为假时，析取的结果才为假。比如，如果有人告诉你"太阳从西边出来了，或者海豚在草地上奔跑"，这个命题显然是假的，因为太阳不可能从西边出来，海豚也不可能在草地上奔跑。我们通常用 P∨Q 表示 P 和 Q 的析取。析取关系的真值表如下（表 2-3）。

表2-3　析取关系的真值表

| P | Q | P∨Q |
|---|---|---|
| T | T | T |
| T | F | T |
| F | T | T |
| F | F | F |

当把析取看成一种运算时，我们可以把它称为"或运算"。在生活中，或运算可以理解为双保险。比如，工厂有两套设备，只要有一套能正常工作，就不会出问题。事实上，在电路设计中，会有大量这种双保险的设计，它们的逻辑关系就是"或关系"。

值得一提的是，逻辑学里的或运算，和自然语言中的"或者"这个词，有时含义相同，有时含义不同。比如，"包裹已经被小常或者小梅取走了"。在这里，或者的含义和或运算就是相同的。但是在下面两个例子中，或者的含义就不是逻辑运算中"或"的意思了。

例2-2

　　命题：小常或者小梅都可以帮你开门。

这句话表达的意思是"小常和小梅都可以帮你开门"，这时或者的含义反而和与关系是一致的。

**例2-3**

命题：某公司对于节假日值班的员工做了这样的补偿规定——可以调休两天，或者拿1000元的奖金。

显然，这家公司的规定是，员工可以在两天假期或者1000元中二选一，但是不能同时选择这两项，这和逻辑学里的"或"意思完全不同。这种二选一的操作在逻辑学里有一个专门的名称——异或，通常用⊕表示，它的真值表如下（表2-4）。总之，说到或者的时候，我们要特别注意区分它在逻辑上是与关系、或关系，还是异或关系。

表2-4　异或关系的真值表

| P | Q | P⊕Q |
|---|---|-----|
| T | T | F |
| T | F | T |
| F | T | T |
| F | F | F |

关于或运算，也有两个重要的结论。

首先，一个命题和它的否定做或运算，结果一定为真，即 $P \vee \sim P = T$，这条规律也被称为互补律。在生活中，可以把它理解为对冲。比如，你投资了一只股票，害怕它下跌，就又买了它的看跌期权。如果股票上涨，你能够获得利润；如果股价下跌，跌到触发了看跌期权行权的价格，那么你的看跌期权就开始获利，可以抵消掉在股价上的损失。

其次，命题P和任何假的命题做或运算，结果取决于P本身的真伪，即P∨F=P。也就是说，在析取关系中，不管有多少命题为假，只要有一个命题为真，析取的结果都为真。这就是我们前面讲到的多重保险的原理。

不过，在现实生活中，无论是对冲，还是设置多重保险，都是有成本的。因此，人们通常不会只考虑安全性，不考虑成本，而是需要在二者之间找一个平衡点。

## 蕴涵关系

常见的逻辑推理过程"因为……所以……"，在逻辑学里被称为蕴涵关系（implication）。蕴涵关系所表达的是一个前提和一个结论之间的关系。如果前提成立，结论必然成立，那么蕴涵关系就成立。不妨来看一个简单的例子。

**例2-4**

　　命题：水烧到100摄氏度就会开。

这句话其实包含了两个简单命题。第一个命题是"P=水烧到100摄氏度"，第二个命题是"Q=水会开"。"水烧到100摄氏度"是条件，"水会开"是结论，前者蕴涵后者。在逻辑学中，我们用P→Q表示P蕴涵Q。P也可以被称为条件或者前件，

Q可以被称为后件。蕴涵关系也对应着一种逻辑运算，即条件运算。

如何判断蕴涵关系是否成立呢？如果前提成立时，结论一定成立，则蕴涵为真；如果前提成立时，结论不成立，则蕴涵关系为假。我们可以用真值表总结这两种情况。

表2-5　前提为真时蕴涵关系的真值表

| P | Q | P→Q |
|---|---|---|
| T | T | T |
| T | F | F |

在日常生活中使用蕴涵关系时，有两点需要注意。

首先，蕴涵关系为真和结论为真是两回事，不能混淆。

"水烧到100摄氏度就会开"的蕴涵关系是真的，但是结论"水会开"却不一定为真，只有当条件成立，也就是烧到100摄氏度，水才会开。有的人讲话时会含糊其词，比如他建议你投资，你问他是否有风险，他会说"通常情况下，风险很小"。这句话本身逻辑没有问题，但是"通常情况下"这个条件太模糊。在次贷危机前，美国的基金公司把房贷打包卖的时候都会说明："按照历史上违约的情况，打包后的次贷资产风险只有2%左右。"但是事实上，次贷危机时，违约情况远超过去的一般情况，最终导致很多次贷产品价值清零。这提醒我们，要格外注意这种含糊其词的前提条件。

其次，当一个命题为真时，是不能有例外的。不能因为

99%的情况是真，1%的情况是假，这点例外就可以忽略掉。只要有例外，整个命题就不成立了。事实上，根据今天的科学知识，"水烧到100摄氏度就会开"这个命题并不成立，因为如果大气压没有处于标准值，或者水里有杂质，或者用微波炉加热水，到了100摄氏度，水也未必会沸腾。当然，我们可以把命题成立的条件讲清楚，比如标准大气压、纯净水、用火烧等。所有这些条件可以被看成一个新的命题C，也就是说，如果C和100摄氏度同时满足，水就会开。新的命题写成逻辑表达式就是（P∧C）→Q。用真值表总结的话，共有五列：前三列分别是前提P、条件C及结论Q的取值；第四列是P和C合取的真值，它的值由第一和第二列决定；最后一列是P和C蕴涵Q的真值，它的值由第三和第四列决定。理论上说，这个真值表应该有$2^3=8$行，但这里我们只选取P∧C为真的情况（表2-6）。

**表2-6　加入其他前提条件后，蕴涵关系的真值表**

| P | C | Q | P∧C | （P∧C）→Q |
|---|---|---|---|---|
| T | T | T | T | T |
| T | T | F | T | F |

那么，如果前提P为假，蕴涵关系P→Q的真值如何确定呢？在这种情况下，蕴涵关系是真还是假，和结论Q有关吗？

前提为假时蕴涵关系的真值是逻辑学中的一个难点。先来看一个简单的例子。假如常有理对梅有据说："如果明天太阳从西边出来，我就给你买一辆保时捷跑车。"虽然太阳不会从西边出来，但是逻辑上这么讲没有错，因为它没有违背蕴涵关系成立的要求，即前提为真时，结论必定为真。事实上，我们在生活中也经常这样说话。当然，由于前提不为真，如果我们把结论反过来，说"如果明天太阳从西边出来，我就不给你买保时捷跑车"，在逻辑上也没有错误。也就是说，从错误的前提出发，可以得到任何符合逻辑的结论。前提为假，蕴涵关系恒为真。

下表（表2-7）总结了不同的情况。

**表2-7　前提为假时蕴涵关系的真值表**

| P | Q | P→Q |
|---|---|---|
| F | T | T |
| F | F | T |

**补充阅读**

我们还可以用排除法来理解这个问题。

将前提P为假时，P→Q所有可能的真值设定都列出来，看看哪种更合理。由于结论Q有真或假两种情况，每一种情况下，P→Q都对应着真或假两种情况，因此P为假时，P→Q的取值可以有四种设定，如下文的真值表（表2-8）所示。

表2-8　前提为假时，蕴涵关系可能的四种真值设定

| P | Q | P→Q | | | |
|---|---|---|---|---|---|
| | | 设定1 | 设定2 | 设定3 | 设定4 |
| F | T | F | T | F | T |
| F | F | F | F | T | T |
| 等价情况 | | P∧Q | Q | P=Q | |

　　从表2-8可以看出，第一种设定的P→Q真值和P∧Q完全相同。如果是这样的话，直接用合取关系即可，没必要再搞出一个新的蕴涵关系了。但是在我们平时思考和讲话时，"因为……所以……"这种关系显然和合取关系不同。因此，P→Q的真值不能和P∧Q一样，第一种设定被排除了。

　　第二种设定和Q本身的真值相同，也就是说，P→Q的真值这时不取决于条件P，这显然不合理，也可以排除。

　　第三种设定相当于P=Q的真值，它要求前提和条件的等价，即P蕴涵Q的同时，Q还要蕴涵P，这显然不同于单方向的P蕴涵Q。因此这种设定也可以被排除。

　　所以，只有第四种情况是合理的，即当P为假时，无论Q是真是假，蕴涵关系都为真。

　　逻辑推理的一个常用方法就是排除法。在一件事发生后，如果我们能够列举出所有的原因，并且排除不可能的原因，剩下的即便看似难以置信，也是真实的原因。

在蕴涵关系中，前提为假，蕴涵关系恒成立，是逻辑学中最重要的结论之一。虽然一开始接受起来可能有点困难，但它其实和人们讲话、思考问题的习惯是一致的。看两个具体的例子。

> **例 2-5**
>
> 　　老师对学生说："如果不参加期末考试，你们这门课的总成绩就会不及格，就需要重修。"

在这个例子中，前提 P 是"不参加期末考试"，结论 Q 是"总成绩不及格，需要重修"。老师在说这句话的时候，前提还没有发生，不知道是真是假。但是，这并不影响这个命题中的蕴涵关系本身是成立的。一个蕴涵关系成立，只需要确保当前提条件为真时，结论不会为假即可。也就是说，只要学生不参加期末考试，老师让该生成绩不及格，老师就没有食言。

我们再来看第二个例子。

> **例 2-6**
>
> 　　命题：如果地球是宇宙的中心，并且所有的星体都围绕地球运转，那么不可能有星体围绕木星运转。

这句话的逻辑显然是对的。尽管我们知道它的前提其实是错的，结论也是错的，但这并不影响蕴涵关系本身的正确性。

所以，蕴涵关系的正确性并不单纯取决于前提条件或者结论的正确性，要看原因是否能决定结果。人们在日常生活中常犯一个逻辑错误，即从错误的前提出发论证结论，即便结论是对的，也不是合理推导出来的。

真正的历史学家从来不会做一个和历史事件完全相反的假设，然后在此基础之上做研究。不懂逻辑的历史爱好者则常常喜欢对历史做虚无的假设，然后推导出自己的结论。比如，经常有人讨论，假如宋高宗没有杀岳飞，南宋能不能打败金国。有人说能，有人说不能，双方都觉得自己有道理。其实他们都犯了同一个逻辑错误，就是对不存在的历史做了虚假的假设。

准备进行逻辑论证时，我们一定要检查自己的前提是否正确。从错误的前提出发，即使论证是符合逻辑的，也没有意义。

## 等价关系

等价关系（equivalence）也被称为双重条件运算。在等价关系中，前提和结论相互蕴涵，前提能够推导出结论，结论也能够推导出前提，这也是它被称为双重条件运算的原因。用逻辑公式来表述的话，等价关系 $P \leftrightarrow Q$ 就是 $(P \rightarrow Q) \wedge (Q \rightarrow P)$，即 P 蕴涵 Q，Q 也蕴涵 P。来看三个例子。

> **例 2-7**
>
> 命题 P：三角形 ABC 有两条边相等。
>
> 命题 Q：三角形 ABC 有两个内角相等。

学过几何学的朋友都知道，P→Q并且Q→P，因此P和Q这两个命题是等价的。在等价关系中，前提P必然能推导出结论Q，从结论Q出发也必然能推导出前提P，因此P和Q互为充分条件。

例2-8
　命题P：国际市场的黄金价格上涨。
　命题Q：购买黄金首饰要花更多钱。

在这两个命题中，P→Q，但是Q→P却未必成立，因为黄金首饰价格上涨的原因有很多，未必是国际市场黄金价格上涨所致。因此，P和Q不构成等价关系，P是Q的充分条件，但反过来Q未必是P的充分条件。

例2-9
　命题P：常有理这次考试前准备得很充分。
　命题Q：常有理这次能考一个好成绩。

在这两个命题中，命题P只是Q的必要条件。也就是说，考试前准备得充分是考得好的必要条件之一，但是仅满足这个条件，未必能保证考一个好成绩。毕竟，考得好有很多条件，比如临场发挥得好，考试的题目简单等。但是反过来，考得好一定是准备得充分。也就是说，我们能从命题Q反推出P。

在生活中，人们常犯的逻辑错误就是把必要条件当成充分条件。很多人热衷于照搬别人的成功经验，最后发现帮不上自己什么忙。其实，一个人的成功需要很多条件。很多成功人士的成功经验都是事后总结的，未必是真正原因。就算它们都是原因，也只是一些必要条件。仅仅满足了必要条件，不一定能够得到想要的结果。

表2-9　等价关系的真值表

| P | Q | P⟷Q |
|---|---|---|
| T | T | T |
| T | F | F |
| F | T | F |
| F | F | T |

从表2-9可以看出，当前提P和结论Q的真值相同时，等价关系的值为真，否则为假。因此，如果两个命题之间存在等价关系，前提为真，则结论必然也为真；前提为假，则结论必然也为假，

根据等价关系的这个性质，如果我们知道某个命题和另一个命题是等价命题，那么，证明后一个命题，就自然而然证明了前一个。事实上，这是解决数学难题最常见的一种方法，即寻找难证明命题对应的相对容易证明的等价命题。

不仅如此，在生活和工作中，我们也常常通过解决相对简单的等价问题来间接解决难题。比如，21世纪初，苹果公

司推出音乐播放器iPod，需要和唱片公司谈判音乐的下载服务权。当时全世界的音乐市场被索尼（Sony）和德意志留声机（Deutsche Grammophon）等四五家唱片公司垄断，这些公司结成一个联盟，向苹果提出了很高的价格。在这些唱片公司中，索尼实力最强，占据了大约一半市场份额。于是，苹果公司的首席执行官乔布斯决定，放弃和索尼谈判，转而各个击破其他几家相对较小的公司。最终，除索尼外的所有唱片公司都和苹果签了约，索尼也只得签约了。对乔布斯来说，只要有一家签了约，唱片公司的联盟也就破裂了。在等价的问题中，应该先挑最容易的去解决。

无论是在自然语言中，还是在人类的逻辑中，所有的逻辑关系都可以在上述五种基本逻辑关系的基础上构建出来。

在后面的章节中，我们还会不断解释如何用基本的逻辑关系构建各种复杂的逻辑。

## 2.2 真值表：如何判断两个命题逻辑是否一致

很多不同的陈述，其实内在的逻辑是相同的。比如前文讲到的异或关系，对比其真值表（表2-4）和等价关系的真值表（表2-9），我们会发现，它们的真值正好是相反的。也就是说，$P \oplus Q = (\sim P) \leftrightarrow Q$。表2-11列举了一些生活中常见的表述，左栏中是异或关系的说法，右栏中是等价关系的说法，它们的逻辑其实是相同的。

表2-10　用异或关系和等价关系表述相同的逻辑

| 异或关系（P⊕Q） | 等价关系（～P）↔Q |
|---|---|
| 有他没我，有我没他。 | 我会参加，当且仅当他不参加。 |
| 要么我和小梅都去看电影，要么我们都不去。 | 如果小梅去看电影，而且只有小梅去看电影，我也会去。 |
| 每个人可以获得年终奖或者期权激励，但只能二选一。 | 如果拿了年终奖，就没有期权激励；如果放弃了年终奖，就会获得期权激励。 |
| 小常昨天晚上要么在图书馆自习，要么和小梅去看电影了，不会去其他地方。 | 如果昨天晚上小常没有在教室自习，他就一定是和小梅在看电影；如果他在教室自习，就没有和小梅看电影。 |

　　从这几组陈述句不难看出，虽然左右两边的表述在逻辑上是相同的，但是语气略有差异。比如，"有他没我，有我没他"就显得非常强硬，甚至有些粗鲁，而"我会参加，当且仅当他不参加"就显得温和一些。再比如，"小常昨天晚上要么在图书馆自习，要么和小梅去看电影了，不会去其他地方"基本上是在陈述事实，没有太多情感成分。而右栏中的描述则强调了小常和小梅的关系，仿佛有弦外之音。在生活中，表达同样的逻辑，我们可以根据需要，用不同的语言进行表述，效果也会不同。

### 用真值表法验证等价关系

来看一个真实的例子。美国独立战争时期的革命家帕特里克·亨利（Patrick Henry）有一句名言：“不自由，毋宁死。”这句话的英语原文是“give me liberty，or give me death”，直译过来就是“给我自由，或者给我死亡”。如果用 P 代表“不自由”，Q 代表“死亡”，那么这句英语的原意用逻辑符号表示出来，就是 ~P∨Q。而中文“不自由，毋宁死”的逻辑关系是“如果不给我自由，就让我死亡吧”，即 P→Q。接下来的问题是，中文的翻译是否偏离了它原来的意思呢？我们用下面的真值表验证一下。

表 2-11 ~P∨Q 和 P→Q 的真值表

| P | Q | ~P∨Q | P→Q |
|---|---|------|-----|
| T | T | T | T |
| T | F | F | F |
| F | T | T | T |
| F | F | T | T |

从真值表中可以看出，对于 P、Q 两个命题所有的真假组合，~P∨Q 和 P→Q 的真值都相同，因此它们的逻辑是一致的。

我们在生活中经常会听到这样的表述：“要么你给我涨工

资，要么我就去别的公司。""你别再往前走，否则我就死给你看。""我没买到飞机票，否则我就去上海了。"这三句话的逻辑其实都可以用 ~P∨Q 来概括。

换一种表达方式，含义是完全相同的："你如果不给我涨工资，我就去别的公司。""你如果再往前走，我就死给你看。""如果我买到了飞机票，我马上就去上海。"这三句话的逻辑可以概括为 P→Q。

我们在说话时，经常会用或关系来表述蕴涵关系，或者用蕴涵关系表述或关系。它们在逻辑上是完全一致的，只是在不同场合下，语气强硬程度会有所不同。用或关系会显得比较强硬，比如"要么你给我涨工资，要么我就去别的公司。""不自由，毋宁死"这句话之所以掷地有声，和它的表达方式也有很大关系。

日常生活中，我们始终可以用"与、或、非"这三种逻辑运算来描述某个蕴涵关系。因此，即使没有蕴涵关系，也不影响我们进行逻辑推理。事实上，我们的确不需要那么多种逻辑关系，就能把形式逻辑学[①]的体系构建出来。今天人们使用逻辑来设计各种电路时，只考虑"与、或、非"这三种逻辑运算，甚至人为地构造出一种"或非"逻辑运算和"与非"逻辑运算，将"与、或、非"都用这一种逻辑运算表示出来。这样一来，在包括计算机电路在内的所有数字电路设计中，只要设计一种最基本的电路，就能实现所有功能。不过，在形式逻辑学中，

---

① 形式逻辑学是逻辑学的一个分支，主要研究思维的形式结构及其规律。

保留蕴涵关系和等价关系还是有好处的，"P 则 Q"这样的蕴涵逻辑很符合我们日常思考问题的习惯。

用真值表检查形式不同的表述逻辑是否一致的方法，叫作真值表法。来看一个例子。

> **例 2–10**
>
> 下面三段话的逻辑是否相同？
>
> 段落 1：如果小常来了，则小梅也会来；如果小强来了，则小梅不会来。小常和小强只来了一人。
>
> 段落 2：如果小梅不来，则小强也不来；如果小梅来了，则小常也来。小梅和小常只来了一个人。
>
> 段落 3：如果小梅来了，则小强不会来；如果小梅没有来，则小常也没有来；如果小常来了，则小强没有来；如果小常没有来，则小强来了。

面对这么复杂的逻辑关系，要想进行判断，首先要把这些自然语言的命题用逻辑符号表示出来。比如，P=小常来了；Q=小梅来了；R=小强来了。

这样一来，例子中三段话的逻辑就可以进行形式化的表述了：

段落 1：$(P \rightarrow Q) \wedge (R \rightarrow \sim Q) \wedge (P \oplus R)$

段落 2：$(\sim Q \rightarrow \sim R) \wedge (Q \rightarrow P) \wedge (P \oplus Q)$

段落 3：$(Q \rightarrow \sim R) \wedge (\sim Q \rightarrow \sim P) \wedge (P \rightarrow \sim R) \wedge (\sim P \rightarrow R)$

　　最后，用真值表把P、Q、R为不同真值时三段话的真值列出来。这个真值表比较复杂，前三列是三个基本命题P、Q、R。接下来的三列（或四列）是每个段落中的三个（或四个）条件，它们是由P、Q、R构成的复杂命题。最后一列是这几个条件的合取，也就是每段话所表达的逻辑。

表2-12　段落1的真值表

| P | Q | R | P→Q | R→~Q | P⊕R | 段落1 |
|---|---|---|-----|------|-----|------|
| T | T | T | T | F | F | F |
| T | T | F | T | T | T | T |
| T | F | T | F | T | F | F |
| T | F | F | F | T | T | F |
| F | T | T | T | F | T | F |
| F | T | F | T | T | F | F |
| F | F | T | T | T | T | T |
| F | F | F | T | T | F | F |

表2-13 段落2的真值表

| P | Q | R | ~Q→~R | Q→P | P⊕Q | 段落2 |
|---|---|---|---|---|---|---|
| T | T | T | T | T | F | F |
| T | T | F | T | T | F | F |
| T | F | T | F | T | T | F |
| T | F | F | T | T | T | T |
| F | T | T | T | F | T | F |
| F | T | F | T | F | T | F |
| F | F | T | F | T | F | T |
| F | F | F | T | T | F | F |

表2-14 段落3的真值表

| P | Q | R | Q→~R | ~Q→~P | P→~R | ~P→R | 段落3 |
|---|---|---|---|---|---|---|---|
| T | T | T | F | T | F | F | F |
| T | T | F | T | T | T | T | T |
| T | F | T | T | F | F | T | F |
| T | F | F | T | F | T | T | F |
| F | T | T | F | T | T | F | F |
| F | T | F | T | T | T | F | T |
| F | F | T | T | T | T | T | T |
| F | F | F | T | T | T | F | F |

表2-15 三段话的真值对比

| P | Q | R | 段落1 | 段落2 | 段落3 |
|---|---|---|---|---|---|
| T | T | T | F | F | F |
| T | T | F | T | F | T |
| T | F | T | F | F | F |
| T | F | F | F | T | F |
| F | T | T | F | F | F |
| F | T | F | F | F | F |
| F | F | T | T | F | T |
| F | F | F | F | F | F |

　　从表2-15中可以看出，段落1和段落3在所有情况下真值都是相同的，因此它们其实是一回事，但是段落2则不同。

　　真值表是一个有效的工具，它不仅可以确认不同的表述逻辑是否相同，而且可以用来分析任何复杂的逻辑。不过，真值表有一个缺点，那就是表格的大小会随着简单命题的数量增加呈指数增长。如果一个复杂的命题中包含10个简单的命题，真值表的行数就会超过1000，一个个检查显然不现实。因此，我们在第二编中会介绍一些更简洁的逻辑工具来验证和分析复杂命题的逻辑。

## 与蕴涵关系有关的四种命题

除了利用真值表，对于一些特殊形式的命题，还有更简单的办法来判断它们在逻辑上是否一致。比如，对于由蕴涵关系构成的命题，就有一套可以直接使用的方法。这种方法涉及蕴涵关系的四种变化，即从原命题出发，延伸出否命题、逆命题和逆否命题，这四者存在一些确定的等价关系。

逻辑学中的原命题通常是指具有蕴涵关系的命题，$P \to Q$。如果同时否定前提和结论，得到的命题 $\sim P \to \sim Q$ 就是原命题的否命题。比如，我们把"所有的人都会死"当作原命题，那么"不是人就不会死"就是它的否命题。如果把原命题的前提和结论对调，得到一个新命题 $Q \to P$，这个命题就是原命题的逆命题。"所有的人都会死"的逆命题就是"会死的都是人"。

需要指出的是，一个命题的否命题和一个命题的否定是两个概念。否命题是对原命题的条件和结论分别否定，而命题的否定则是否定整个命题。比如，"所有的人都会死"的否命题是"不是人就不会死"，而这个命题的否定则是"并非所有的人都会死"，这两个句子的含义显然不同。

用"与、或、非"替代蕴涵关系，否命题和命题的否定之间的差别会更明显。原命题 $P \to Q = \sim P \vee Q$，否命题 $\sim P \to \sim Q = P \vee \sim Q$，而原命题的否定则是 $P \wedge \sim Q$。

将蕴涵关系中的前提和结论对调，同时分别进行否定，就得到了原命题的逆否命题，也就是 $\sim Q \to \sim P$。比如，"所有的人都会死"这个原命题，它的逆否命题就是"不会死的都不是人"。

让我们给原命题、否命题、逆命题和逆否命题这四种命题做一张真值表（表2-16）。

表2-16 原命题、否命题、逆命题和逆否命题的真值表

| P | Q | 原命题<br>P→Q | 否命题<br>~P→~Q | 逆命题<br>Q→P | 逆否命题<br>~Q→~P |
|---|---|---|---|---|---|
| T | T | T | T | T | T |
| T | F | F | T | T | F |
| F | T | T | F | F | T |
| F | F | T | T | T | T |

从这张真值表可以看出，原命题和逆否命题在逻辑上是一致的，否命题和逆命题在逻辑上也是一致的，但是原命题和否命题及逆命题逻辑不一致。这四种命题之间的关系也可以用图来表示（图2-1），更为直观。

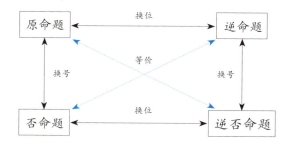

图2-1 原命题、否命题、逆命题和逆否命题的逻辑关系图

在图2-1中，这四种命题分别放在了四边形的四个角上。对角线上的两组命题的逻辑关系是一致的；水平的两组命题之间，前提和结论进行了交换；垂直位置上的两组命题，彼此是否定关系。

对于这四种命题，有两点需要注意。

首先，原命题成立，它的否命题或者逆命题不一定成立，但很多人会对这点产生误解。比如，有的孩子通过文艺体育加分考进了好大学，于是就有家长认为孩子不通过文艺体育等特长加分就上不了好大学，于是让自己的孩子在训练特长上花了很多时间，学业反而耽误了。如果"有特长加分能进好大学"是原命题，那么"没有特长加分就进不了好大学"就是否命题。原命题成立不等于否命题成立。事实上，进好大学的方式有很多种，适合自己的才是最好的。

其次，虽然原命题和它的逆否命题在逻辑上是完全相同的，但是在日常表达中，它们的使用场景往往不一样。比如，"如果你不好好复习功课，就无法通过考试。"这是带有劝诫口气的说法。但如果我们用它的逆否命题来表达同样的逻辑："如果你想通过考试，就需要好好复习功课。"这就是给对方提建议的语气。同样一种意思在不同的场景下可以用不同的方式表达，效果也不同。

还需要指出的是，在一些书籍或者文章中，会把一个简单命题P的否定~P说成否命题。事实上，我们在谈论否命题时，指的都是具有蕴涵关系的命题，而不是简单命题。

## 2.3　三段论：如何构建逻辑推理的链条

三段论是一种常见的逻辑推理方法。这个概念我们可能都不陌生，但到底该如何正确使用，可能很多人并不了解。三段论有几种不同的类型，使用方法和注意事项也不同。本节介绍几种最常见的。

### 直言三段论

第一种常见的三段论是直言三段论。组成这种三段论的命题是三个非常直接的陈述句，并且都是关于事物的类别或者群体的判断句。我们在第一章举过一个例子，也是亚里士多德在他的逻辑学著作《方法论》中讲到的。

例 2-11

大前提：所有的人都会死。

小前提：苏格拉底是人。

结论：苏格拉底会死。

如果把这个三段论中的命题变成由基本逻辑关系组织起来

的基本命题，用逻辑公式写出来，则分别是：

大前提：P→Q

小前提：P

结论：Q

其中P代表"人类"，Q代表"会死的东西"。大前提给出了P蕴涵Q的逻辑关系，小前提"苏格拉底是人"就是对条件P的肯定。既然蕴涵关系中条件成立，结论一定会出现，那么，肯定了"苏格拉底是人"，"苏格拉底会死"的结论也就成立了。我们可以用下面的逻辑公式表示这种直言三段论的推理过程。

大前提：P→Q

小前提：P

_____

结论：Q

既然直言三段论描述的是事物的类别，那我们可以通过文氏图来更清晰地判断结论是否成立。在图2-2中，P这个圆圈代表"人类"，它被包含在Q代表的"会死的东西"这个圆圈中，苏格拉底是P的一部分，当然也是Q的一部分。

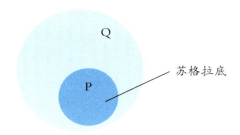

**图2-2　证明苏格拉底会死的蕴涵关系图**

直言三段论的推理核心，就是通过肯定小前提得出结论。使用直言三段论时要注意，不能通过肯定结论来倒推前提。比如，我们不能从"苏格拉底会死"这个结论推导出"苏格拉底是人"这个前提。从图2-2也可以看出，有很多东西属于Q"会死的东西"，却不属于P"人类"。最简单的例子就是，植物也会死，但是植物并不是人。

在生活中，很多人常犯的一个逻辑错误就是根据结果倒推原因。比如我们知道车祸能够致人死亡，那么张三死了，真的是车祸造成的吗？很难说，因为还有很多其他的原因，比如疾病、中毒、谋杀等。今天很多唬人的"成功学"，就是通过结果来倒推原因，其实很不准确，也不全面。

那么，在利用蕴涵关系进行推理时，如果从结论出发，能推理出什么和原因有关的信息吗？我们知道，如果原命题成立，则它的逆否命题也成立。如果把"所有的人都会死"这个命题用逆否命题的形式重新表述一遍，就成了"不会死的都不是人"。这时，再使用三段论，大前提就变成了～Q→～P。如果否定原来的结论Q，即把小前提修改为 ~ Q，再与大前提结合，就可以得到 ~ P这个结论。比如，石头不会死，因此石头不是人。我们可以把这个推理过程用逻辑公式表示如下：

大前提：~ Q → ~ P
小前提：~ Q
_____
结论： ~ P

这个论证过程和例2–11的论证过程在形式上是完全相同的，只不过这个论证过程中的命题都是否定关系。我们也可以用文氏图把上述三个命题的逻辑关系表示如下（图2–3）。

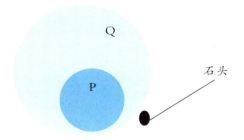

图2–3 否定结论的三段论的蕴涵关系图

总结一下直言三段论。其大前提都是"P则Q"，P是前件，Q是后件。我们既可以通过肯定条件来肯定结论，也可以通过否定结论来否定条件。但是请注意，单纯从结论出发，并不能倒推出条件。

## 假言三段论

假言三段论也是一种常见的推理形式，是指从两个蕴涵关系推出第三个蕴涵关系。来看一个例子。

> **例 2-12**
>
> 　　大前提：如果下雨了，则草坪会积水。
> 　　小前提：如果草坪有积水，则足球场会关闭。
> 　　结论：如果外面下雨，则足球场会关闭。

在这个三段论中，不管是大前提还是小前提，都存在一种假设关系，因此，这种三段论也叫假言三段论。

假言三段论的推理过程可以总结为：

大前提：$P \rightarrow Q$

小前提：$Q \rightarrow R$

————————————

结论：$P \rightarrow R$

在"$P \rightarrow Q$，$Q \rightarrow R$，因此 $P \rightarrow R$"这种形式的假言三段论中，包含 P 的前提是大前提，P 也被称为大项，包含 R 的前提是小前提，R 也被称为小项。中间连接 P 和 R 的命题 Q 则被称为中项。

我们可以用文氏图（图2-4）形象地表达出这个推理过程的逻辑关系，它看上去是一环套一环的蕴涵关系传递过程。

图2-4　假言三段论的文氏图

事实上，蕴涵关系本身是具有可传递性的，也就是说$P_1$则$P_2$，$P_2$则$P_3$，$P_3$则$P_4$……最后$P_n$则$P_{n+1}$，一定可以推导出$P_1$则$P_{n+1}$。在数学和自然科学领域，很多结论就是这样被一步步推理出来的。

不过，在现实生活中应用蕴涵关系的传递性时，需要特别小心，因为很多看似有道理的蕴涵关系实际上并不成立。现在，网络上很多博人眼球的结论，就是错误地使用蕴涵关系的传递性推导出来的，我们把这种谬误称为滑坡谬误，也就是说，逻辑滑坡、失控了。

比如，有一个流行了很多年的说法：过去大英帝国之所以国力强盛，是因为有强大的海军；海军之所以强大，是靠大量强壮的水手；水手们之所以强壮，是因为他们大量吃牛肉；而苜蓿草是重要的牛饲料，养牛需要大量的苜蓿草；苜蓿草要靠蜜蜂传播花粉；老鼠是蜜蜂的天敌，要想保证蜜蜂的数量，就需要灭鼠；养猫可以消除鼠患，因此要灭鼠就要养猫；而当时英国养猫最多的是那些单身的老妇人；因此，英国之所以强大，是因为有大量单身的老妇人。

这个结论显然很荒唐，因为那些看似有道理的蕴涵关系其实都很牵强，并不成立。在日常生活中，我们也会遇到这样的滑坡谬误。比如，有的犯罪分子会这样自我开脱："我小时候家里穷，所以没有上好的小学，后来也无法上重点中学，因此没有考上大学，但是我想过好的生活，因此才走上犯罪道路。"很多人会觉得这种说法有点道理，甚至因此同情犯罪分子，这就是出现了逻辑的滑坡。事实上，很多人小时候穷，反而发奋读书，后来成就了一番事业。同样的人生起点会有不同的结果，把自己不幸的命运一味归结于人生起点，是不符合逻辑的。

## 选言三段论

简单来说，选言三段论就是在必须二选一的两个命题中，可以通过否定其中的一个来肯定另一个。还是先看一个具体的例子。

**例 2-13**

大前提：世界上的万物要么不是生物，要么会死亡。

小前提：石头不会死亡。

结论：石头不是生物。

在这个选言三段论的大前提中，"是生物"和"会死亡"这两个简单命题是通过或运算联系在一起的。大前提成立则说明这两个简单命题至少有一个成立。小前提否定了大前提中的一个命题"会死亡"，因此剩下的一个就必须成立了，这个命题就是结论。选言三段论的推理过程可以用逻辑公式表示如下：

大前提：$P \lor Q$

小前提：$\sim P$

———————————

结论：$Q$

在使用选言三段论时要注意两点。

首先，通过否定大前提中的一个命题，从而肯定另一个命题，是可以的。然而，肯定其中的一个，并不能否定另一个，因为大前提中的两个命题可以同时为真。这种情况在现实生活中很常见，比如，假期时，我可以选择去旅行，也可以选择去工作。我去旅行了，但是旅行的过程中我可能也需要处理一些工作，旅行和工作这两个命题可以同时为真。

其次，并不是两个不同的命题放到一起，就一定有一个为真。比如，常有理对你说："你最近被提拔了，你要么请我吃饭，要么送我个礼物；既然你没有送我礼物，那就请我吃顿饭吧。"这个说法看似有道理，使用了选言三段论推理，实际上大前提就错了，因为你可以选择既不送他礼物，也不请他吃饭。再如，很多人说："如果我没有考上好大学，又没有找到好工作，人生就没有前途。"这种说法的谬误在于，人生的可能性是多种多样的，并不能简单地概括为必须上好大学或者必须找个好工作。这一点对我们的日常生活也有启发。有些人的人生路之所以越走越窄，就是因为他们思考问题时，常常将多种选择简化为两三种相互对立的选项作为大前提，随后否定其中一种或两种，从而强行得出结论。

　　了解了简单的逻辑推理方法后，我们来做一个简单的推理练习，体会一下从几个前提条件得出结论的过程。

**例 2-14**

　　如果小常来参加晚会，则小梅也会来。如果小强来参加晚会，则小梅不会来。

我们看看能够推出什么结论。

我们先用逻辑符号把上述命题中的几个简单命题形式化。

P＝小常来参加晚会

Q＝小梅来参加晚会

R＝小强来参加晚会

于是，上面两个命题就可以写成下面两个逻辑公式：

$P \to Q$

$R \to \sim Q$

根据前面讲过的原命题等价于逆否命题，由第二个命题可以推出下面的命题。

$Q \to \sim R$

对第一和第三个命题使用假言三段论，我们就可以得到 $P \to \sim R$ 的结论，即如果小常来了，小强就不会来。

你可能会好奇，如果小常和小强都想来参加晚会，结论岂不就出现矛盾了吗？这种想法实际上是把事实和推测搞反了。案例中给出的两个已知条件 $P \to Q$ 和 $R \to \sim Q$ 本身并不矛盾，能推导出什么结论，就应该是什么结论。"小常和小强都想来参加晚会"是一种想象出来的虚构场景，如果这个场景与已知条件，或者由已知条件推导出来的结论不一致，那是想象错误，而非推理错误。

# 2.4 论证有效性：为何不能直接从结论倒推原因

在逻辑推理过程中，有时结论和论证都是正确的；有时结论正确，但论证却是无效的。还有一些时候，论证似是而非，难以判断结论是否正确。有效论证是非常重要的，本节将介绍有效论证的含义，并且利用真值表这一工具，演示如何检验论证是否有效。

首先看有效论证的含义。在蕴涵关系中，如果前提为真，结论一定为真，这个蕴涵关系就成立。如果结论为假，那么它就不成立。这个论证就是有效的。而前提为假的情况则不需要考虑。从许多前提出发论证一个结论，原理也与此类似：如果所有前提都为真，结论一定为真，没有例外，这个论证就是有效的。前提为假的情况，可以不必考虑。

利用真值表这个工具，我们可以判断论证是否有效。来看一个例子。

例 2—15

　　如果三个月不下雨，会导致农业减产；如果没有做好田间管理，也会导致农业减产；今年农业减产了。因此，要么是三个月没有下雨，要么是没有做好田间管理。

这段话可以用逻辑符号形式化地表达出来：

P=三个月不下雨

Q=农业减产

R=没有做好田间管理

前提1：P→Q

前提2：R→Q

前提3：Q

结论：P∨R

我们根据简单命题P、Q、R的真值，把所有前提和结论的真值列在表2-17中。

表2-17 例2-15前提和结论的真值表

| P | Q | R | P→Q | R→Q | 前提 | 结论 |
|---|---|---|---|---|---|---|
| T | T | T | T | T | T | T |
| T | T | F | T | T | F | T |
| T | F | T | F | F | F | T |
| T | F | F | F | F | F | T |
| F | T | T | T | T | T | T |
| F | T | F | T | T | T | F |
| F | F | T | T | F | F | T |
| F | F | F | T | T | F | F |

从真值表可以看出，有一种情况下，前提为真，结论却为假，也就是Q（农业减产）发生了，P（三个月没有下雨）和R（没有做好田间管理）却没有发生。因此，上述论证无效。虽然这个例子中的结论可能是正确的，而且从前提到结论的可能性也是存在的，但是论证并不必然成立。在日常生活中，很多人会不自觉地犯这种逻辑错误。造成一个结果的原因可能有很多，但是一些人只关注到其中的一两种，然后就简单地从结论倒推原因，这种论证就是无效的。

无效论证还有很多种，它们的共同特点是存在前提为真但结论为假的情况。当然，对于包含多个不同简单命题的论证，要列的真值表可能太长了，后文会介绍其他一些检验论证有效性的方法。

## 2.5　原则：如何把自然语言翻译成逻辑语言

我们平时用自然语言进行沟通和思考，但自然语言和逻辑语言并非是一一对应的，学会如何根据上下文将自然语言翻译成逻辑语言十分必要。在翻译的过程中，我们要注意几个原则，**第一个原则是同一律**，这里不赘述；**第二个原则是明确量词和个体词的论域**。我们来仔细讲解一下。

什么是论域呢？在逻辑学中，论域是指由量词所限定的所有个体组成的集合。比如一位老师说"全体同学起立"，其中的

"全体同学"只是指这个教室里的同学，不包括隔壁教室的同学。因此，这里面虽然用了全称量词，但是数量和范围其实是有限的。而听到这句话的人也都明白这个含义。

人们对外界的认识是有一个过程的，处于不同认知水平的人谈论同一个概念时想到的论域是不同的。比如，小学一年级的学生只学习了自然数，这时老师告诉这些学生，不是所有的数都能做减法，这个说法就是对的，因为在数的论域没有扩大到负数之前，"2－3"这样的算式是没有结果的。当然，到了小学高年级，学生们有了负数的概念后，这个说法就不对了。类似地，中学物理课上，我们会学到，所有物质都是由原子构成的，这个说法也是对的，因为那时我们理解的物质不包括恒星内部的等离子体、宇宙射线，以及我们所知甚少的暗物质等。当然，在我们对物质的论域扩大之后，就不再能说所有的物质都是由原子构成的了。

日常交流中，我们有时候会默认特定的论域，这个论域是谈话各方认可的。比如，牛顿力学的三定律成立，是指在我们日常感知的世界里，所有物体的运动都符合这三个定律。假如我们是在中学物理的课堂上，或者是在不强调微观世界和光速运动的情况下，这个规律对于全称量词就是适用的。

具有相同认知水平的人在讨论问题时，常常会把论域缺省掉；但是认知水平不同的人在思考问题时，则会在不同的论域中思考，就可能引发争吵。因此，如果意识到某个人理解的论域和你完全不同，千万不要与之争吵，因为在这样的对话中，说服是无法达成的。

在某一个特定论域得到的结论，换一个论域就未必适用了。比如，在两家不同的单位里，对于同一件事的规定可能不同。在 A 企业，居家办公要提前得到批准；在 B 企业，居家办公则只要当天知会团队就可以。我们可以把 A 企业的规定描述成"所有在家工作的人，都需要提前获得批准"。这是一个有全称量词的肯定陈述，但是它并不适用于 B 企业。

在科学领域，这样的例子更多。比如数学，在无限论域和有限论域中，对于同一件事会得到完全不同的结论。在有限的论域中，部分的数量是少于整体的，100 以内正偶数的数量肯定要小于 100 以内正整数的数量。但是，在无限的论域中，这个结论并不成立，部分的数量完全可以等于整体的数量，偶数的数量可以等于全体整数的数量。此外，在平面上得到的结论不适合球面，反过来也是如此。但是，这种张冠李戴的情况，不仅普通人在讨论问题时常常不注意，即使是学者，有时也会不小心犯错误。

很多时候，我们在谈话或者思考问题时，还会把偏离大众的异类排除。比如，大家都说最近几年房价一直在上涨。其实，如果较个真，看看是否每个月的房价都是上涨的，就会发现这种说法其实并不准确，个别月份房价可能在下跌。然而，在我们日常交流或者做投资决定时，排除这几个异类的值，并不影响整个趋势。因此，在这种情况下，如果讨论问题的双方都认可这一点，这样的说法就没有逻辑问题。如果此时一定要较真，反而会使讨论偏离主题。比如，在一个饭局上，大家讨论说现在通货膨胀处于历史的高位，而且会持续一段时间，如果此时有人强调历史上还有比现在通货膨胀更高的时候，这种看似正确的"更正"就会让讨论偏离主题。

**将自然语言翻译成逻辑语言，要遵守的第三个原则是，对于连接词，要按照它在具体语句中的真实语义进行翻译。** 比如，"我和常有理都能解决这个问题"这个表述的真实含义为"我可以解决这个问题，常有理也能解决这个问题"，并不是"我和常有理在一起才能解决这个问题"。有人说话时语法不是很严谨，会说"我去或者小常去，都可以解决这个问题"。这句话的意思是"我和小常中任何一个人都可以解决问题"，因此，这里的"或"字其实是逻辑上"与"的意思。也就是说，这句话的含义和前一句很相似。此外，"但是"等具有转折意义的连词，在绝大多数时候也是逻辑上"与"的意思，比如"我会去参加会议，但是我不会留下来吃饭"。

**第四个原则是明确否定词所作用或者管辖的范围。** 比如，"我们不都是学生"和"我们都不是学生"的含义就完全不同，这是因为"不"这个否定词管辖的范围不同。

总之，逻辑语言非常清晰，任何学过逻辑的人，对同样的逻辑语言都有着相同的理解。而在自然语言中，同一个概念和句子则可以有很多种理解。两个人能进行理性讨论，前提就是在将自然语言翻译成逻辑语言时遵守共同的原则。

## 2.6　应用：为什么自认为讲理的人也会吵架

吵架是生活中的一个常见现象。那么，人们为什么会吵架呢？很多人认为，吵架是因为一方或者双方不讲道理。这种情况确实存在，然而，大多数情况下，是双方都觉得自己在讲道理，却不能说服对方。从逻辑学的角度看，吵架的原因可以归纳为三个：根据立场判断是非，语言能力的限制，逻辑论证出现错误。

### 根据立场判断是非

我们都知道，判断是非应该有客观的标准，不应该依据主观的喜好。但是，很多人在看待问题时，很容易先设定立场，再根据立场而不是事实判断是非。这就非常容易引发人和人之间的争执。

日常生活中，我们常会遇到这种情况。常有理做了一件坏事，这是事实，但是有人会说："我很了解常有理这个人，他不可能做这种事情。"这样的言论就是根据立场判断是非。我们应该根据常有理的表现来判断他是不是好人，而不是先肯定他是好人，然后否定他做了坏事。

还有一些人会根据某些理论推导出事实该如何发展，遇到和事实不相符的情况，就说事实错了，这也属于根据立场判断是非。事实是真实发生的，错的只能是理论。在这种时候，你不妨记住"事实总是对的"这个道理，就能做到根据是非决定立场。

### 语言能力的限制

引发吵架的另一个重要原因，是双方要表达的思想超出了他们语言能力的极限。

哲学家维特根斯坦曾说："我语言的边界就是我世界的边界。"这个说法是非常有道理的。很多初到国外的人与当地人相处时，就能感受到这一点。问候当地人，聊聊天气，讲讲自己过去的经历没问题，但一旦进行深入交流，就会遇到困难。这就是受到了语言能力的限制，很多想法无法用语言表述。同样，表达能力的限制，也会导致在沟通时产生很多表达不到位的地方。两个人在讨论他们的语言能力所不能表达的思想时，就无法产生共识，甚至容易产生误解。

具体来说，人们语言能力的限制表现在两个方面。

**第一种常见的情况是词语的欠缺，在逻辑学中主要表现为谓词的欠缺**。谓词可以被简单理解为动词。我在美国学习写作时，老师告诉我要少用 be、do、get、have[①]这四个动词，因为它们的含义太宽泛，表达意思不准确。类似地，中文写作时也

---

[①] 英文中四个非常基础的动词，分别意为"是、做、得到、有"。

应该少用"做"这样的动词，而应该根据上下文找到表意更准确的词语。

**第二种情况也很普遍，就是概念理解的偏差**。它又包含三个层面：语义理解的偏差、主观因素的影响，以及时空条件差异引发的理解偏差。

语义理解的偏差在生活中十分常见，我亲身经历过的一个故事就非常有代表性。我上小学时，数学老师出了一道考试题，题干是"比25多3%是多少"。结果，班上的同学给出了两种不同的答案：一些同学认为"多3%"就是加上0.03，等于25.03；另一些同学认为是多了25的3%，也就是多了25×3%=0.75，答案是25.75。根据当时绝大部分学校的一贯做法，正确的答案只能有一个，于是一批同学就在这道题上丢了分。大家都很不服气，甚至家长都吵到学校去了。显然，这次吵架就是对于语义理解的偏差造成的。

今天我们依然会经常看到类似的问题。比如，有的企业发布经营报告："上个月的利润增长率同比提高了3%"，这是什么意思呢？增长率是从5%提高到了8%，还是从5%提高到了5.15%？其实两种理解都对，因为增长率和提高这两个词放在一起使用，就会造成歧义。比较准确的用法是写清楚是"绝对增长率提高了3%"还是"相对增长率提高了3%"。

再来看看主观因素引起的偏差，这种情况也很普遍。比如，评价一家饭馆的饭菜是否好吃，和一个人的口味有很大关系。你告诉小常，东四牌楼那儿的涮羊肉很好吃，他去了之后告诉你，他觉得那家的涮羊肉不怎么样。对于什么是"好"，每个人会有不同的看法，这就是主观因素。

那时空条件对理解词义的影响又是怎么回事呢？这种情况也很常见。比如"一亿元"是多还是少，就要看语境。对于个人来讲，一亿元几乎是天文数字。而对于一个国家或者一个跨国公司，一亿元可能就不算什么。我时不时会看到这样的报道："美国大力投入人工智能研究，政府在这个领域增加了两亿美元的财政预算。""苹果公司投资一亿美元研究虚拟现实。""特斯拉股价暴跌，马斯克一天损失一千亿元（新台币①）。"美国政府或者苹果公司花几个亿，就相当于大家去街边饭馆吃顿饭的花销。至于马斯克一天损失的一千亿元新台币，其实不到他资产的2%。甚至"新台币"这三个字，都是我读了新闻后在内容中发现的，新闻标题里并没有，显然编辑是刻意想误导读者。

## 逻辑论证出现错误

除了立场错误、语言能力受限，吵架还有一种层次更深，但也很普遍的原因，就是双方的论证不符合逻辑，也就是逻辑学中说的无效论证。没有学过逻辑学的人，很难发现逻辑论证中的错误。

在逻辑学中，从同样的事实出发，也就是从相同的命题出发，无论如何推理，只要论证是有效的，得到的结论就都会是一致的，不可能产生矛盾，这在逻辑学中被称为符合矛盾律。

---

① 1元新台币 ≈ 0.2元人民币。

因此，如果双方都从同样的事实出发，而且都讲道理，却产生了分歧，那么就不可能双方都对，至少有一方是错的，原因就在于其采用了无效论证。

来看一个简单的例子。

> **例2-16**
>
> 　　下面三个论证，哪个是有效的？
>
> 　　1.所有的人都会死，秦始皇是人，因此秦始皇会死。
>
> 　　2.所有的人都会死，弗兰肯斯坦不会死，因此弗兰肯斯坦不是人。
>
> 　　3.小常或小梅可能到银行把钱取走了，小常没有去过银行，因此一定是小梅把钱取走了。

对于这三个论证，你可能模模糊糊地感觉它们都是对的，但是说不出依据。这三个例子都属于三段论推理。第一个例子是肯定前件，这是一个有效论证；第二个例子是否定后件，也是有效论证；第三个是否定其中一个命题来肯定另一个命题，也是有效论证。

如果对上面三个论证略做修改，将其变为下面的表述，我们就会发现它们都成了无效论证。其中的逻辑谬误后面会专门讲到。

例 2-17

1.所有的人都会死，秦始皇死了，因此秦始皇是人。

2.所有的人都会死，弗兰肯斯坦是科幻小说中的机器人，因此弗兰肯斯坦不会死。

3.小常或小梅可能到银行把钱取走了，小常去过银行取钱，因此小梅一定没有去过银行。

如果讨论问题的双方都用逻辑学的原理进行推理，从相同的前提出发，必定能得出相同的结论，也就能避免争吵。

## 本章小结

在使用逻辑这个工具帮助我们思考问题和讲道理时，通常有三个步骤：将想法变成一些命题，梳理清楚命题之间的逻辑关系，最后再运用逻辑规律从前提出发推出结论。这三步每一步都要有根据，不能出错，这样就能保证从正确的前提出发，推出正确的结论。

值得指出的是，有些时候，正确的结论也可以通过其他方式得到，比如猜出来。正因如此，很多人只重视结论，不重视得到结论的过程。但是，靠猜得到的正确结论，或者采用错误逻辑阴错阳差蒙出来的正确结论，下次就未必能得到了。只有靠有效论证得到的结论才可信，而且只有这种方法才能保证我们从前提得到必然的结果。

　　在推理的过程中，还有一件事情要特别小心——从错误的前提出发，可以得到任何合乎逻辑的结果。因此，在推理之前，我们要认真审视前提条件。

# 第二编
# 演　绎

人生的最终价值在于觉醒和思考的能力，而不只在于生存。

——亚里士多德

# 第三章

# 命题逻辑

在前面的章节中，我们用来判断逻辑一致性的工具主要是真值表。然而，对于复杂的命题，这种方法太过繁琐。如果能够先把复杂的逻辑关系简化一下，再进行推理或者验证，就会简单许多。要想简化逻辑，可以使用逻辑学定律。常用的逻辑学定律有双重否定律、蕴涵律、幂等律等。

# 3.1　有效推理：基本的逻辑定律有哪几种

### 双重否定律（Double Negation Law）

双重否定律也被称为否定之否定律。它的含义是，一个命题的否定的否定等于原命题。用公式表达就是 ~ ~P=P。否定之否定律是逻辑学中最基础的逻辑运算法则，我们在生活中也常常会用到。不过，要注意的是，虽然这条法则在经典逻辑学中绝对成立，但是在生活中，一句话的含义可能有模糊性，而且它的语义和语境有关，因此日常使用时，不能简单把否定之否定和原命题等同起来。不妨看两个例子。

> **例 3-1**
>
> 一个对男友很不满意的女生问男友："你到底爱不爱我？"男生回答："我不是不爱你！"

"我不是不爱你"这句话显然不能等同于"我爱你"，因为它流露出的是抱怨和委屈，是自我辩解，而不是感情。

例 3-2

敌人的敌人是朋友吗？

很多人自以为聪明，找敌人的敌人做朋友。其实敌人的敌人也可能是敌人，或者非敌非友，未必是朋友。事实上，敌人和朋友并不是逻辑学中非黑即白、完全对立的概念，人和人的关系也不是非友即敌。学习逻辑学，要记住自然语言和形式逻辑公式之间的这种差异，不能简单套用。

### 蕴涵律（Rule of Inference）

$$P \rightarrow Q = \sim P \vee Q$$

这个定律前文已经讲过了。它非常重要，会经常被用到。

### 幂等律（Idempotent Laws）

$$P \wedge P = P, \quad P \vee P = P$$

很多逻辑学定律看上去都很直观，似乎不需要推导，幂等律就是如此。但是这些直观的逻辑学规律是必须存在的，否则逻辑学体系就不严谨了。在逻辑学中，不存在什么显而易见、自然而然的规律。有效的逻辑推理每一步都要有根据，不能随意用"显然"这样的词。学过几何学的同学都有这样的经验，有时候做不出题，打算投机取巧、跳过论证步骤的时候，就用"显然"这个词。这么做通常会出错，即使偶尔做对了，也是蒙对的。

关于幂等律，有两点值得注意。

第一，虽然很多人相信"谣言重复多次就变成真理"这个说法，但是在逻辑学里，谣言就是谣言，永远也无法成为真理。幂等律就反映了这个事实。

第二，从信息论的角度看，同样的信息使用多遍和使用一遍，效果是完全相同的，因为没有新的信息。

## 交换律（Commutative Laws）

$$P \wedge Q = Q \wedge P$$
$$P \vee Q = Q \vee P$$

学过数学就会知道，加法和乘法的交换律是成立的，但减法和除法的交换律就不成立了。在几何学中，与、或运算的交换律是成立的，但是条件运算交换律则不成立，因为不能把原因和结果对调。

## 结合律（Associative Laws）

（P∧Q）∧R = P∧（Q∧R）

（P∨Q）∨R = P∨（Q∨R）

在逻辑学中，与运算和或运算的结合律是成立的，这用真值表很容易验证。但是条件运算的结合律不成立，即（P→Q）→R ≠ P→（Q→R）。用真值表（表3–1）对比一下这个不等式两边命题的真值，就明白为什么了。

表3–1 结合律对于条件运算不成立

| P | Q | R | P→Q | Q→R | （P→Q）→R | P→（Q→R） |
|---|---|---|---|---|---|---|
| T | T | T | T | T | T | T |
| T | T | F | T | F | F | F |
| T | F | T | F | T | T | T |
| T | F | F | F | T | T | T |
| F | T | T | T | T | T | T |
| F | T | F | T | F | F | T |
| F | F | T | T | T | T | T |
| F | F | F | T | T | F | T |

### 分配律（**Distributive Laws**）

$$(P \land Q) \lor R = (P \lor R) \land (Q \lor R)$$
$$(P \lor Q) \land R = (P \land R) \lor (Q \land R)$$

在数学上，加法对于乘法的分配律成立，即（a+b）×c=a×c+b×c。但是乘法对于加法的分配律不成立，即（a×b）+c≠a×c+b×c。而在逻辑学中，与运算对或运算的分配律和或运算对与运算的分配律都成立。

### 统治律（**Domination Laws**）

$$P \land F = F$$
$$P \lor T = T$$

这条定律看上去很简单，但能帮助我们捋清思路，避免陷入一些常见的逻辑谬误。我们可以通过一个例子来理解。

> **例 3-3**
>
> 你的朋友常有理向你介绍一个陌生的朋友，他说："这位钱先生是一位亿万富豪。"听到这句话，你可能将信将疑，毕竟亿万富豪非常少。但是如果常有理这

样介绍："这位钱先生是个天才，他毕业于哈佛大学，在麻省理工学院拿到了博士学位，然后成为脸书公司前一百名员工，后来又成功创业，现在是一位亿万富豪。"这个说法是不是要比第一种听起来可信得多？

其实，第二种说法的真实性要比第一种小很多。为了方便讨论，我们可以将这个段落中的命题用逻辑符号进行形式化的表述。

P=钱先生是一位亿万富翁

$Q_1$=钱先生是位天才

$Q_2$=钱先生毕业于哈佛大学

$Q_3$=钱先生有麻省理工学院的博士学位

$Q_4$=钱先生是脸书公司前一百名员工

$Q_5$=钱先生成功创业

常有理对钱先生的第一种介绍是一个简单的命题 P；而第二种介绍则是多个命题的合取，写成逻辑公式就是 $P \wedge Q_1 \wedge Q_2 \wedge Q_3 \wedge Q_4 \wedge Q_5$。根据合取运算规则，这个命题要成立，不仅命题 P 要成立，后面所有命题都需要成立。参与合取运算的命题越多，整个命题成立的可能性就越小。

这个例子和统治律有什么关系呢？统治律的原理是，如果命题 P 和一个真命题做或运算，结果恒真；但是，如果命题 P 和一个假命题做合取运算，则新产生的这个命题永远为假。也就是说，多少真话也掩盖不了一句假话。在例3-3中，只要P为假，即便$Q_1$、$Q_2$、$Q_3$、$Q_4$和$Q_5$都为真，p依然是假的，更何况，那些添油加醋的话可能也不都是真的，因此整段描述为真的可能性就更小了。了解了统治律，我们就可以把一大段逻辑关系很复杂的话精炼为一个关键命题，然后再来判断这句话的真假就可以了。在例3-3中，这个关键命题就是"钱先生是亿万富翁"，因为其他的描述都是为了让这个命题看起来更真实。

那么，为什么很多人依然会觉得在这个例子中，第二种介绍方式听上去更可信呢？这其实是骗子的一种伎俩，或是一种逻辑谬误——构建一根似真但非真的逻辑关系链条。在很多人看来，哈佛毕业后，考取麻省理工学院的博士是很有可能的，麻省理工的博士早期加入脸书公司也是有可能的，这样通常就可以从脸书挣到第一桶金。因此，如果说钱先生又去创业，然后成功了，获得亿万财富，似乎都说得通。

然而，看似合情合理不等于没有逻辑漏洞。这些想法有两个致命的逻辑错误。

第一是把可能性和决定性搞混了。哈佛毕业不等于可以轻易考取麻省理工学院的博士，麻省理工学院的博士也不等于能成功创业。

第二则是混淆了蕴涵关系为真和结果为真。在常有理对那个朋友的详细介绍中，一环扣一环的论证步骤实际上是很多蕴涵关系，比如$Q_1 \rightarrow Q_2$，$Q_2 \rightarrow Q_3$，等等。但是，这些蕴涵关系成立，不等于它们的结论成立。只要前提为假，就算一切蕴涵关系都成立，结论也可能是错的。

　　很多骗子在骗人时，就是用一大堆正确的蕴涵关系来隐藏一个错误的前提，从而引导对方接受一个错误的结论。历史上很多屡屡得手的大骗子，都有一套看上去自洽的履历和一个所谓名校学位或者高贵出身。被揭发后，大家才发现，他一开始那个起点就是伪造的。想揭穿这种骗子也很容易，只要把逻辑简化一下，分清楚事实和假想出来的蕴涵关系就可以了。

　　此外，统治律对我们的生活还有一点启示。日常交流时，要谨记言多必失、画蛇添足的道理。有的时候，一个人可能说了十句话都是真话，但是说着说着就控制不住自己的嘴了，把自己没把握的话当作真话讲了出来。当这些话被人发现是假的时，人们就会对他前面说的话也产生怀疑。

### 同一律（Identity Laws）

$P \lor F = P$

$P \land T = P$

　　任何命题，和假（F）的析取，真值还是命题本身的真值；类似地，它同真（T）的合取，真值也还是命题本身的真值，这两个公式其实等价于P=P，这就是形式逻辑对同一律的表述。

### 否定律（Negation Laws）

$P \lor \sim P = T$

P∧~P=F

否定律的第一条——P∨~P ≡ T，又被称为排中律，也就是说，只有P发生和P不发生（即~P）两种情况，并且P和~P这对矛盾的命题必须有一个是正确的。这条古典逻辑学中最基本的规律，最初是由亚里士多德严格表述出来的，他认为它是保证逻辑学严密性的基础。亚里士多德在《方法论》的第二卷《论解释》中提出，两个矛盾的命题必有一个为真，同时另一个为假。假设世界上所有事物的集合是下图中的矩形区域，即全集 Ω，P所描述的事物是矩形区域中的圆形区域，那么~P则必须充满圆形区域外的全部区域。

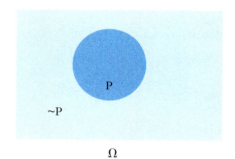

图3-1　证明否定律的文氏图

否定律的第二条——P∧~P ≡ F，和第一条实际上是等价的。亚里士多德在《形而上学》的第三卷中描述道："矛盾的两个方面P和~P不可能同时存在于同一个人或者同一事物中。"逻辑学家认为，这是用自然语言对这个性质所作出的最准确的描述。

当然，可能有人会试图用哲学中的辩证法来否定这个性质，比如有人会说："我这个人既保守又不保守。在投资方面我非常保守，但在接受新事物方面，我这个人不保守。"这种说法其实是偷换了概念。由于语言有二义性，第一个"保守"和第二个"保守"其实不是同一个概念。亚里士多德在《形而上学》的第四卷中用"是个人"的例子来解释这种情况。比如，我们在说某个人非常坏的时候，会说他"不是个人"，这个说法和他是一个人到底矛盾不矛盾呢？亚里士多德认为不矛盾，因为我们说"这个人简直不是人"的时候，前面的"人"是指生理意义上的人，后面的"人"是指人该有的品行道德。显然，并非所有的人都具有常人该有的品行道德。

今天，逻辑学家一般通过同一律来避免一些人利用自然语言本身的二义性来刻意制造逻辑矛盾。所谓"同一律"，就是指同一个概念在同一个陈述中具有同一个含义。比如，"是个人"和"保守"这样的概念，在同一个陈述中不能出现歧义，也不能指向不同的事物或者事物的不同侧面。

排中律虽然简单，却非常重要。在数学史和逻辑学史上，很多著名的数学家和逻辑学家，包括大名鼎鼎的莱布尼茨、希尔伯特、柯尔莫哥洛夫、罗素和怀海德等人，都对它重新进行了准确表述和理解，因为它涉及公理化的逻辑学和数学的基础构建。人类是在不断追求完美的，对于那些从直觉上看很直观的结论，需要对它们刨根问底，不能有任何漏洞。

## 吸收律（Absorption Laws）

$$P \lor (P \land Q) \equiv P$$
$$P \land (P \lor Q) \equiv P$$

这条定律可以用一个具体的例子来说明。

**例 3-4**

下面这两句话，哪一句更容易为真？

S1：今天我带伞了，且今天要下雨。

S2：今天要下雨。

很多人会觉得 S1 更合理，但 S1 要想为真，需要"今天下雨"和"我带伞"这两个命题都满足。相比之下，S2 更容易为真。

如果现在告诉你，这两句话至少有一句为真，你能从中得出什么结论呢？实际上，这和直接说"今天要下雨"是一个意思。因为只要第二句话为真，就满足了两句话至少有一句为真；如果第二句话为假，那两句话至少有一句为真就不成立了。因此，这条定律被称为吸收律。吸收律的后一个命题可以从前一个命题出发，直接使用分配律得到。

吸收律和"奥卡姆剃刀"原理是一致的。"奥卡姆剃刀"原理有很多种表述方式，其中最简洁的一个是"如无必要，勿增假定"。比如，我们要寻找一件事情发生的原因，本来有一个很直接的简单解释，这时如果一定要找一个包含了原来解释的更复杂的原因，其实是完全没有必要的。

### 德摩根律（De Morgan's Laws）

$\sim(P \wedge Q) = \sim P \vee \sim Q$

$\sim(P \vee Q) = \sim P \wedge \sim Q$

这是逻辑学中最重要的定律之一。用一句话概括就是，全面肯定的反面是部分否定，全面否定的反面是部分肯定。我们先来看它的第一部分。下面是一个例子。

**例 3-5**

P=我今天去了银行办事

Q=我今天没有去上班

$P \wedge Q$ 就是"我今天没有去上班，我去银行办事了"，这两句话之间其实隐含着一个"并且"。那么，$P \wedge Q$ 这个命题的否命题是什么？是"我今天去上班了，并且没有去银行办事"吗？不是，应该是"我今天去上班了，或者没去银行办事"。也就是说，如果要否定一个由与关系构成的复合命题，只要否定其中的一个命题就可以了。

这个定律可以用文氏图来表示。从图 3-2 可见，$P \wedge Q$ 就是中间那一点点重叠的区域。因此，它的否命题~（P∧Q）就应该是剩余的全部矩形。

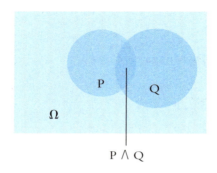

图3-2　P∧Q的文氏图

　　图3-3左边两个图形的阴影部分分别表示~P和~Q。把它们重叠起来，就是右边图形中的阴影部分~P∨~Q。它的区域也是去掉中间那一小部分后的全部矩形，显然和~（P∧Q）的区域相同。

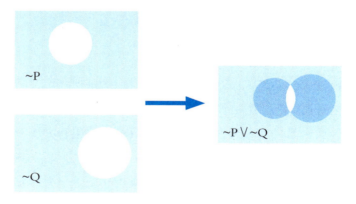

图3-3　~（P∧Q）= ~P∨~Q的文氏图

但是，~P∧~Q的区域则如下图所示，和~（P∧Q）的区域并不相同。

图3–4 ~P∧~Q ≠ ~（P∧Q）

德摩根律对于多个命题的与关系同样有效：

$$\sim（P_1 \wedge P_2 \wedge P_3 \cdots\cdots）= \sim P_1 \vee \sim P_2 \vee \sim P_3 \cdots\cdots$$

也就是说，如果要否定多个命题的与命题，只要否定其中任何一个命题即可。比如$P_3$为假，~$P_3$即为真，上述等式的右边就为真，左边自然为真，那么$P_1 \wedge P_2 \wedge P_3$……为真就被否定了。因此，德摩根律告诉我们，要证实一个具有普遍规律的结论，需要证实所有的情况，而如果要否定这个结论，只需要找到一个反例。

比如，"班上的同学都考上了大学"，要证明这句话，就得把班上每一个同学的升学情况都确认一遍，如果结果为真，才能得到上述结论。但是，要否定这个结论，只要找出一个同学没考上大学即可。类似地，要证明"张三是一个百分百诚实的人"这个说法，就要证明他的每一句话都是真的，这并不容易；但是否定它却很容易，只要发现张三说一次谎即可。正因如此，一个人如果在法庭上做过伪证，就失去了信誉，从此他的话就不再能作为证据。

那么，对于尚不知道真伪的事情，我们该做什么样的假设呢？比如，要证实一个人是诚实的，需要确认他从来没有说过谎，这是很难的。这样一来，怎么才能确定这个人在法庭上作的证是真实的呢？这个疑问直到近代逻辑学出现后才被解决。具体到作证这件事，可以假定没有污点的证人一开始是诚实的，一旦发现这个人撒谎，便不再信任他的证词。这不仅符合对人尊重的原则，而且获得可靠证词的成本也是最低的。根据这个原则，每个人最多只有一次作伪证的机会，因为谁都不敢轻易拿自己的信誉开玩笑。

德摩根律的第二部分是对或关系的否定。来看这样一个例子。

例 3-6
P＝小赵被A大学录取
Q＝小赵被B大学录取

假定小赵只申请了A、B两所学校，如果他至少被一所大学录取，就是P∨Q；如果他没有被任何一所大学录取，就是对P∨Q的否定，即~（P∨Q）。只有当A大学没有录取他，同时，B大学也没有录取他，他才没有学可上。因此，~（P∨Q）=~P∧~Q。

德摩根律的这个部分其实说明了冗余和保险系数的重要性。

他申请了两所学校，就有了双保险。如果他同时申请了五所学校，只有五所学校都不录取他，他才会失败，这就等于有了五道保险。

这个保险系数可以定量地计算一下。假定每所大学都是独立招生的，也就是说，每所大学的招生决定都不影响其他大学，而且小赵被每所大学录取的可能性都是50%。如果他只报一所大学A，被录取的概率就是50%。如果他报两所大学A和B，他被录取就是P∨Q这个复合命题。我们可以把情况分解一下，一共有三种：P为真，Q为假；P为假，Q为真；P和Q都为真。每一种情况都有25%的可能性，因此，这时小赵被大学录取的概率是75%。

如果小赵将所申请大学的数量增加到五所——A、B、C、D、E，他被这五所大学分别录取对应命题P、Q、R、S、T，假定每所大学录取的可能性还是50%，那他申请大学的保险系数是多少呢？这就比较复杂了。比如，他可能被A录取了，没有被另外四所录取，也可能被B、C录取了，或者被E录取了。如果把所有情况都列出来，可以列出几十种。这时，可以使用德摩根律把这个问题变换一下，使之变得更容易解决。如果用逻辑公式表示小赵被至少一所大学录取，就是P∨Q∨R∨S∨T；他没有被任何一所大学录取，就是这个复合命题的否命题 ~（P∨Q∨R∨S∨T），根据德摩根律：

$$\sim (P \lor Q \lor R \lor S \lor T) = \sim P \land \sim Q \land \sim R \land \sim S \land \sim T$$

公式的右边是五个否命题的与命题，也就是说，要求 P、Q、R、S、T 这五个命题均为假。由于它们每一个为假的概率都是 50%，并且它们是彼此独立的，因此五个命题均为假的可能性就是 $50\%^5=0.03125=3.125\%$。根据排中律，"没有被任何一所大学录取"这个否命题和原命题"至少被一所大学录取"这两件事必定有一件要发生，也就是说，它们的概率之和为 100%。因此，"至少被一所大学录取"的概率就是 100%—3.125%=96.875%。你看，增加了冗余程度之后，原本只有 50% 把握做成的事情，成功概率提高到了将近 97%。

在概率论中有很多不容易理解的问题，用德摩根律就很容易解决。比如，一发炮弹的命中率是 1%，为什么打 100 发炮弹不能保证 100% 的命中率？原因很简单，在逻辑上存在所有炮弹都不命中的可能性，而这个可能性是能够计算出来的，即 $99\%^{100}\approx36.6\%$，因此，打 100 发炮弹，也只能保证 63.4% 的命中率。

## 3.2　简单推理：如何简化复杂的逻辑关系

了解了基本的逻辑学定律，就可以用它们简化复杂的逻辑，并且推导出新的结论了。比如，我们可以用它们来证明肯定前件推理的有效性。

在蕴涵关系 P→Q 中，P 被称为前件，Q 则是后件。当前件

P为真时，后件Q必然为真，这被称为肯定前件的推理或分离规则。简单地讲，就是从P→Q与P，得出结论Q。

用上述逻辑学定律，可以将肯定前件的推理逐步简化。如果你是初次学习逻辑，那你在简化时一定要一步步来，而且每一步都要给出理由，不要跳步骤。养成这个习惯，能让你在思考时一直保持清醒的头脑，对解决复杂问题有好处。

**例 3-7**

由P、P→Q推导出Q。

在直言三段论中，两个前提要同时成立，它们是"与"的关系，所以我们从P∧（P→Q）出发进行推导。

P∧（P→Q）// 前提

= P∧（~P∨Q）// 蕴涵律

=（P∧~P）∨（P∧Q）// 分配律

= F∨（P∧Q）// 否定律

= P∧Q // 同一律

经过逻辑运算，可以得到P∧Q的结论，也就是说，P和Q同时成立。P成立是已知的，Q成立则是新知。回顾一下中学数学的内容，你就会发现，其中的各个定理和结论，就是这样从基本的公理出发一步步推导出来的。事实上，庞大的数学大厦就是用逻辑建立起来的。

接下来，我们再来看一个日常会遇到的逻辑，试试如何将它简化。

例 3-8

如果感染了肝炎，肝脏就会受损；如果肝脏受损，转氨酶就会高；小张的转氨酶不高。

我们先把上面的命题用逻辑符号表示：

P=感染肝炎
Q=肝脏受损
R=转氨酶高

完整的命题就是：

（P→Q）∧（Q→R）∧~R

然后，我们用前面的逻辑学定律对这个式子进行简化。

（P→Q）∧（Q→R）∧~R // 条件

=（~P∨Q）∧（~Q∨R）∧~R // 蕴涵律

=（~P∨Q）∧【（~Q∨R）∧~R】// 结合律

=（~P∨Q）∧【（~Q∧~R）∨（R∧~R）】// 分配律

=（~P∨Q）∧【（~Q∧~R）∨F】// 否定律

＝（～P∨Q）∧（～Q∧～R）// 同一律

＝【（～P∨Q）∧～Q】∧～R // 结合律

＝【（～P∧～Q）∨（Q∧～Q）】∧～R // 分配律

＝【（～P∧～Q）∨F】∧～R // 否定律

＝（～P∧～Q）∧～R // 同一律

＝～P∧～Q∧～R // 结合律

最终得出～P∧～Q∧～R，即没有感染肝炎，肝脏也没有受损，转氨酶也不高。其中转氨酶不高是我们的已知条件。没有感染肝炎、肝脏也没有受损是我们的结论。在这个例子中，有两个环环相扣的蕴涵关系，我们否定了第二个蕴涵关系的后件，从而否定了前提。这个结论（即没有感染肝炎，肝脏也没有受损）是确定的。

把上面的命题稍微改一下，会得到一个不同的命题，也可以用这个方式进行简化。

**例 3-9**

　　如果感染了肝炎，肝脏就会受损；如果肝脏受损，转氨酶就会高；小赵的转氨酶高。

我们用相应的逻辑学定律进行简化如下：

（P→Q）∧（Q→R）∧R

＝（～P∨Q）∧（～Q∨R）∧R // 蕴涵律

$= (\sim P \vee Q) \wedge【(\sim Q \vee R) \wedge R】$// 结合律

$= (\sim P \vee Q) \wedge (\sim Q \wedge R) \vee (R \wedge R)$ // 分配律

$= (\sim P \vee Q) \wedge【(\sim Q \wedge R) \vee R】$// 幂等律

运用前文所述交换律与吸收律，可证 $(\sim Q \wedge R) \vee R=R$，于是我们得到：

$(P \rightarrow Q) \wedge (Q \rightarrow R) \wedge R$

$= (\sim P \vee Q) \wedge R$

从中能否得出小赵有肝炎的结论呢？其实并不能，如果一个人没有得肝炎，即 P 为假，则上面式子中的 ~P 和 ~P∨Q 都为真，这样整个公式的值也为真。事实上，心脏疾病、胆道疾病甚至怀孕都可能引起转氨酶升高。

在现实生活中，我们思考问题的时候，常常需要把逻辑简化，这样思路就清晰了。

# 3.3  关系链：如何验证推理的有效性

在逻辑学中，推理可以是有效的，也可以是无效的。我们通常进行的推理是，给出一个前提 S，再给出一个结论 T，然后从前提出发，通过符合逻辑规则的推理得到结论，这个过程被称为有效论证。如果能够从 S 一步步推导出 T，且 S 和 T 均为真，我们可以用 S⇒T 来表示。

在讲述论证的方法之前，需要先把命题分一下类，主要有三类。第一种是永真命题。如果一个命题的值永远为真，就被称为永真（恒真）命题或者永真（恒真）句，比如"明天要么下雨，要么不下雨"。第二种是矛盾命题。如果一个命题的值永远为假，就被称为矛盾命题或者矛盾句，比如"小常物理考试既及格了，又不及格"。第三种是偶真命题。如果一个命题可能为真，也可能为假，就被称为偶真命题或者偶真句，比如"小梅是个女生"。

### 命题之间的蕴涵关系

两个命题或句子之间可能构成也可能不构成逻辑关系。比如，"如果 x 是偶数，则 x+1 不能被 2 整除。"前后两个句子就具有逻辑关系，前者是原因，后者是结果，这种关系就是蕴涵关系，即 P→Q。蕴涵一词的英文是 implication，意为"可推导出"，也就是从 P 可以推导出 Q。

不过，绝大多数命题之间并不存在相互蕴涵的关系，包括我们经常说的一些俗语，比如"人不可貌相，海水不可斗量"。我们称它们为互不蕴涵关系（independent），或是相互独立的。逻辑学中的"独立"和统计学中的"独立"含义不同。在统计学中，如果两个随机事件之间有一定相关性，它们就不是独立的。比如，"大气的气压低"和"天要下雨"这两件事就是相关的，虽然它们之间并不存在蕴涵关系。但是，在逻辑上，两个命题相互之间只要没有蕴涵关系，就是独立的，即便它们之间存在一定联系。比如，"小梅昨晚认真复习了功课，因此她今天一定能考好。"这两个命题之间并没有蕴涵关系，虽然小梅昨晚认真复习了功课，但今天也有可能考不好。在这种情况下，就认为它们在逻辑上是独立的。

那么，怎样判断两个命题 P 和 Q 是否存在蕴涵关系呢？可以用条件运算把 P 和 Q 连接起来，构成一个新的命题 P→Q，然后判断这个新命题的真值。如果 P→Q 为永真，就不会出现 P 为真、Q 为假的情况，P 就蕴涵 Q。反之，如果有一种情况让 P 为真、Q 为假成立了，那么 P 不蕴涵 Q，即便 P 和 Q 看似是相关的。蕴涵关系是充分条件，我们举一个例子来说明。

> **例 3-10**
>
> P = 王老师能打开教室的门
>
> Q = 赵老师也能打开教室的门
>
> 结论：王老师或赵老师到场，肯定能打开教室的门

这段话翻译成逻辑公式就是：

前提：$P \wedge Q$

结论：$P \vee Q$

如果用真值表表示它们的值，$P \wedge Q$ 为真的那一行，$P \vee Q$ 也为真。

表3-2　例3-10的真值表

| P | Q | P∧Q | P∨Q |
|---|---|---|---|
| T | T | T | T |
| T | F | F | T |
| F | T | F | T |
| F | F | F | F |

不过，P∨Q并不蕴涵 P∧Q。在表3-2中，第三行和第四行 P∨Q为真，但P∧Q为假。例如，王老师和赵老师中有一人能打开教室的门，不能得出两人都能开门的结论。

如果两个命题相互蕴涵，它们就等价，可以使用P↔Q来表示。判断P和Q是否具有等价关系，可以用等值运算符↔把这两个命题连接起来，判断是否会出现左边为真、右边为假，或者右边为真、左边为假的情况。在真值表中，具有等价关系的命题各行的值都是相同的。来看两个具体的例子。

例3-11

下面两组命题是否等价？

a. P∧Q 和P→Q

b. P→（Q→R）和（P∧Q）→R

a中两个命题的真值表如下。

表3-3 P∧Q和P→Q的真值表

| P | Q | P∧Q | P→Q |
|---|---|---|---|
| T | T | T | T |
| T | F | F | F |
| F | T | F | T |
| F | F | F | T |

从表3-3可以看出，P∧Q为真时，P→Q也为真，因此从P∧Q可以得出P→Q的结论。这很容易理解。比如，常有理和梅有据是一对情侣，总是形影不离，这就对应着P∧Q。这个事实蕴涵着一个结论，只要常有理出现，梅有据就一定会出现，即P→Q。但是，P∧Q与P→Q并不具有等价关系。在真值表中的最后两行，P→Q为真，P∧Q却为假。因此后者并没有蕴涵前者。比如，小强在追求常有理，因此常有理出现的地方小强一定会出现。但这并不代表他们两个总是一同出现。可能小强出现的地方常有理就不会出现。

注意，这里的P∧Q为真，代表的是一种100%的相关性，也就是说，P和Q永远是同时成立的。在这种情况下，它们之间会存在蕴涵关系，即P→Q。上述结论说明一个道理，如果巧合总是发生，背后可能就有必然性。比如，约翰总出现在案发现场，而且各种证据都和他有关，那么他要么是作案人，要么是受害人。类似地，如果常有理和梅有据总是一同吃晚饭，那么他们大概率在谈恋爱。

接下来再看b。b中两个命题的真值表如下。

表3-4　P→（Q→R）和（P∧Q）→R的真值表

| P | Q | R | P→（Q→R） | （P∧Q）→R |
|---|---|---|---|---|
| T | T | T | T | T |
| T | T | F | F | F |
| T | F | F | T | T |
| F | T | T | T | T |
| F | T | F | T | T |
| F | F | T | T | T |
| F | F | F | T | T |

从表中可以看出，P→（Q→R）为真时，（P∧Q）→R也为真，反之亦然。因此，这两个命题是等价的。P→（Q→R）的含义是，在P成立的条件下，蕴涵关系Q→R成立。比如，Q→R代表水烧到100摄氏度就会开，而P则代表这个规律成立的其他条件，比如一个大气压、纯净水等。（P∧Q）→R的含义则是，P和Q需要同时成立，才能得出R这个结论。还拿烧水为例，这个逻辑关系式的含义是，一个大气压、纯净水和100摄氏度等条件同时满足，则结论成立。

接下来，我们来看一个命题互不蕴涵的例子。

例 3-12

P∨Q和P→Q是什么关系？

表3-5　P∨Q和P→Q的真值表

| P | Q | P∨Q | P→Q |
|---|---|---|---|
| T | T | T | T |
| T | F | T | F |
| F | T | T | T |
| F | F | F | T |

通过真值表可以发现，表中第三行P∨Q为真，P→Q为假，因此，P∨Q不蕴涵P→Q。反过来，表中第五行，P→Q为真，P∨Q为假，因此，P→Q也不蕴涵P∨Q。

这个结论同样可以用直观的例子来说明。比如，小常和小梅中有一人出现在某个地方，显然不能得出"小常出现则小梅一定出现"的结论。反过来，如果小常在追求小梅，小梅出现则小常一定出现，也并不能得出"小常和小梅一定会同时出现"的结论。

### 异或关系的等价关系

最后，我们来看异或关系的几个等价关系。

例 3-13

$P \oplus Q$、$P \longleftrightarrow \sim Q$ 和 $\sim((P \lor Q) \to (P \land Q))$ 是否等价？

我们可以先把上述三个逻辑表达式的真值表列出来（表 3-6）。表中的 $P \oplus Q$ 就是异或关系，即 P 和 Q 中二选一；$P \longleftrightarrow \sim Q$ 的含义是，两个命题一个为真必然导致另一个为假，反之亦然，因此它和异或关系是等价的。这个等价关系用真值表很容易验证。

表3-6　$P \oplus Q$、$P \longleftrightarrow \sim Q$ 和 $\sim((P \lor Q) \to (P \land Q))$ 的真值表

| P | Q | $P \oplus Q$ | $P \longleftrightarrow \sim Q$ | $\sim((P \lor Q) \to (P \land Q))$ |
|---|---|---|---|---|
| T | T | F | F | F |
| T | F | T | T | T |
| F | T | T | T | T |
| F | F | F | F | F |

$\sim((P \lor Q) \to (P \land Q))$ 看上去非常复杂，其实也是异或关系的一种表达方式。我们可以用一个直观的例子来理解。比如，你的下属常有理跟你说："这件事无论是我还是梅有据都能做好，但如果您让我们俩同时做，这件事就做不好了。"我们知

道，这表明常有理想一个人做事，不想和梅有据一起做事。这句话的逻辑结构是 $\sim((P\lor Q)\to(P\land Q))$，转述为自然语言就是"P 或 Q，一定得不出 P 与 Q 的结论"。常有理这番话的含义等价于下面三种更直白的表述，即：

1. 有我就没有梅有据，有梅有据就没有我。其逻辑关系式为 $(P\to\sim Q)\land(Q\to\sim P)$。

2. 领导可以选择常有理或梅有据，但是不能两个都选。其逻辑关系式为 $(P\lor Q)\land\sim(Q\land P)$。

3. 非常有理则梅有据，非梅有据则常有理。其逻辑关系式为 $(\sim P\to Q)\land(\sim Q\to P)$。

很多时候，人们绕了一个大圈来表达一个想法，如果简化一下，其实是一些很直白的逻辑。

### 什么是有效的逻辑推理

介绍完逻辑命题之间的蕴涵关系后，我们总结一下什么是有效的逻辑推理。所谓逻辑推理，就是从已知的、大家认可的条件出发，通过蕴涵关系链得到结论。看一个生活中常用到的排除法的例子。

**例 3–14**

前提：罪犯一定在 $A_1$、$A_2$、$A_3$……$A_n$ 当中，而 $A_1$、$A_2$、$A_3$…… $A_{n-1}$ 的嫌疑都被排除了。

结论：$A_n$ 一定是罪犯。

用命题 $P_1$、$P_2$、$P_3$······$P_n$ 分别表示 $A_1$、$A_2$、$A_3$······$A_n$ 是罪犯。于是，前提条件就变成了 $P_1 \vee P_2 \vee P_3 \vee \cdots\cdots \vee P_n$，$\sim P_1$、$\sim P_2$、$\sim P_3 \cdots\cdots \sim P_{n-1}$。我们需要论证的结论是 Pn。由于这个问题涉及的简单命题较多，如果用真值表法验证太麻烦了，我们可采用逻辑学定律来验证。

这个问题其实是选言三段论 $P \vee Q$，$\sim P \Rightarrow Q$ 的扩展。由于条件之间是"与"的关系，上述条件可以合并成两个：

前提 1：$P_1 \vee P_2 \vee P_3 \vee \cdots\cdots \vee P_n$
前提 2：$\sim P_1 \wedge \sim P_2 \wedge \sim P_3 \wedge \cdots\cdots \wedge \sim P_{n-1}$

接下来我们一步步推导结论。

前提 1：$P_1 \vee P_2 \vee P_3 \vee \cdots\cdots \vee P_n$
$= （P_1 \vee P_2 \vee P_3 \vee \cdots\cdots \vee P_{n-1}）\vee P_n$ // 结合律

前提 2：$\sim P_1 \wedge \sim P_2 \wedge \sim P_3 \wedge \cdots\cdots \wedge \sim P_{n-1}$
$= \sim （P_1 \vee P_2 \vee P_3 \vee \cdots\cdots \vee P_{n-1}）$ // 德摩根律

设 $P=P_1 \vee P_2 \vee P_3 \vee \cdots\cdots P_{n-1}$，$Q=P_n$，于是前提 1 就变为 $P \vee Q$，前提 2 为 $\sim P$。利用选言三段论 $P \vee Q$，$\sim P \Rightarrow Q$，可以得出结论 Q，也就是 $P_n$ 为真。这就从逻辑上证明了排除法的正确性。

# 3.4 可能性：如何理解"必然""可能"和"不可能"

从某种意义上说，逻辑是研究可能性的学科，即告诉我们什么事情是可能的，什么事情是不可能的。我们在日常生活中，经常会遇到判断可能性的问题，逻辑则是我们可以依赖的好工具。

在逻辑学中，一件事是否会发生，或者一个结论是否成立，有三种不同的情况。第一种是必然发生，或者必然成立，对应于必然性；第二种是有可能发生，或者可能成立，对应于可能性；第三种是不可能发生，或者不可能成立，对应于不可能性。

一个原子命题的真假只有一种情况，很容易判断，但是一个复合命题的真假就比较复杂了，取决于其中各种简单命题的组合。

如果一个命题在各种情况下恒真，它所描述的事件就是必然发生、必然成立的。比如，前文讲到的命题 $P \vee \sim P$、$P \rightarrow P \vee Q$ 都是恒真命题，它们所代表的事情具有必然性。反过来，如果一个命题为恒假，就对应着不可能性，比如 $P \wedge \sim P$。如果一个命题有些情况下为真，有些情况下为假，命题所描述的事情就有发生的可能性，比如 $P \vee Q$。来看几个具体的例子。

> **例 3–15a**
>
> 　　前提 1：小常或者小梅今晚会来。
>
> 　　前提 2：小常来则小赵不会来。
>
> 　　前提 3：小梅来则小赵一定会来。
>
> 　　结论：小梅和小赵都会来。

这个结论有没有可能是对的呢？答案是有可能。如果今晚小梅来了，小常没有来，那么小赵就会来，因此小梅和小赵都来的可能性是存在的。当然，如果小常也来，小赵就不会来了。因此，这个结论不具有必然性。

接下来，我们在前提不变的条件下，换一个结论。

> **例 3–15b**
>
> 　　前提：同例 3–15a 的前提 1、2、3。
>
> 　　结论：小常和小赵都不会来。

从前提 1 可知，如果小常不来，小梅就一定要来；又从前提 3 可知，如果小梅来了，则小赵也会来。因此，这个结论无法成立。这样的结论就对应着不可能性。

接下来，我们再把结论换一下。

例 3-15c

前提：同例 3-15a 的前提 1、2、3。

结论：小梅来，则小常不会来。

这个结论永远成立。因为根据前提 3，小梅来则小赵也来。如果把前提 2 换成它的逆否命题，即"小赵来则小常不会来"，通过选言三段论，就能推导出"小梅来则小常不会来"的结论。

### 如何验证命题的必然性

那么，如何验证一个命题或结论是可能发生、不可能发生，还是必然发生呢？还是使用真值表这个工具，结论会非常直观。可以用 P、Q、R 分别代表例 3-15 中的小常来、小梅来和小赵来，然后用真值表（表 3-7）表示三种不同情况下的真值。

前提 1：$P \lor Q$

前提 2：$P \to \sim R$

前提 3：$Q \to R$

结论 1：$Q \land R$

结论 2：$\sim P \land \sim R$

结论 3：$Q \to \sim P$

表3-7 例3-15中三种情况下的真值表

| P | Q | R | P∨Q | P→~R | Q→R | Q∧R | ~P∧R | Q→~P |
|---|---|---|-----|------|-----|-----|------|------|
| T | T | T | T | F | T | T | F | F |
| T | T | F | T | T | F | F | F | F |
| T | F | T | T | F | T | F | F | T |
| T | F | F | T | T | T | F | F | T |
| F | T | T | T | T | T | T | F | T |
| F | T | F | T | T | F | F | T | T |
| F | F | T | F | T | T | F | F | T |
| F | F | F | F | T | T | F | T | T |

从表3-7可以看出，当三个前提均为真时，第一个结论既有可能为真，也有可能为假，因此它具有成立的可能性，但没有必然性；第二个结论均为假，因此它不可能发生；第三个结论均为真，因此它必然发生。

了解了必然性和不可能性，我们再来看看它们和前面讲到的有效论证和无效论证之间的关系。在真值表中，只要有前提为真、结论为假的情况，论证便都是无效的。但是，如果存在前提为真、结论也为真的情况，不等于论证是有效的，因为还有可能同时出现前提为真、结论为假的情况。比如，"天下雨，地上一定是湿的"，这句话很容易找到一些例子验证。但是下了雨以后，还是会有一些地方因为被遮挡住了而没有湿，比如车棚里的地面。反映在真值表里，就是存在前提为真，结论有时为真、有时为假的情况。

## 3.5　不可能性：如何发现对方的自相矛盾

前文介绍了在特定条件下的不可能性。那么，如果没有条件限制，一个命题是否还会出现完全不可能的情况呢？答案是肯定的，我们称之为逻辑上的自相矛盾。

"自相矛盾"这个词来自《韩非子》：

楚人有鬻盾与矛者，誉之曰："吾盾之坚，莫能陷也。"又誉其矛曰："吾矛之利，于物无不陷也。"或曰："以子之矛陷子之盾，何如？"其人弗能应也。夫不可陷之盾与无不陷之矛，不可同世而立。[1]

这里面的逻辑错误非常明显：不可能有一支矛同时"既能够戳穿盾，又不能戳穿盾"。如果用逻辑符号表示这个命题，就是 $P \wedge \sim P$，前面讲过，$P \wedge \sim P$ 永远为假。虽然自相矛盾这个故事很简单，但生活中，很多人都会犯类似的错误，只不过由于逻辑关系比较复杂，问题不太容易被看出来。来看一个例子。

---

[1]　张觉等：《韩非子译注》，上海古籍出版社 2012 年版。

**例 3-16**

梅有据做自媒体创业，但是没有资金，于是向她的叔叔借钱。她叔叔说："如果我有钱，我一定投资支持你创业。支持创业的投资都是要回报的。但是我不同，我有钱，却不像有些人那样，投资还要追求回报。"

听了小梅叔叔的这段话，你能听懂他是什么意思吗？他到底打不打算借钱呢？要理解这段话，需要对它进行形式化的处理，找出它们之间的逻辑关系。我们可以假定：

P=我有钱

Q=投资支持你创业

R=投资要回报

于是，小梅叔叔所说的每一句话的逻辑关系分别如下：

"如果我有钱，我一定支持你创业"是 P→Q

"投资都是要回报的"是 Q→R

"我有钱，却不要回报"是 P∧~R

小梅叔叔说的这段话，其实就是这三个命题合取之后得到的。用S来表示这个命题，整个大命题的逻辑就是：

S=（P→Q）∧（Q→R）∧（P∧~R）

S是否为真，取决于三个原子命题P、Q、R。用真值表（表3-8）把P、Q、R的所有真值可能性都列举出来，就可以得知S在每一种情况下的真值。

表3-8 例3-16的真值表

| P | Q | R | P→Q | Q→R | P∧~R | S |
|---|---|---|---|---|---|---|
| T | T | T | T | T | F | F |
| T | T | F | T | F | T | F |
| T | F | T | F | T | F | F |
| T | F | F | F | T | T | F |
| F | T | T | T | T | F | F |
| F | T | F | T | F | F | F |
| F | F | T | T | T | F | F |
| F | F | F | T | T | F | F |

从表3-8中可以看出，无论P、Q、R这三个简单命题的真值如何，复合命题S都为假。也就是说，小梅叔叔的这段话无论如何都不可能为真，它存在内在的矛盾。这种命题也被称为矛盾命题。从真值表不难发现，造成整段话产生矛盾的原因，是"虽然我有钱，但是不追求投资的回报"和"投资都是要回

报的"是互相矛盾的。因此，这两句话不存在同时为真的情况，通过合取运算连接起来的整个命题 S，也就不存在真值为真的情况。

不难想象，如果把更多逻辑公式用合取运算连接起来，整个命题成为矛盾命题的可能性就会增加。日常生活中，我们常说言多必失，就是这个道理。如果说话不注意逻辑，就很容易被别人抓住把柄。比如，在法庭上，很多律师会故意引导对方说出自相矛盾的话，让法官和陪审团觉得对方撒谎。同时，生活中跟人沟通时，我们也要注意对方的逻辑，如果发现对方有自相矛盾的地方，那么其可靠性就要大打折扣了。再来看一个例子。

例 3-17

你的下属常有理想跳槽，而你想挽留他，于是你找到他，问怎样才能让他留下。小常说："我之所以跳槽，是因为你既没有给我涨工资，也没有给我升职。除非你答应给我涨工资，并且给我升职，否则我就跳槽。"

你能看出这两句话的逻辑矛盾吗？我们可以先把小常的话分解成几个简单命题：

P：给我涨工资

R：给我升职

Q：我跳槽到另一家公司

那么，小常的第一句话"我之所以跳槽，是因为你既没有给我涨工资，也没有给我升职"，用逻辑公式表示出来就是 ~P∧~R→Q。第二句话"除非你给我涨工资，并且给我升职，否则我就跳槽"，逻辑是 ~（P∧R）→Q。我们把它们的真值用表3-9表示出来。不难看出，在两种情况下这两句话之间的逻辑是矛盾的。

表3-9  例3-17的真值表

| P | R | Q | ~P∧~R→Q | ~（P∧R）→Q |
|---|---|---|---|---|
| T | T | T | T | T |
| T | T | F | T | T |
| T | F | T | T | T |
| T | F | F | F | T |
| F | T | T | T | T |
| F | T | F | F | T |
| F | F | T | T | T |
| F | F | F | F | F |

仔细分析小常的第一句话，他提出了两个要求，分别是涨工资和升职，只要满足其中一个，他就不会离职。但是他在第二句话中，却要求同时满足这两个要求。这是一种常见的逻辑谬误，被称为诉诸怜悯的谬误，后文还会提到。在这种谬误中，

讲话人先把自己说得很惨，让人产生怜悯，然后当你觉得该帮助他、满足他的一些条件时，他却要求你满足他所有的条件。他们使用的逻辑是：因为我一无所有，才造成了现在的悲惨状况，所以我要拥有一切，才能改变悲惨的命运。

日常生活中，对于这种情况，我们应该怎样应对呢？一定要先确定双方的逻辑是一致的，避免双方的理解出现矛盾。很多时候，可能对方并不是故意要骗你，他可能也没发现自己的话中有矛盾。像"我打算跳槽，因为你既没有给我涨工资，也没有给我升职"这句话，它看起来是非常清晰的，但你如果是小常的上级，最好问清楚，他的诉求是否只是涨工资和升职二者之一，而不是两个都要满足。同样，你如果是下属，提要求时，最好明确告诉老板，你是想让他同时满足自己的两个条件，还是满足一个就可以。

生活中还有一种情况，就是有人为了避免自相矛盾，刻意在自己的话前面加入很多无法验证的限制条件。这样自然不会出现逻辑上的矛盾，但是他们的话，特别是他们的承诺，就变得无法验证了。

**例 3-18**

小梅的叔叔这样对她说："如果我有钱，我一定投资支持你创业。支持创业的投资是都要回报的，但是如果我有钱，就不会追求投资的回报。"

这段话与例3-16中小梅叔叔说的话相比，是把最后一句中确定的事实"我有钱"，改成了条件"如果我有钱"，这样一来，最后一个句子的逻辑就从与关系变成了蕴涵关系。用S'来表示这个命题，整段话的逻辑就是：

$$S' = (P \to Q) \land (Q \to R) \land (P \to \sim R)$$

那么，这句话矛盾吗？我们还是用真值表分析一下。我们可以看出，小常叔叔的这段话在三种情况下真值为真，也就是不矛盾。但是，进一步分析就会发现，这三种情况存在一个共同点，就是小梅的叔叔其实并没有钱。在没有钱的时候，他说如果自己有钱就怎么样，纯粹是空头许诺。这时，句子虽然逻辑不矛盾，但也没有实际意义。空头许诺是一种典型的逻辑谬误。比如，我们经常听到有人说，"等我有了钱，或者等小梅把钱还给我，我就把欠的钱还给你。"这句话在逻辑上没有问题，当然也没有意义，通常的结果是对方永远不会还钱。所以，我们和别人签订合同，必须建立在无条件承诺的基础上，也就是说，对方必须得履行承诺，没有任何附加前提，特别是当下还不成立的附加前提。

表3-10 例3-18的真值表

| P | Q | R | P→Q | Q→R | P→~R | S |
|---|---|---|-----|-----|------|---|
| T | T | T | T | T | F | F |
| T | T | F | T | F | T | F |
| T | F | T | F | T | F | F |
| T | F | F | F | F | T | F |
| F | T | T | T | T | T | T |
| F | T | F | T | F | T | F |
| F | F | T | T | T | T | T |
| F | F | F | T | T | T | T |

# 3.6 简易真值表法：如何用逆向思维进行论证

在逻辑推理的过程中，真值表是一个非常有用的工具，但它有一个缺陷，就是组合的数量呈指数级增长。为了解决简单命题数量过多的情况下真值表太长的问题，人们发明了和它功能相同，但可以短很多的简易真值表。

简易真值表和真值表的思路是不同的。真值表法穷举所有的情况，而简易真值表法是逆向思维：如果一个论证是无效论证，一定能找到一个反例，即前提皆真、结论为假的情况。因此，我们可以先假设论证无效，然后找出前提为真、结论为假的情况。接下来，检查上述假设是否有矛盾。如果没有矛盾，则说明论证真的是无效的。如果有矛盾，则说明论证无效的假设是错的，论证为有效论证。来看一个例子。

**例 3−19**

前提1：小常上了清华大学，或者小常上了北京大学。

前提2：如果小常上了北京大学，他就认识小梅。

前提3：小常不认识小梅。

结论：小常上了清华大学。

我们用逻辑符号来表示这个命题，则：

P＝小常上了清华大学

Q＝小常上了北京大学

R＝小常认识小梅

前提1：P∨Q

前提2：Q→R

前提3：∼R

结论：P

接下来，就可以构建简易真值表了。我们要寻找的是前提都为真、结论为假的情况。先把这个目标写在简易真值表（表3-11）中。这个表有四列，分别代表三个条件和一个结论。我们从容易确定真假值的命题入手。在这个例子中，由于~R为真，因此R为假。我们将R=F写到真值表中前提3(~R)所对应的那一列，因为它涉及了这个前提所用的命题R。

由于Q→R为真，而R为假，因此这时Q必须为假。我们把R=F、Q=F写在这一列，因为Q→R涉及R和Q这两个命题。

最后，根据Q=F、P∨Q=T，利用选言三段论，可知P必须为真，即P=T。因为我们一开始假设的是P=F，这样就产生了矛盾。产生矛盾的原因就是论证无效的假设错了。因此可知，这个论证是有效论证，找不到任何一种前提为真、结论为假的情况。

表3-11 例3-19的简易真值表

| P∨Q | Q→R | ~R | P |
|---|---|---|---|
| T | T | T | F |
| | R=F、Q=F | R=F | |
| Q=F、P=T | | | |

如果用真值表法论证这个问题，需要写出$2^3$=8行，而用简易真值表，只要写两三行。不过，使用真值表时，不需要了解逻辑学的基本定律，而使用简易真值表时，每一步都需要利用逻辑学定律进行推理和化简。

再来看一个例子，它从上一个例子变化而来。

例3-20

　　小王上了清华大学，或者小王上了北京大学；如果小王认识小吴，则小王上了北京大学；小王不认识小吴；结论是，小王上了清华大学。

将前提和结论用逻辑符号表示，则前提分别是 P∨Q、R→Q、～R，结论是 P。

在这个例子中，从前提到结论，是否是有效论证呢？我们根据其前提和结论来构建一个简易真值表。先假设前提都为真，结论为假。

表3-12　例3-20的简易真值表

| P∨Q | R→Q | ～R | P |
|---|---|---|---|
| T | T | T | F |
| | R=F，Q=F/T | R=F | |
| P=F, Q=T | Q=T | | |
| | | | |

从最简单的前提～R出发，得出第一个结论R为假。在三个前提中，只有R→Q包含R。由于在蕴涵关系中，前提为假，结论无论真假，蕴涵关系都成立。因此，这时无法判断Q的真假，我们写成Q=F/T，放在条件R→Q那一列中。

接下来我们分两种情况对P的取值进行分析。因为我们已经假设该论证的前提都为真，而结论为假，所以作为结论的P就是假的。如果P为假，我们就找到了P=F、Q=T、R=F（小王没有上清华大学，小王上了北京大学，小王不认识小吴）的情况，这时前提为真，结论为假。也就是说，我们能找到一种情况，证实一开始假设是正确的。这意味着，至少在一种情况下，论证是无效的。前文讲过，在逻辑中，逻辑论证不能有例外，如果找到一个反例，论证就不成立。现在既然找到了这样的例子，就说明论证是无效的。

总结一下简易真值表法的原理和特点。简易真值表法之所以简短，是因为在使用过程中，可以根据条件将真值表中一些不可能出现的情况删除。不过，由于有很多路径可供选择，一个问题的简易真值表并不是唯一的。最终，我们只要找到能够推翻原先假设的反例，或者证实找不到反例即可，并不需要把所有情况都列举出来。

## 🔍 本章小结

既然利用前提条件直接推理，可以将真值表变得非常短，那么能否干脆抛弃真值表，发明一种新的工具，直接用前提条件论证结论呢？这种想法是可行的。

从古希腊开始，人们陆续发明了若干种逻辑演算系统。如果能找到一条路，从前提出发一步步推出结

论，那么就说明结论成立。当然，没有找到从前提到
结论的路径，也未必说明结论不成立。但是，如果找
到一条路径，推出了结论的否定，那么原先的结论自
然也就不成立了。

# 第四章

# 复杂逻辑工具

前文介绍的各种逻辑学工具，比如三段论、真值表法和各种逻辑学定律，可以帮助我们捋清头脑，对简单的逻辑问题进行分析。但是，如果遇到非常复杂的逻辑学问题，它们常常就不够用了，这时我们就需要更复杂的逻辑学工具。

（这一章有一定的难度，需要较深的数学或逻辑训练，如果觉得难度太大，你可以跳过这一章，不影响后面内容的学习。）

# 4.1 真值树法：如何基于反证法分析问题

真值树法（Truth Tree）是复杂逻辑工具中最直观的一种，主要基于反证法。

前文讲过，如果从前提 P 出发，能够得出结论 Q，那就是说，P 蕴涵了 Q，所有让 P 成立的情况（P 为真），Q 也都成立（Q 也为真）。如果反过来想这个问题，假定存在 P 为真、Q 为假的情况，那么就不一定能从 P 出发推导出 Q 了。换句话说，这说明从 P 到 Q 的论证是无效的。这时，就需要想办法寻找一个让 P∧~Q 成立的例子。如果这个例子存在，就说明存在 P 为真、Q 为假的情况，于是论证无效。如果找不到这样的例子，就说明所有 P 为真的时候，Q 也为真，从 P 到 Q 的论证是有效的。这种思路其实就是反证法。

基于反证法，可以设计一种树状结构，从前提与结论的否定（P∧~Q）出发，通过逻辑运算不断扩展这棵树，最终证明或证伪整个逻辑公式。

真值树的根节点是我们要肯定或否定的命题 P∧~Q。通过逻辑定律，可以将 P∧~Q 分解，构成根节点的子节点，然后再重复这个过程，形成真值树。树中的每个节点都是要证明或反驳的逻辑公式的一部分，也被称为子公式。最终，当所有的节点都变成简单命题或简单命题的否定，无法再通过逻辑公式扩展时，真值树的生长就结束了。对于命题逻辑，真值树的大小是有限的，不会无限生长，因此，最终可以证明论证是否有效。如果真值树的某一条路径上同时出现了一个命题和它的否定，就出现了恒假的情况，说明这条路径走不通。如果所有的路径都走不通，就说明一开始的假设 P∧~Q 本身就存在矛盾，也就否定了无效论证的假设，证明论证是有效的。如果找到至少一条走得通的路径，就说明在那条路径上论证是无效的，于是从前提到结论的论证都无效。

来看一个具体的例子。

例 4–1

前提1：小常和小梅一起去实验室，就可以完成生物课的实验。

前提2：如果生物课实验完成了，论文就可以发表。

前提3：小梅去了实验室，但论文却没有发表。

结论：小常没有去实验室。

把上述命题用逻辑符号进行形式化处理，即：

P=小常去了实验室

Q=小梅去了实验室

R=生物课实验完成了

S=论文发表了

于是，前提就是（P∧Q）→R、R→S、Q∧～S，结论为～P。

根据前文，前提与结论的否定是真值树的根节点，那么在这个例子中，相应真值树的根节点应该包含（P∧Q）→R、R→S、Q∧～S和～～P四个逻辑公式。注意，它们之间是与运算关系。与运算需要其中所有命题同时成立，整个运算才成立。因此，我们把它们依次放在根节点中。

接下来，我们开始对这棵真值树进行扩展。扩展可以从根节点中任意一个命题开始，无所谓次序。当然，为了让真值树不要太复杂，一般从简单的节点开始扩展。在上述四个命题中，～～P最简单，可以从它开始。根据否定之否定律，～～P可以用P代替。这样就产生了一个新的节点P。由于这次替代并不会产生新的分支，我们就构建一条从根节点出发到P的边，表示P是从根节点来的。由于～～P这个条件已经被使用了，可以做个记号，以免它被重复使用。然后，我们再扩展其余命题当中相对简单的Q∧～S。由于它们是与关系，意味着Q和～S都成立，所以我们将这两个简单命题放在一个节点中。如图4-1所示。

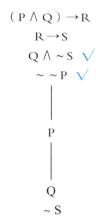

**图4-1　例4-1真值树的前三个节点**

　　接下来的扩展就要复杂一些了。前文讲过，条件运算→和双重条件运算⇒可以用"与、或、非"运算来表示。因此，我们可以把R→S变为 ~R ∨ S。由于或运算代表可以从两个选项中选择任何一个，因此真值树应该有 ~R 和S的分叉，表示接下来可以走其中任何一条路径。类似地，我们可以把（P∧Q）→R变成 ~（P∧Q）∨ R，它也被分为了两条路径。如图4-2所示。

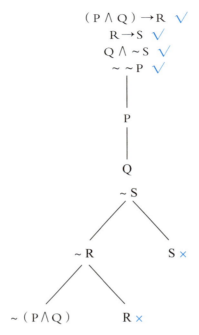

图4-2   例4-1 四个初始条件全部扩展后的真值树

在图4-2中～R和S的分叉处,右边走向S的那条路径和前面的～S相矛盾,无法继续扩展,因此它就可以被裁剪掉。类似地,在～(P∧Q)和 R的分叉处,右边R的那条路径也有矛盾(～R和R的矛盾),因此也可以被裁剪掉。最后只剩下左边～(P∧Q)的那条路径还能扩展。我们利用德摩根律将其改写为～P∨～Q,并扩展出左边～P和右边～Q两条路线。如图4-3所示。

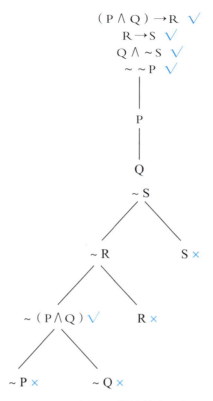

**图4-3　例4-1最终的真值树**

由于～（P∧Q）的两个分叉～P和～Q都会和前面路径上的某个命题产生矛盾，因此这两条路径都走不通。至此，这棵真值树中所有的路径我们都试了一遍，没有能走通的。也就是说，一开始的"无效论证"假设是错的，从前提到结论是一个有效论证。换句话说，前提成立时，结论必然成立。

从这个例子中，可以总结出生成真值树的一些基本操作。

首先，将前提和结论的否定放在根节点，不同的前提之间是与关系，将它们依次放在同一个节点中。

其次，在展开与运算的复合命题时，将每一个子命题依次放在一个节点中。对于或运算的复合命题，可以将每个子命题作为一个分支进行扩展。需要使用德摩根律，将与运算和或运算的否定，变成简单命题和简单命题的否定之间的与运算和或运算。还需要使用蕴涵律，将条件运算和双重条件运算变成与运算和或运算，再进行扩展。

最后，一条路径如果出现了矛盾，就可以被裁剪掉。如果所有的路径都被裁剪掉，说明最初的假设错了，可以认为论证有效；如果最终存在一条没有矛盾的路径，说明至少在一种情况下论证无效，于是整个论证便都是无效的。

再来看一个例子。

**例 4-2**

　　投资股市要么亏钱，要么挣钱；不亏些钱交学费，就挣不到钱；如果挣到钱，不仅可以继续投资股市，还能付清房屋首付。因此，我们应该投资股市。

这段话的逻辑正确吗？

把这段话用逻辑符号表示，即：

P=投资股市

Q=在股市上亏钱交学费

R=在股市上挣钱

S=付清房屋首付

前提：P→（Q∨R）、～Q→~R、R→（P∧S）

结论：P

我们把前提和结论的否定放到一起，构建真值树（图4-4）。图中的P→（Q∨R）变换成了～P∨（Q∨R），～Q→~R变换成了Q∨~R，R→（P∧S）变换成了～R∨（P∧S），这样有利于看清楚真值树是如何分叉的。

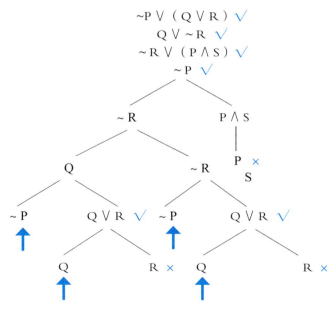

图4-4　例4-2的真值树

　　从真值树中可以看出，当所有的条件都被扩展之后，有很多条与假设不矛盾的路径，也就是说我们的假设"论证无效"成立。沿着这些路径，很容易就能找到一些反例。比如 P=F、Q=T、R=F、S=T 就是一个反例。它让所有的前提成立，但结论不成立。类似地，P=F、Q=T、R=F、S=F 也是一个反例。

　　真值树法的核心，是将所有前提和结果中的与运算放到一个节点中，把或运算用一个分支代替。这很容易理解，因为与运算需要每一个参加运算的命题为真才为真，而或运算只要任意一个分支为真就为真。这为我们提供了一个日常想问题的思路，就是遇到分支情况该如何处理，以及如何裁剪掉不可能的分支。

　　真值树是很常用的逻辑学工具。不过，有些逻辑学家不太认可这种推理方法，因为它推导的过程不够清晰。打个比方，你有一辆汽车，你把它拆解为一个个零件放在一边；另外一个地方有一堆零件，你把它们一个个拿出来，和从汽车上拆下来的那一堆进行对比，发现全都一样，于是，你就说另外那堆零件能组装成一辆汽车。但是，你没有解决如何组装汽车的问题，因为找到所有零件是一回事，真组装成汽车是另一回事。如果不知道组装的步骤，还是装不出汽车。类似地，真值树法能够告诉我们某个结论一定可以证明出来，但是它并没有给出证明的步骤。

　　要解决这个问题，可以使用另外两种推理工具。

## 4.2　公理系统：如何从公理出发构建逻辑学体系

公理系统是从少量的公理出发，通过一步步有效论证，得出新的结论，构成一个知识体系。它的历史可以追溯到古希腊，著名的欧几里得几何学就是一个公理系统。我们知道，几何学建立在五个简单的公设和五个公理之上，从公理推导出定理，再推导出各种结论。不仅几何学如此，在命题逻辑学中，只要我们定义好开始的几个公理，也能构建出一个完整自洽的命题逻辑学体系。这一讲就介绍如何从公理出发，构建一个逻辑学体系。

首先，我们来看看公理（Axioms）是如何选取的，它是构建公理系统的第一步，有两个重要的原则。

**首先，公理之间不能相互矛盾**。比如，在欧几里得几何学中，有一条公理是"两点之间能且仅能做一条直线"，如果我们把命题"两点之间能做两条直线"也作为公理，就会产生矛盾，如图4-5所示。

图4-5　两个矛盾的公理

**其次，公理要尽可能地少。**如果一个公理能够从其他公理推导出来，它就不能成为公理了。比如，几何学中有一条直角公理，即"所有的直角都相等"；还有一条平行公理，即"通过一个不在直线上的点，有且仅有一条不与该直线相交的直线"。从这两个公理出发，我们可以得到垂直定理——从直线外的一点，能且仅能做该直线的一条垂直线。如果把垂直定理也作为公理，并不会产生矛盾，但是没有必要，因为它可以从其他公理推导出来。当然，我们也可以把垂直定理作为公理保留，删除平行公理，把后者作为定理，因为，有了直角公理和垂直定理，是能推导出平行公理的，只不过我们已经先接受平行公理了。

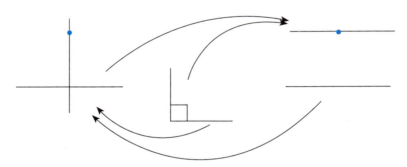

**图 4-6　平行公理和垂直定理的等价关系**

回到逻辑学，逻辑学的公理就是一组在任何情况下皆为真的命题。在最简单的逻辑公理系统中，有三条公理：

公理1：$\varphi \rightarrow (\psi \rightarrow \varphi)$

公理2：$(\varphi \rightarrow (\psi \rightarrow \theta)) \rightarrow ((\varphi \rightarrow \psi) \rightarrow (\varphi \rightarrow \theta))$

公理 3：$(\sim\varphi \rightarrow \sim\psi) \rightarrow (\psi \rightarrow \varphi)$

我们分别解释一下。

首先是它们使用的符号。我们在前面使用 P、Q、R 这些拉丁字母表示命题，这里用的则是希腊字母 $\varphi$、$\psi$、$\theta$。二者有什么差别呢？在逻辑学中，P、Q、R 这些拉丁字母通常表示简单命题或者常量，也就是确定的命题；$\varphi$、$\psi$、$\theta$ 这些希腊字母则代表公式，它们可以被看成尚未确定的命题或者任意命题，使用不同字母只是代表它们是不同的命题而已。因为三条逻辑学公理适用于任何情况，我们就用变量来描述它们。

公理 1 的含义是："如果命题 $\varphi$ 本身就成立，那么它在任何条件 $\psi$ 下都成立，无论条件 $\psi$ 是什么。"比如，"所有的人都会死"，这是一个无条件成立的命题，如果加上条件，变成"如果太阳从东边升起，所有的人都会死"，或者"如果太阳从西边出来，所有的人都会死"，两个命题依然成立。

公理 2 不是很直观，它的含义是，如果在某个条件 $\varphi$ 下，因果关系 $\psi \rightarrow \theta$ 成立，那么在这个条件下得到的因必然会产生这个条件下得到的果。比如我们说"当金融危机发生时，流动性不足会导致采购经理指数（PMI）下跌（也就是制造业萎缩）"，这里面的逻辑就是 $\varphi \rightarrow (\psi \rightarrow \theta)$，其中 $\varphi$、$\psi$ 和 $\theta$ 分别代表"发生金融危机""流动性不足"和"采购经理指数下跌"。上述逻辑如果成立，那么"如果金融危机导致了流动性不足，则一定也会导致采购经理指数下跌"。

公理 3 很容易理解，就是前文讲到的蕴涵关系中的逆否命题成立，则原命题成立。

那么，为什么是这三条逻辑公理，不是其他的？公理化的逻辑系统一开始采用的并不是这三条公理，而且数量也比较多。经过多年来的不断优化，最后人们发现，只要有这样三条，就能构成整个命题逻辑体系。

有了公理之后，需要用推论规则进行推理。所谓推论规则，是指在推理过程中能够保持真值的规则，即如果前提为真，使用推论规则后，得到的结论一定为真。在逻辑公理系统中，推论规则只有一条，就是我们熟知的肯定前件的推理：

从 $\varphi \rightarrow \psi$ 和 $\varphi$ 可推出 $\psi$，可以写成 $\varphi \rightarrow \psi$，$\varphi \Rightarrow \psi$。

$\Rightarrow$ 左边是前提，右边是结论。

有了上述三条公理和一条推论规则，就能够证明一些逻辑学的结论，包括一些定理了。来看一个例子。

例 4-3

证明 $\Rightarrow P \rightarrow P$，也就是说，一个命题永远能推导出自身。

证明：
利用公理2 $(\varphi \rightarrow (\psi \rightarrow \theta)) \rightarrow (\varphi \rightarrow \psi) \rightarrow (\varphi \rightarrow \theta)$
令 $\varphi = P$，$\psi = (P \rightarrow P)$，$\theta = P$，代入公理2，就有 $(P \rightarrow ((P \rightarrow P) \rightarrow P)) \rightarrow ((P \rightarrow (P \rightarrow P)) \rightarrow (P \rightarrow P))$

利用公理1，可知P→（（P→P）→P）。

根据推论规则，结合上述两个公式，就得到（P→（P→P））→（P→P）。

接下来，令$\varphi$=P，$\psi$=P，$\theta$=P，重新代入公理1，就有P→（P→P）

P→（P→P）和（P→（P→P））→（P→P）使用推论规则，就有P→P。注意，我们在证明这个公式时没有假定任何条件，因此这是一个无条件的结论，即⇒P→P。

对于这个证明，你可能会有个疑问：为什么这么显而易见的结论还要用那么复杂的步骤来证明？要注意，在任何公理化的知识体系中，除了公理，任何结论，哪怕是最简单的，都需要证明。

在公理化的命题逻辑中，常用的一个定理是演绎定理：

如果$\varphi$⇒$\psi$，则⇒$\varphi$→$\psi$。

也就是说，如果能够从$\varphi$推导出$\psi$，那么$\varphi$→$\psi$不需要任何条件就成立。演绎定理还有一个版本：$\varphi$，$\psi$⇒$\theta$，则$\varphi$⇒$\psi$→$\theta$。也就是说，如果能够从$\varphi$，$\psi$推导出$\theta$，则能够从$\varphi$推导出$\psi$→$\theta$。

演绎定理非常直观，不难理解，但是证明起来非常烦琐，这里就省略了，你只需要记住这个结论。接下来再看看如何利用上述公理证明假言三段论。

例 4-4

证明假言三段论 P→Q，Q→R⇒P→R 的正确性。

证明：

根据推论规则 P→Q，P⇒Q

根据推论规则 Q→R，Q⇒R

于是，P→Q，Q→R，P⇒R

令 $\varphi$=P→Q，Q→R，$\psi$=P，$\theta$=R，代入演绎定理 $\varphi$，$\psi$⇒$\theta$，则 $\varphi$⇒$\psi$→$\theta$，可知 P→Q，Q→R⇒P→R。

从上面两个例子可知，哪怕是证明一个看似很直观的结论，也需要用到很多技巧。事实上，无论是在逻辑学还是数学领域，大部分定理和命题的证明都需要一些技巧，都需要通过练习掌握。正因如此，我们在这一节只是浅尝辄止，没有介绍复杂的命题证明，只是告诉你，命题逻辑中各种为真的结论，都可以从上面三个公理推导出来。不过，命题逻辑系统相对简单，后文要介绍的谓词逻辑系统则复杂得多，并非所有为真的结论都能够从公理推导出来。这个特性也被称为哥德尔不完备性。

## 4.3 自然演绎法：如何用简单的推理规则得出结论

公理系统虽然非常严格，也非常精简，但是不太符合人们日常使用逻辑的习惯。相反，大多数人在使用逻辑进行推理时，甚至不知道有逻辑公理的存在，只要掌握了正确的推理方法，就能从前提有效地得出结论。基于这个思路，20世纪的德国数学家、逻辑学家格哈德·根岑设计了一种不依赖于公理的逻辑演绎方法，被称为自然演绎法。这种方法之所以被冠以"自然"二字，是因为它非常接近于数学实践。最近几十年，自然演绎法开始盛行起来。

自然演绎法没有逻辑公理，取而代之的是几条简单的推理规则。它把要解决的问题分为两种，一种是从前提推导出结论的证明，另一种是从前提和结论的否定，推导出矛盾的反证。对于同一个问题，用这两种方法来解决是等价的，只是有的问题可能直接证明比较容易，有些则是反证比较容易。下面我们就把证明和反证对应的问题进行形式化的表述。

### 证明

从一组前提条件 $\Sigma = \varphi_1$、$\varphi_2 \cdots\cdots \varphi_n$ 推导出结论 $\psi$ 的过程，被

称为证明。如果从 Σ 能够得出结论 $\psi$，我们就写成 Σ⇒$\psi$。注意，前提 $\varphi_1$、$\varphi_2$……$\varphi_n$ 之间是与的关系，也就是说它们同时成立。

### 反证

从前提 Σ 和结论的否定 ~$\psi$ 推导出矛盾（用 ⊥ 表示），被称为反证。如果反证成立，我们就写成 Σ，$\psi$⇒⊥。

明确了问题后，来看看自然演绎法都要用到哪些推理规则。

### 肯定前件 MP（Modus Ponens）：$\varphi \rightarrow \psi, \varphi \Rightarrow \psi$

这就是我们熟知的三段论。在自然演绎法中，我们通常要用竖式进行推理，上述推理过程会被写为：

$$\frac{\varphi \rightarrow \psi, \varphi}{\psi}$$

横线的上方是前提条件，下方是结论。

### 否定后件 MT（Modus Tonens）：$\varphi \rightarrow \psi, \sim \psi \Rightarrow \sim \varphi$

这是三段论的一个变种，写成竖式则是：

$$\frac{\varphi \rightarrow \psi, \ \sim \psi}{\sim \varphi}$$

除了这两条推理规则外，自然演绎法还要使用几条引入新的变量和消除变量的规则，简称为引入规则和消除规则，它们是一一对应的，可以用一个表来对比。

表4–1　自然演绎法的引入和消除规则

| | 引入规则（Introduction） | 消除规则（Elimination） |
|---|---|---|
| 与<br>（ ∧ ） | $\wedge \mathrm{I}: \ \dfrac{\varphi, \psi}{\varphi \wedge \psi}$ | $\wedge \mathrm{E}: \ \dfrac{\varphi \wedge \psi}{\varphi} \qquad \dfrac{\varphi \wedge \psi}{\psi}$ |
| 或<br>（ ∨ ） | $\vee \mathrm{I}: \ \dfrac{\varphi}{(\varphi \vee \psi)} \quad \dfrac{\psi}{(\varphi \vee \psi)}$ | $\vee \mathrm{E}: \ \dfrac{\varphi \vee \psi \quad \begin{matrix}[\varphi] & [\psi] \\ \vdots & \vdots \\ \theta & \theta\end{matrix}}{\theta}$ |
| 蕴涵<br>（ → ） | $\rightarrow \mathrm{I}: \ \dfrac{\begin{matrix}[\varphi] \\ \vdots \\ \psi\end{matrix}}{\varphi \rightarrow \psi}$ | $\rightarrow \mathrm{E}: \ \dfrac{\varphi, \varphi \rightarrow \psi}{\psi}$ |
| 非<br>（ ∼ ） | $\perp \mathrm{E}: \ \dfrac{\perp}{\varphi}$ | $\perp \mathrm{I}: \ \dfrac{\varphi, \sim \varphi}{\perp}$ |

在这个表中，有四对引入规则和消除规则，引入规则就是结论比前提增加一个变量，而消除规则则是结论中的变量比前提中的减少了。我们来介绍其中的几条，其他规则用这个思路同样可以理解。

1. 与的引入规则（简称∧I）：$\dfrac{\varphi,\psi}{\varphi\wedge\psi}$

这条规则讲的是，如果前提条件中有两个命题 $\varphi$ 和 $\psi$，我们就能得到结论 $\varphi\wedge\psi$。这条规则很直观，它其实就是重复了与运算的定义，因为所有的前提条件之间都是与关系。

2. 与的消除规则（简称∧E）：$\dfrac{\varphi\wedge\psi}{\varphi}\quad\dfrac{\varphi\wedge\psi}{\psi}$

这条规则讲的是，两个命题的与关系 $\varphi\wedge\psi$ 成立，则其中任何一个命题成立。

3. 蕴涵的引入规则（简称→I）：$\dfrac{\begin{array}{c}[\varphi]\\\vdots\\\psi\end{array}}{\varphi\to\psi}$

这条规则需要多花点笔墨解释一下。我们倒过来思考一个问题，假如结论 $\varphi\to\psi$ 成立，需要什么条件呢？条件就是从 $\varphi$ 出发，一步步推导得到 $\psi$。在这个推导过程中，$\varphi$ 是我们假设的，不是给出来的，因此，我们用 [ ] 加以说明。

4. 或的消除规则（简称∨E）：$\dfrac{\begin{array}{ccc}&[\varphi]&[\psi]\\\varphi\vee\psi&\vdots&\vdots\\&\theta&\theta\end{array}}{\theta}$

这可能是最复杂的一条规则了。我们通过一个例子来解释一下。假如我们知道小常或小梅今天晚上会来参加聚会（$\varphi\vee\psi$），小常会包饺子（$\varphi\to\theta$），小梅也会包饺子（$\psi\to\theta$）。因此，今晚的聚会上，有人会包饺子（$\theta$）。与其他几条规则相比，或的消除规则比较复杂，这是因为，在 $\varphi$ 或 $\psi$ 成立的前提下，我们既得

不出 $\varphi$ 和 $\psi$ 当中某个成立，也得不出它们当中哪个不成立的结论，因此无法消去其中任何一个。只有当它们都蕴涵着共同的结论 $\theta$ 时，我们才能把两个前提都消除，剩下结论。

5. 非的引入规则（简称 $\perp$ I）：$\dfrac{\perp}{\varphi}$

这条规则的含义是，从矛盾 $\perp$ 出发，可以推导出任何结论。

剩下的三条规则比较好理解，也容易验证，本节就不展开讨论了。

下面我们就来用自然演绎法证明几个结论。

例 4-5

$(P \wedge Q) \rightarrow R \Rightarrow P \rightarrow (Q \rightarrow R)$

这个公式是说，前提和条件是等价的，我们在前文中已经用真值表进行了证明。本节我们不用真值表，而是使用自然演绎法来证明它。

要证明结论 $P \rightarrow (Q \rightarrow R)$，根据蕴涵的引入规则（$\rightarrow$ I），我们假设 $P$ 成立，如果能够从 $(P \wedge Q) \rightarrow R$ 推导出 $Q \rightarrow R$，则证明了 $P \rightarrow (Q \rightarrow R)$，如下图所示。

$$\begin{array}{c} P \\ \vdots \\ \dfrac{Q \rightarrow R}{P \rightarrow (Q \rightarrow R)} \end{array}$$

图 4-7　证明 $P \rightarrow (Q \rightarrow R)$ 的示意图

而想要证明 Q→R 成立，只要我们假设 Q 成立，能够推导出 R，就可以了，如下图所示。

$$Q$$
$$\vdots$$
$$R$$
$$\overline{\phantom{Q \to R}}$$
$$Q \to R$$

**图 4-8 证明 Q→R 的示意图**

现在我们有了前提条件（P∧Q）→R，并且做了两个假设，P 成立和 Q 成立。

利用与的引入规则（→I），则：

$$\frac{P，Q}{P \wedge Q}$$

再根据肯定前件规则 MP，可得出：

$$\frac{P \wedge Q，（P \wedge Q）\to R}{R}$$

我们得到了 R。因为我们假设了 Q 成立，然后推导出 R，因此 Q→R 成立。又因为我们假设了 P 成立，才推导出 Q→R，因此 P→（Q→R）。

我们知道（P∧Q）→R 和P→（Q→R）是等价关系，所以也可试着从后者推导出前者。

自然演绎法主要有两个优点。一是它和我们日常证明一个问题的思路是一致的，它证明的步骤，写出来就是我们证明问题的步骤，容易懂，不像真值树法那样，明明证明了问题，却无法还原出步骤。二是它不像公理系统那样，需要非常巧妙地运用几条公理。

自然演绎法的主要缺点是，无论是直接证明还是反证，它都只能证明论证的有效性，不能证明论证的无效性。

## 🔍 本章小结

这一章我们介绍了三种比较复杂的逻辑推理工具，它们理解起来有一定难度，而且各有优缺点。除非是从事逻辑学或者定理证明工作的人，否则了解了这些工具也未必有机会使用。但是，它们对平时进行逻辑思考还是会有很大帮助的。

真值树法的精髓是把复杂的逻辑拆成简单的逻辑逐一解决，缺点则是我们可以通过这种方式知道结论，却未必知道结论是如何得到的。

公理系统在形式上非常漂亮，仅仅通过几个公理就能演绎出一个大的知识体系。通过对公理系统的了解，我们可以学会构建自己知识体系的方法。

　　自然演绎法和我们日常逻辑推理的方式最为接近，它把逻辑学中最常用的知识变成了推理规则。你如果能够熟练运用其中一些推理规则，即使不是全部，对平时思考问题也会大有帮助。

# 第五章

# 谓词逻辑

前面章节中所介绍的逻辑知识，都是以整个命题为基本单元的。命题逻辑的优点是简单，但是它不够细致。如果我们想做一些更精细的推理，比如单独对句子中的某个成分进行否定，命题逻辑就不支持了。

为了进行更复杂、更精细的推理，我们就需要一种新的逻辑学工具——谓词逻辑，也就是把一个命题拆解为名词、谓词和量词等几个更小的单元，在它们的基础上进行逻辑运算和推理。

（本章中5.4和5.10的内容虽重要，但与主线关联不强，如果你觉得难以理解，可以跳过，不影响后面的阅读。）

# 5.1　量词：如何用谓词逻辑表达命题

我们用"所有人都会死"这个例子来说明谓词逻辑和命题逻辑之间的区别。

在命题逻辑中，我们用字母 P 来直接表示这个命题，没有进一步细分句子成分。在谓词逻辑中，我们引入了一个描述状态、动作或性质的词，也就是谓词。具体到"所有人都会死"这个命题，它有两个谓词，第一个是"是人"，它表示一种属性，或者说一个集合；第二个是"会死"，它表示一种性质。

在谓词逻辑中，我们通常用一个大写字母来表示谓词，比如在上面的例子中，我们用 M 表示"是人"，用 D 表示"会死"。在命题"有些花是红色的"中，可以用 F 表示谓词"是花"，R 表示谓词"是红色的"。

把一个命题的谓词提取出来后，接下来就要把命题里的名词，也就是讨论的对象提取出来。在"所有的人都会死"这个命题中，因为没有明确的表述对象，所以这个名词可以是任何东西，我们有时用 x、y、z 来表示这些指代不明的对象。不过在命题"苏格拉底会死"中，就有一个明确的表述对象——苏格拉底。我们称命题讨论的对象为个体词，它既可以是一个明确的词，也可以是一个泛指的对象。

有了谓词和个体词之后，我们就可以用逻辑公式把最简单的命题表述出来了。比如"所有的人都会死"这个命题就可以被表述成 M（x）→D（x），而"苏格拉底是人，因此苏格拉底会死"，则可以表述成"M（苏格拉底）→D（苏格拉底）"。有时为了简单起见，可以把 M（x）写成 Mx。注意，代表谓词的第一个字母要大写，后面代表个体词的字母要小写。

在自然语言中，很多谓词涉及多个个体词，比如，"我爱你"这句话虽然简单，却涉及两个人。对此，我们可以用两个变量 x 和 y 表示"爱"这种关系。比如 x 爱 y，就可以写成 L（x,y）或者 Lxy。注意，在逻辑公式中，谓词后面个体词的次序通常不能交换，"我爱你"和"你爱我"完全是两回事。

通过上面的讲述不难发现，相比命题逻辑，谓词逻辑的表述更抽象。这带来一个明显的好处，就是能反映出相同逻辑的共性。在引入谓词之前，我们用 P 表示"所有的人都会死"，用 Q 表示"苏格拉底是人"，因此得出结论"苏格拉底会死"。只通过 P 和 Q，看不出它们之间的共性。而引入谓词逻辑后，它们的共性就显而易见了，因为相同的属性采用了相同的谓词来表示。比如，"秦始皇是人，因此秦始皇会死"，只要把 Mx→Dx 中的 x 换成秦始皇就可以了。谓词逻辑更能反映逻辑里的规律。

### 谓词逻辑中的量词

如果一个命题中的个体词是明确的，比如"苏格拉底"或者"秦始皇"，则可以称之为常量。但如果个体词是非特指的对象，就需要用 x 这样的变量来表示它。变量适用于没有限制的任

何情况，也可以被限定在几个特定的范围内。为了区分这两种
情况，可以引入量词的概念。

在谓词逻辑中，量词有两种，第一种叫全称量词，第二种
叫存在量词。

所谓全称量词，就是指谓词所描述的个体词的性质对所有
对象都成立，没有例外。比如，在"所有人都会死"这个命题
中，谓词的描述针对的是所有的人，所以就要用全称量词。我
们用倒着写的字母 A（∀）表示全称量词，因为 A 是英语单词
all（所有）的首字母。"所有的人都会死"这个命题对应的逻辑
公式就是 ∀x（Mx→Dx），其中 Mx 表示"x 是人"，Dx 表示"x
会死"。

所谓存在量词，就是指谓词所描述的性质针对某些特定
的对象，这些对象中至少有一个符合条件。比如说，"有的人
是好人"，只要有一个好人，这个命题就成立。但是这个命题
成立，并不代表所有的人都是好人。我们用反过来写的字母 E
（∃）表示存在量词，因为 E 是英语单词 exist（存在）的首字
母。把"有的人是好人"这句话用谓词逻辑重新进行表述，就
是至少存在一个对象 x，x 是人，并且 x 是好人。写成逻辑公式
就是 ∃x（Mx∧Gx）。

你可能会有一个疑问：为什么前面那个全称量词的命题是
蕴涵关系，后面这个存在量词的命题是与关系？这个问题很重
要，后文会专门讲解。

关于量词，还有一点要补充：逻辑中所说的量词和自然语
言语法中所说的量词不是一回事。自然语言中的量词有很多种，

既可以是1、2、3、4这些具体的数量，也可以是"一些""大多数""一大半"这些抽象的描述。但是在形式逻辑学中，只有表示全部的全称量词和至少存在一个的存在量词两种。这一方面是为了简单，另一方面也是因为逻辑学所讨论的问题和语言学有所不同。逻辑学关心的是，一个性质是任何对象都有，还是只局限于个别对象。

打个比方。常有理去饭馆吃饭，是冲着特定的几道菜去的，有这几道菜他就吃，没有他转身就走；但是梅有据去饭馆吃饭，任何菜都可以接受。在逻辑学中，我们要把这两种情况分清楚，至于常有理想吃的是三道菜中的一道，还是五道菜中的一道，并不是逻辑学要探讨的问题。当然，如果一定要较真，非要用量词表示具体的数量，比如，用逻辑公式描述"班上至少有两个同学考试得了满分"，也是可以做到的。我们不妨假定谓词 Fx 表示 x 得了满分，谓词 NExy 表示 x 和 y 不同。逻辑公式 $\exists x \exists y$（$Fx \wedge Fy \wedge NExy$）就表示至少有两个同学考试得了满分。更多的数量也能表示，只是太复杂，就不在本书中介绍了。

# 5.2　公式：如何使用谓词逻辑进行基本运算

和命题逻辑一样，谓词逻辑的推理也是通过基本的逻辑运算完成的。

谓词逻辑的基本逻辑关系与命题逻辑相同，即与（合取）、或（析取）、非（否定）、条件（蕴涵）和双重条件（等价）五种。不过，由于引入了量词，这五种逻辑关系要比命题逻辑复杂很多。我们先来看几个例子。

**例 5-1**

　　用逻辑公式表示下面的命题：

　　a. 所有的天鹅都是白色的。

　　b. 所有的天鹅都不是白色的。

　　c. 并非所有的天鹅都是白色的。

　　d. 存在并非白色的天鹅。

　　e. 有些天鹅是白色的。

　　f. 并不存在白色的天鹅。

我们用 Sx 表示"x 是天鹅"，Wx 表示"x 是白色的"。

命题 a 用到了全称量词，里面的逻辑关系是蕴涵关系 $Sx \rightarrow Wx$。由于全程量词的作用范围是整个命题，因此它对应的逻辑公式就是 $\forall x (Sx \rightarrow Wx)$。

命题 b 否定的是蕴涵关系的后件，因此它对应的逻辑公式是 $\forall x (Sx \rightarrow \sim Wx)$。

命题 c 和命题 b 看似相似，但它是对整个命题的否定，因此对应的逻辑公式是 $\sim \forall x (Sx \rightarrow Wx)$。

命题 d 里的量词是存在量词。命题中的两个属性——"天鹅"和"不是白色的"都需要存在。因此，它们之间是与关系。这个命题的逻辑公式是 $\exists x (Sx \wedge \sim Wx)$。

命题 e 比较简单，逻辑公式就是 $\exists x$（$Sx \wedge Wx$）。

命题 f 是对整个命题 e 的否定，因此其逻辑公式就是把否定符号放在命题 e 的逻辑公式前面，即 $\sim\exists x$（$Sx \wedge Wx$）。

最后，我们把上面六个命题的逻辑公式总结如下。

表5-1　例5-1中命题的逻辑公式

|   | 命题 | 逻辑公式 |
|---|------|----------|
| a | 所有的天鹅都是白色的。 | $\forall x$（$Sx \rightarrow Wx$） |
| b | 所有的天鹅都不是白色的。 | $\forall x$（$Sx \rightarrow \sim Wx$） |
| c | 并非所有的天鹅都是白色的。 | $\sim\forall x$（$Sx \rightarrow Wx$） |
| d | 存在并非白色的天鹅。 | $\exists x$（$Sx \wedge \sim Wx$） |
| e | 有些天鹅是白色的。 | $\exists x$（$Sx \wedge Wx$） |
| f | 并不存在白色的天鹅。 | $\sim\exists x$（$Sx \wedge Wx$） |

你可能会注意到，前面三个带有全称量词的命题，两个谓词之间是蕴涵关系。而后面三个带有存在量词的命题，看似逻辑关系和前三个有相似之处，谓词之间却是"与"的关系，表示它们要同时成立。这是为什么呢？

我们说所有的天鹅都是白色的，讨论的范围其实不仅仅局限在天鹅本身，也包括其他动物。只不过，其他动物的颜色不影响这个命题成立。这正好符合蕴涵关系的特点，即前提为假，结论恒真。但是，当我们说"有些天鹅是白色的"时，我们首先肯定有天鹅存在，讨论的是那一只特定天鹅的颜色，因此逻辑关系就是与关系。

在上面几个例子的逻辑公式中有两种量词。同时，这些逻辑公式有的有否定符号，有的没有。因此，一共有四种基本句型。

第一种，全称肯定。比如，所有的天鹅都是白色的。我们用拉丁语"肯定"一词 Affrimo 的首字母 A 表示。

第二种，全称否定。比如，所有的天鹅都不是白色的。我们用拉丁语"否定"一词 Nego 的第一个元音字母 E 表示。

第三种，存在肯定。比如，有些白色的天鹅。我们用 Affrimo 的第二个元音字母 I 表示。

第四种，存在否定。比如，不存在白色的天鹅。我们用 Nego 的第二个元音字母 O 表示。

不难看出，对全称肯定的否定是存在否定，而不是全称否定。当我们要否定"所有的天鹅都是白色的"这个命题时，只要找出一只天鹅不是白色的就可以。类似地，和全称否定相对立的是存在肯定，比如，有些人讲"所有的男人都不是好人"，我们只要找到一个男人是好人，就可否定这个命题。亚里士多德在《工具论》中，用一个对立四边形形象地描述了四种基本句型的关系。

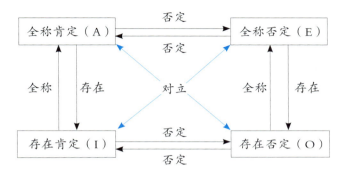

图5-1　四种基本句型的关系

确定了全称量词和存在量词的肯定、否定关系后，我们就可以把针对整个命题的否定运算从命题前面移到命题当中，变为针对谓词的否定运算。具体的做法是：

第一，如果否定符号在全称量词前，移到全称量词后，要将全称量词变为存在量词，即 $\sim\forall x\varphi(x)=\exists x\sim\varphi(x)$。这是因为全称肯定和存在否定是对立的。

第二，如果否定符号在存在量词前，移到存在量词后，要将存在量词变为全称量词，即 $\sim\exists x\varphi(x)=\forall x\sim\varphi(x)$。这是因为存在肯定和全称否定是对立的。

这两条规则可以简单概括为"否定移入，量词改变"，也被称为否定量词律。我们不妨用它们来处理一下例5-1中的命题c和f，看看会得到什么结果。

命题c：

$\sim\forall x(Sx\rightarrow Wx)$

$= \exists x \ \sim ( Sx \rightarrow Wx ) // 否定符号移入$

$= \exists x \ \sim ( \sim Sx \lor Wx ) // 蕴涵律$

$= \exists x ( \sim \sim Sx \land \sim Wx ) // 德摩根律$

$= \exists x ( Sx \land \sim Wx ) // 双重否定律$

可见这个命题和命题 d 逻辑是相同的。

命题 f:

$\sim \exists x ( Sx \land Wx )$

$= \forall x \ \sim ( Sx \land Wx ) // 否定符号移入$

$= \forall x ( \sim Sx \lor \sim Wx ) // 德摩根律$

$= \forall x ( Sx \rightarrow \sim Wx ) // 蕴涵律$

命题 f 是命题 e 的否定。命题 e 是存在肯定，其中两个谓词（"是天鹅"和"是白色的"）之间是"与"的关系。经过否定后，命题 f 就变成了全称否定，两个谓词之间就变成了蕴涵关系。

### 补充阅读：和量词与否定词有关的常见逻辑错误

平时，人们会经常犯两个和量词与否定词有关的逻辑错误。

第一个错误，是把全称否定当成了全称肯定的对立面。比如，老板安排你做一些工作，你认为太多了，不可能都完成。这并不意味着所有的工作你都完不成，你还是会完成一部分。但是，如果遇到一个不讲理的老板，他就会说："怎么交给你的工作都不完成？"在这里，"不可能都完成"和"都不完成"是两回事。

上面这类逻辑错误容易被发觉，因为老板交代的任务是有限的，可以穷举出来。这时，无论进行全称肯定还是全称否定，都很容易验证。但是很多时候，我们并不完全知晓个体词的集合里有多少种情况，这时在一个命题中使用全称肯定或否定，就是很危险的。比如，很多事情的负面影响过了很长时间才显现出来，人们在某个时刻理解的事物数量只是全集的一小部分。举个例子。很多人认为，转基因食品是无害的，因为我们没有发现它有任何危害。这个说法就犯了一个逻辑错误：一种东西的危害，包括我们知道的和我们还没有认识到的。我们到目前为止"没有发现危害"，不等于"发现没有危害"。比较负责任的说法应该是，到目前为止，我们没有发现转基因食品的危害。

人们经常犯的第二个错误，是把个体和范畴/集合等同起来。一方面，把部分人的特性安到所有人身上，是不符合逻辑的。比如，很多人会说"北方人都爱吃面食"。这句话其实就有问题。北方的范围很大，很多北方人并不爱吃面食，只是相对于南方人而言，爱吃面食的人比例高一些而已。因此，这里使用全称量词是不合适的。如果想更准确一点，可以删掉"都"字，改成"北方人爱吃面食"，淡化量词的存在；或者干脆改用存在量词"大部分"，"大部分北方人爱吃面食"。当然，"北方人都爱吃面食"这句话可能不会引起什么争议，因为它本身是中性的，不含褒贬之义，但是很多针对某些地区的笼统陈述就有歧视的色彩了。比如，有些人会说"某某省的人都爱吹牛，不靠谱"或者"某某城市的人都喜欢斤斤计较""某某族裔的人都懒惰"，这就有很大的问题了。

另一方面，把群体的特性直接用于描述个体，也不符合逻辑。我们不能从某个群体整体具有某种特征，得出其中的每一个个体都有这种特征。比如，有人说："犹太人善于做生意，某某公司的老板是犹太人，因此能够挣到钱。""犹太人"在这里是一个集合概念，并不代表每一个犹太人都善于做生意。类似地，很多人说东亚人数学好，美国人数学差，但是如果看看全世界优秀数学家的族裔数据，其实美国人要比东亚人多很多。这似乎是矛盾的。事实上，很多时候我们说东亚人数学学得好，是指东亚的中小学生普遍数学考试成绩比美国同龄人好，这是对两个集合的比较。但是，美国中小学生普遍数学水平不高，不等于美国学生中没有数学很好的人。在这部分人群中，美国人的表现并不差。

# 5.3 三段论：有哪些有效的三段论

了解了量词和否定符号的关系后，命题逻辑的很多推理方法就可以用到谓词逻辑当中了。在前面讲过的推理方法中，最重要的是三段论。

命题逻辑的三段论包括直言三段论、假言三段论和选言三段论三种。每一种都对应一些有效的论证，比如直言三段论中的肯定前项就是有效论证，而其他论证，即便从形式上看似乎合理，也是无效的。在命题中引入量词后，三段论是否有效就不那么直接了。不妨来看看下面这组例子。

> **例 5-2**
>
> 下面这些三段论的论证过程，哪些有效，哪些无效？
>
> a. 所有的男人都是人，所有的人都是动物，因此所有的男人都是动物。
>
> b. 有些男人是人，所有的人都是动物，因此有些男人是动物。
>
> c. 有些男人是人，所有的人都是动物，因此所有的男人都是动物。
>
> d. 所有的男人都是人，有些人是动物，因此有些男人是动物。

e.有些男人是人，有些人是动物，因此有些男人是
动物。

f.所有的人都不是植物，所有的植物都不是石头，
因此所有的人都是石头。

g.有些男人不是人，有些人不是动物，因此有些
男人不是动物。

a 是有效论证，它是典型的假言三段论，前文已经用文氏图
说明过了。

b 是有效论证，虽然它听起来可能会让人觉得有些别扭——
大前提"有些男人是人"似乎不大正确，虽然"有些男人是动物"
这个结论可能正确，但推理过程好像有点奇怪。其实无论是大前
提还是结论都没有错，而且推理的过程也没有错。我们通过下面
的文氏图（图5-2）来看看这个三段论中三个个体词——动物、人
和男人之间的关系，就知道它的推理为什么是正确的了。

图5-2　例5-2b对应的文氏图

　　我们用一个大圈子表示动物，由于所有的人都是动物，因此表示人的圈子完全被包含在表示动物那个大圈子中。命题"有些男人是人"，则表示男人那个圈子和人那个圈子有交集。由于人的圈子完全在动物的圈子中，因此交集的部分也在动物的圈子中，所以就能得到"有些男人是动物"的结论。

　　c的前提和b相同，但是结论不同，由存在量词变成了全称量词，这一变，结论就不成立了。

　　为什么b和c两个前提都是对的，结论却一个对，一个错呢？问题出在推理本身上。也就是说，在引入了量词之后，三段论推理是否成立需要根据量词重新思考。

　　我们再看d，这个三段论看似和b很相似，只是全称量词从小前提换到了大前提，存在量词则从大前提换到了小前提。这个结论对不对呢？答案是不对，因为是动物的那部分人有可能是女人，而不是男人。事实上，如果我们把这个例子中的个体词"动物"改成"女人"，即把三段论改为"有些人是女人，所有的男人都是人，因此有些男人是女人"，那我们马上就能看出逻辑错误。不妨根据这个推理中前提所给出的"人""男人"和"动物"之间的关系画一下文氏图（图5-3），这样可以看得比较清楚。

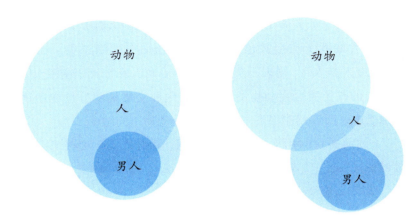

图5-3 例5-2d两种不同情况的文氏图

　　根据前提，"动物""人"和"男人"三者的关系有可能像图5-3左边那样，得出"一些男人是人"的结论，也可以像右边那样，"男人"和"动物"之间没有交集，因此无法得出"一些男人是人"的结论。由于出现了反例，因此d是无效论证。

　　e的情况和a类似，只是把全称量词都变成了存在量词。这样一来，三段论就不一定成立了。比如图5-3右边的情况就是它的一个反例。

　　在f和g中，我们引入了否定词。这两个三段论的结论都不成立，相应地，论证都是无效的。

### 判断三段论的有效性

　　从上述例子可以看出，当量词和否定词被引入后，三段论有些时候成立，有些时候不成立。那么，如何判断一个三段论是否有效呢？亚里士多德在《工具论》中，总结了系统性地判断论证是否有效的方法。在介绍这些方法之前，我们需要先学习一些预备知识。

首先，一个命题中处于主语位置的词被称为主词（Subject，简称 S），处于谓语动词和宾语位置的词被称为述词（Predicate，简称 P）。

其次，我们要搞清楚两个前提中哪个是大前提，哪个是小前提。要区分这两个前提，又要先分清楚三段论中所涉及的几个个体词的外延大小。比如，"所有人都会死。皇帝都是人，所有皇帝都会死"。其中"皇帝"这个概念的外延最小，而"会死的东西"这个概念外延最大，"人"这个概念的外延大小在两者之间。三段论的结论要成立，主词就需要是外延小的，述词需要是外延大的。因此，我们称结论中的主词为小词（或者小项），述词为大词（或者大项）。而出现在前提中、外延介于小词和大词之间的词，被称为中词。

在前提中，不可能同时出现小词和大词，否则它就是结论了。因此，在前提中，要么中词和大词出现，它就被称为大前提；要么小词和中词出现，它就被称为小前提。

接下来，我们根据大词、中词和小词在大小前提和结论中出现的位置，对三段论进行分类，再找出哪些是有效论证，哪些不是。

大前提可以根据大词和中词的位置分为两种情况。在大前提中，大词可以出现在中词的前面，比如"所有的人都是动物"；也可以出现在中词的后面，比如"有些动物是人"。同样，在小前提中，也可以根据小词和中词的位置有前后两种组合。在结论中，只有小词在前、大词在后一种情况。因此，根据各个个体词出现的位置，三段话中的三个命题一共有 $2 \times 2 \times 1 = 4$ 种组合。每一种组合被称为一种格，分别是第一格到第四格，如下表（表5-2）所示。

表5-2　三段论的四种格

|  | 第一格 | 第二格 | 第三格 | 第四格 |
|---|---|---|---|---|
| 大前提 | M-P | P-M | M-P | P-M |
| 小前提 | S-M | S-M | M-S | M-S |
| 结论 | S-P | S-P | S-P | S-P |

无论在哪一种组合中，大前提、小前提和结论都可以是全称肯定A、全称否定E、存在肯定I和存在否定O这四种中的一种。因此，三段论的每一种格，又有 $4 \times 4 \times 4 = 64$ 种不同的量词和否定词的组合。再和四种格组合到一起，就有 $64 \times 4 = 256$ 种情况。这256种组合覆盖了三段论所有的推理形式。比如，在第一种格中，大前提、小前提和结论如果都是全称肯定，我们可以用MAP、SAM、SAP代表它们，其中A表示全称肯定。简单起见，我们可以用它们所对应的格的序号1、2、3、4，以及上述A、E、I、O这四个字母来表示，因此MAP、SAM、SAP就可以表示成1AAA或者AAA1。

列出了三段论的所有组合后，人们发现，这256种组合中，只有24种是有效论证。表5-3对其进行了总结。比如，第一格的第三种有效论证是1-EAE，它表示大前提是全称否定，小前提是全称肯定，结论是全称否定。下面就是有效论证的一个例子：

大前提：所有植物都不是动物。
小前提：所有西瓜都是植物。
结论：所有西瓜都不是动物。

表5-3　24种有效的三段论

| 第一格 | 第二格 | 第三格 | 第四格 |
|--------|--------|--------|--------|
| AAA | AEE | （AAI） | （AAI） |
| （AAI） | （AEO） | （EAO） | AEE |
| EAE | EAE | AII | （AEO） |
| （EAO） | （EAO） | IAI | （EAO） |
| AII | AII | OAO | IAI |
| EIO | EIO | EIO | EIO |

表中的一些组合加了括号，这几种三段论都包含了存在肯定或存在否定命题，其成立的条件是小词S的集合不能为空。比如，"所有男人都是人，所有人都是动物，因此，存在一些男人是动物。"这就是第一格中AAI的情况，它成立的前提是男人的

集合不能为空。

由于每一种情况的缩写都是三个元音字母，欧洲中世纪，教会学校在教逻辑的时候，把有效三段论对应的元音字母组合编入了女性名字，以方便记忆，如表5-4所示。对比表5-4和表5-3，你会发现，表5-4中没有表5-3中的括号项。除非你是逻辑学专业出身，否则这两张表里的内容很难记全。但不管怎么样，在前人花了上千年列举出谓词逻辑所有可能的有效论证方式之后，我们就不需要每一次都绞尽脑汁思考遇到的各种论证是否有效了。

表5-4　用女性名字描述的有效论证类型

| 第一格 | 第二格 | 第三格 | 第四格 |
| --- | --- | --- | --- |
| Barbara | Cesare | Darapti | Bramantip |
| Celarent | Camestres | Disamis | Camenes |
| Darii | Festino | Datisi | Dimaris |
| Ferio | Baroco | Felapton | Fesapo |
|  |  | Bocardo | Fresison |
|  |  | Ferison |  |

至于这24种三段论为什么是有效的，可以通过三段论中小词、中词和大词所对应的集合之间的关系去理解。这些内容下一节展开讲。

## 5.4　文氏图：三段论和集合之间有何关系

从本质上说，三段论反映的是各种集合之间相互的包含关系。比如，"所有的男人都是人，所有的人都是动物，因此所有的男人都是动物"，这其实反映出男人的集合被蕴涵在人的集合中，人的集合被蕴涵在动物的集合中，因此男人的集合一定会被蕴涵在更大的动物集合中。

前文讲过，三段论中，有小词、中词和大词三个集合。任何三段论的两个前提，其实都是在阐述小词集合S和中词集合M的关系，以及中词集合M和大词集合P的关系。在逻辑上，两个集合的关系可能有三种：有交集，但交集之外还有其他元素；一个集合被包含在另一个集合中；没有交集。

下图（图5-4）以中词M和大词P为例，左、中、右三个图形分别对应着上述三种关系。其中，存在重叠部分的两个圆圈表示两个集合，阴影部分表示这种情况不存在。由于中词M的外延通常比大词P小，因此不会出现P被包含在M当中的情况。小词S和中词M的关系也是类似的。

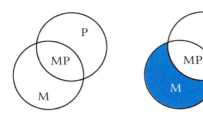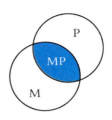

存在 M 是 P
存在 M 不是 P　　所有的 M 都是 P　　所有的 M 都不是 P

**图5-4　集合之间三种可能的关系（蓝色代表不存在的部分）**

第一种情况是 M 和 P 有交集，但是并不重合，因此它对应着存在肯定，即存在 M 是 P。但是，它同时表明存在 M 不是 P，即存在否定。

第二种情况是 M 完全被 P 包含，它对应着全称肯定。在这种情况下，不存在属于 M 却不是 P 的情况，因此 M 的非 P 部分被阴影覆盖，也就是说，存在否定不成立。

第三种情况是彼此没有交集，对应着全称否定。阴影部分表示 M 和 P 互相重叠的情况不存在。这时，存在肯定不成立。

### 判断三段论有效的步骤

要判断一个三段论是否有效，可以分两步走。

第一步，先把两个前提中提到的 S 和 M、M 和 P 的关系按照上面的方法画出来。比如，如果要判断 1AAA，即在第一格中，大前提、小前提和结论都是全称肯定，那么推理过程如下：所有的S都是M，所有的M都是P，因此所有的S都是P。根据两个前提画出来的关系图，就是下图（图5-5）左上和右上的两张图。

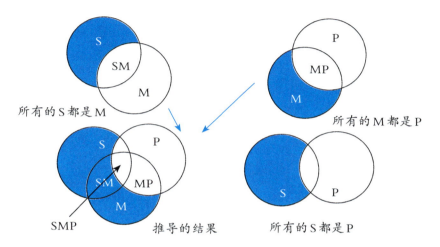

所有的S都是M

所有的M都是P

SMP

推导的结果

所有的S都是P

**图5-5 用S、M、P三个集合的关系证明1AAA的有效性**

第二步，把左上和右上的两张图重叠起来。其中表示M的圆圈要完全重合，因为大前提和小前提所提到的中词是相同的。这样，我们就得到了左下的图。让中词重叠，就等于把三段论的两个前提合并。在这张图中，阴影部分代表这些情况都不存在。剩下的部分，也就是图中白色的部分，代表这些情况存在。可以看到，不存在属于S却不属于P的情况。此时S和P的关系即右下这张图。可以看到，在这张图中，所有的S都是P，因此论证有效。

你可能会有疑问，是不是把那几个圆圈摆在特定的位置，然后把两张图中的M套在一起，就可以得到特定的S和P的关系？如果换一种摆放方式，让S和M有交集，M和P有交集，那么，是否可以让S和P没有交集，或者S中的一部分不包含在P中呢？沿着这个思路尝试，把S和M的交集尽可能地画到一边，把M和P的交集画到另一边，如图5-6所示。这样，两张图在公共部分M重合之后，形成了下方那张图。在这张图中，S和P看似没有交集，但S和M也没有交集，因为阴影部分不属于M，这就和假设矛盾了。实际上，无论如何摆放几个圆圈，只要满足所有前提，S和P的集合就一定会显示出"所有的S都是P"这个结论。

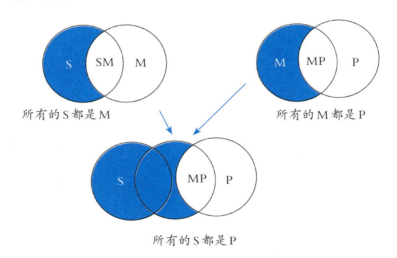

图5-6  S、M、P处于另一种关系时，1AAA依然是有效论证

当然，1AAA这个例子比较简单，不用文氏图这个工具也容易理解。下面的例子就不那么直观了。

例5-3

用文氏图说明下面的三段论是一个有效论证。

大前提：所有大学生都找到了工作

小前提：有工作的人都不能领取救济金

结论：有些领取救济金的人不是大学生

用小词P、中词M和大词S来表示"大学生""找到工作的人"和"领救济金的人"这三个集合。上述论证过程就是"所有P都是M，没有M是S，因此有些S不是P"。对应到表5-3中，则是第四格的AEO。

我们还是先把M和P及S和M的关系用文氏图画出来。注意，因为这个三段论是第四格，因此P在M的前面，M在S的前面。

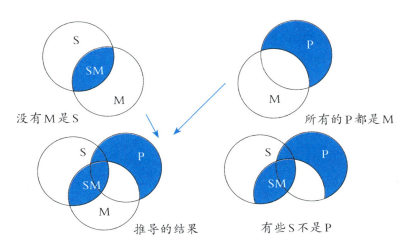

图5-7 用集合说明第四格的 AEO 是有效论证

图中上方两张图分别表示 S 和 M 及 M 和 P 的关系。两张图重叠后，得到左下的图。再把中词 M 的集合删掉，就可以得到右下的图。从右下的图可以看出，S 和 P 其实没有交集。因此，我们说"有些领取救济金的人不是大学生"，即"有些 S 不是 P"是正确的。可能有人会问：图中所有的 S 都不是 P 啊，应该是全称否定，为什么结论是存在否定呢？全称否定蕴涵着存在否定，所以在逻辑上得到这个结论没有问题。

### 无效的三段论组合

接下来，我们看几个无效的三段论组合。

**例 5-4**

用文氏图说明下面的论证（1III）是无效的。

大前提：有些男人（S）是人（M）。

小前提：有些人（M）是动物（P）。

结论：有些男人（S）是动物（P）。

把小词集合 S、中词集合 M 和大词集合 P 的关系画一下，如下图（图 5-8）所示，得出 S 和 P 可以没有交集，就知道这个论证是无效的了。

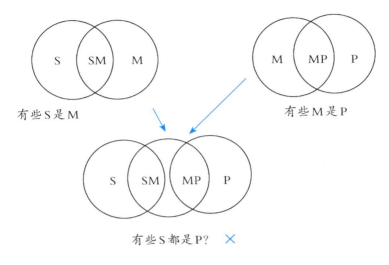

图5-8 1III 是无效论证

你可能会问，如果把小词集合 S 往右边凑一凑，大词集合 P 往左边凑一凑，S 和 P 有了交集，这样某些 S 就是 P 了，是否能说明论证是有效的呢？并不能。我们所说的有效论证，是指从前提出发，在任何情况下都能得出结论，而不是有时得出结论。事实上，证伪一个论证的有效性，只要找到一个反例就可以了，但是要证实一个推理的有效性，就需要保证它在所有情况下都成立。

**例 5-5**

用文氏图说明 1EEE 不是有效论证。

大前提：所有的人（S）都不是植物（M）

小前提：所有的植物（M）都不是石头（P）

结论：所有的人（S）都不是石头（P）

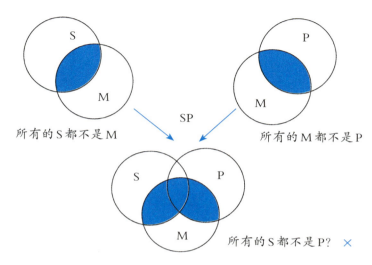

图5-9　1EEE不是有效论证

这个论证听起来有道理，其实有漏洞，但要找到漏洞并不容易。所幸，有了文氏图这个工具，就可以一目了然。从图5-9中可以看出，S和P是可以有交集的，也就是说，从两个前提出发，不排除存在"一些人是石头"这个结论。你可能会觉得奇怪，在这个例子中，前提明明都正确，推理的过程似乎也没问题，为什么不能证明"所有的人都不是石头"这个正确的结论呢？简单地讲，就是因为两个前提条件不够强。

通常，全称肯定，即"所有的S都是M"，是一个非常强的条件，因为S被限制在了M集合中。但是，存在肯定和全称否定则是比较弱的条件。比如说，"所有的S都不是M"，这个前提只告诉我们S不要落在M的范围内，它的边界其实并不受限制。

类比一下，如果老师告诉我们"2+2=4"，那就把这个问题的结果完全限定住了。但是，如果她告诉我们"2+2 ≠ 5"，这只帮助我们排除了一种可能性，还有非常多的其他可能性——我们无法从2+2 ≠ 5得知结果一定就等于4。具体到例5-5，从两个全称否定的前提，其实很难得到非常确定的结论，因为很多可能性不能被排除。对于绝大多数结论，我们都能找到反例。比如，如果我们把结论改成"所有的人都是石头""有人是石头"或者"有人不是石头"，这些结论都有可能成立，也都能找出反例，因此我们无法通过逻辑严格验证这些结论中的任何一个。

## 5.5　简易工具：如何验证三段论的有效性

利用文氏图这个工具，我们能够判断一个三段论是否有效，它的优点是准确。不过，平时在生活中与别人聊天时，我们显然不方便随时画图，因此，我们需要一些不那么准确，但是拿来就能用的验证有效论证的基本原则。这里介绍几条。

**原则一：如果结论是肯定句，前提必须是肯定句。如果结论是全称肯定，前提必须全部是全称肯定。如果结论是存在肯定，那么前提至少要有一个是全称肯定，不能两个都是存在肯定。**

表5-3列举了全部24种有效的三段论，你会发现，所有肯定的结论，前提都是肯定的。为什么会有这样的规律呢？我们

用文氏图（图5–10）画一下大词、中词和小词的关系，就会一目了然。假如两个前提中有一个是否定的，那么不妨假设小前提，也就是描述S和M关系的前提是否定的。在图5–10中，小前提否定时，就是说在中词M集合之外，还存在属于集合S的个例，也就是左上图中的阴影部分。当我们将左上和右上（大前提）两张图重叠在一起时，无论大前提中M和P的关系是肯定的还是否定的，小词集合S和大词集合P有可能存在交集，即左下这张图的情况，也可能没有交集，即右下这张图的情况。但是，无法保证S和P的交集一定存在。如果S和P的交集不存在，就无法保证得到肯定的结论，因为任何肯定的结论要么是"所有的S都是P"，要么"至少存在一些S是P"，二者都需要S和P有交集。所以，要想得到肯定的结论，两个前提都必须是肯定的。

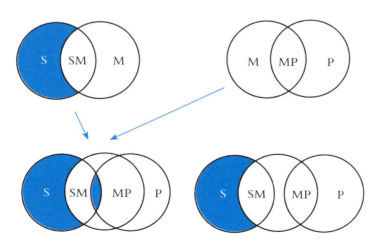

图5–10 结论是肯定的，前提不能是否定的

接下来我们从理论出发，来看看为什么要得到全称肯定的结论，两个前提必须全都是全称肯定。

所谓全称肯定的结论，就是小词S的集合要完全包含在大词P的集合中。假如小前提是存在肯定，而非全称肯定，小词和中词的关系就会如图5-11所示。虽然小词的集合和中词的集合有交集，但是我们无法得知中词之外是否有小词存在，也就是图中的阴影部分。如果这部分存在，大前提只限制了中词和大词的关系，那么阴影部分和大词是什么关系，我们完全无从得知，因此无法得到全称肯定的结论。类似地，你也可以分析一下，如果大词P和中词M的关系不是全称肯定，也不能保证得出全称肯定的结论。

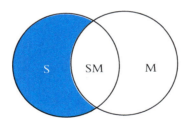

**图5-11 全称肯定的结论，要求小词嵌套在中词当中**

**原则二：如果结论是否定句，前提必须一个是肯定句，另一个是否定句。**

这个原则为什么会成立呢？

将大前提和小前提各自设为肯定或否定，我们能得到四种组合，即：

大前提肯定，小前提肯定；

大前提否定，小前提否定；

大前提否定，小前提肯定；

大前提肯定，小前提否定。

其中，两个前提都肯定这一组合，连否定词都没有出现，一定得不出否定的结论，这比较容易理解。

那么，如果两个前提都是否定的，是否能得到否定的结论呢？不一定。比如，给出两个前提："所有的男人都不是女人，所有的女人都不是男人"，我们能得到什么结论呢？显然不是"男人不是男人，女人不是女人"。事实上，当小词 S 和大词 P 相同时，给定前提"所有的 S 都不是 M，所有的 M 都不是 S"，只能得到肯定的结论。当然，我们在上一节也分析过了，从两个否定的前提，也可能得不到任何确定的结论。

这两个组合都被排除了，那么要想得到否定的结论，就需要两个前提一个肯定、一个否定。

**原则三：在结论中周延的词语，在前提中必须周延。**

这个原则要用到逻辑学的一个重要概念——周延。

所谓周延，就是指词的范围包含这个词所涉及的全部对象。比如，"所有的鸟类要么生活在陆地上，要么生活在水中"，"鸟类"这个词就是周延的，因为所有属于鸟类的个体都被包含了。而在这个陈述中，生活在陆地上的动物和生活在水中的动物，都不是周延的，因为有的陆地动物不是鸟类，有的水生动物也不是鸟类。

周延这个概念是欧洲中世纪的学者提出的，提出的目的是清晰表达思想，防止有人钻词语含义的空子进行诡辩。比如，你的闺蜜小梅和男友分手了，她说："男人都不是好东西。"这时如果你问她，她所说的男人包不包括她父亲，她可能会说："我不是指他。"这时，小梅说的"男人"这个词就不周延。

在生活中，有的人说话故意不加量词，让对方分不清他指的对象是谁。比如，你是公司的老板之一，员工私下里议论，说老板特别抠门。你如果向员工核实，他们会说，"老板，我们没有说您，您不要对号入座。"在这样的议论中，老板这个词就不周延，它可能包括了一部分老板，却没有涵盖所有有老板头衔的人。另外，在一个单位里，哪些人算老板，其实不同的人划定的范围也不同。

那么，如何判断一个词在句子中是否周延呢？可以从逻辑和自然语言两方面来判断，前者非常严格，而后者常常会有一些漏洞，要求我们在使用概念时非常小心。

先说逻辑上的判断方法。从逻辑上，主要看使用了什么量词，以及命题是肯定还是否定。

如果命题是否定句，则述词一定周延。比如，"所有的老虎都不是鸟类"，这句话中"鸟类"必须周延，否则无法将老虎从所有的鸟类中排除。如果命题是肯定句，述词是否周延就不一定。比如，"所有的鸡都是鸟类"。鸡的范围必须是清晰的，否则无法得到这个判断。但鸟类的范围可能是不明确的，只要包含所有的鸡就可以了。

至于主词，如果是在全称肯定句中，它必须是周延的，否则我们无法判断每一个个体是否具有某个性质。但是在存在肯定句中，主词就未必周延了。比如，领导在大会上讲，"有些员工上班的时候在偷偷玩游戏"，员工的范围就是不确定的，只要有一个在玩游戏即可。在这个命题中，玩游戏的概念其实也不周延，因为如果有一个人上班打扑克牌，被老板界定成了玩游戏，那么"抢红包"算不算玩游戏就无关紧要了，它不影响老板作出"有些员工上班的时候在偷偷玩游戏"的判断。

各种句式中主词和述词是否周延有多种情况，可以总结为下表。

表5-5　不同句式中主词和述词周延的情况

| 句式 | 主词（S） | 述词（P） |
| --- | --- | --- |
| 全称肯定 | 周延 | 未知 |
| 全称否定 | 周延 | 周延 |
| 存在肯定 | 未知 | 未知 |
| 存在否定 | 未知 | 周延 |

再看看自然语言上的判断方法。来看一个例子。

"中国企业遍布全世界，腾讯公司是中国企业，因此腾讯公司遍布全世界。"这显然是一个无效的三段论。原因出在哪里呢？大前提中的"中国企业"是一个集合的概念，它是周延的。而小前提中说的中国企业是一家企业，和大前提说的不是一回事。这种谬误在逻辑学中被称为三段论的四概念谬误，因为三段论原本应该有三个概念，但是某个概念被偷换了，成了四个概念。如果上面的大前提改成"每一个中国企业都遍布全世界"，尽管这个前提并不符合事实，但是论证就有效了，因为中国企业这个概念就周延了。

理解了周延这个概念后，三段论推理的第三个原则——"在结论中周延的词语，在前提中必须周延"，就很好理解了。因为一个词如果在前提中范围不明确，到了结论中不可能自动变得明确。

**原则四：在有效的三段论中，中词至少有一个需要是周延的。**

比如，"所有的火星人都是人，所有的人都是动物，因此所有的火星人都是动物"。在这个三段论中，中词是人，它在大前提中并不周延，但是在小前提中是周延的。但是，在下面这个例子中，"所有的地球人都是动物，所有的火星人都是动物，因此所有的地球人都是火星人"，中词是动物，它在大前提和小前提中都处于述词位置。我们知道，在肯定句中，述词不一定周延。换句话说，前提仅说明地球人和火星人都属于动物的范畴，但没有表明"动物"涵盖了所有地球人和火星人。因此，这不是有效的三段论。

记住这四个原则，即使不使用其他工具，也能大致判断三段论是否有效。

# 5.6 进阶：如何使用二元谓词逻辑

到目前为止，本书介绍的谓词逻辑都还比较简单，每一个谓词中只包含了一个个体词。比如"苏格拉底是人"，"是人"这个谓词M里面只有一个个体词"苏格拉底"。即便有些句子中有多个个体词，比如"苏格拉底和秦始皇都是人"，每一个谓词当中依然是一个个体词，写成逻辑公式是 $Ma \land Mb$。这种逻辑也被称为一元谓词逻辑。

一元谓词逻辑的特点是简单，但它无法表达复杂一些的逻辑。比如，2>1 这一简单的数学关系，如果用传统的一元谓词逻辑来描述，主词是2，述词是大于1（>1）。这时如果再想描述2>0，就又得创造出大于0（>0）这个述词。这样的逻辑系统过于烦琐，很难使用。为了解决这个问题，我们把>视为一种特殊的逻辑关系，这样，所有和>有关的逻辑，用一个符号来描述就可以了。由于>涉及前后两个个体词，我们称之为二元谓词。由二元谓词构建的逻辑被称为二元谓词逻辑。由于人类自然语言的结构基本上是"主—谓—宾"，因此二元谓词逻辑其实是人类交流中使用最多的逻辑。

## 二元谓词逻辑的句式

二元谓词逻辑的主词和一元谓词逻辑是一致的，但是把原本属于谓词部分的主词的性质，变成了一个更抽象的谓词和一个变量。当然，二元谓词逻辑的主词也可以是一个变量，于是一个二元谓词逻辑的陈述句就变成了 $\varphi(x, y)$ 这样一个简单的逻辑公式。$\varphi$ 可以是任何二元谓词，x 和 y 可以是任何变量。当然，有变量就有常量，比如"苏格拉底""常有理""梅有据"就是常量，常量也可以代入谓词。有时，在逻辑公式中直接用"苏格拉底""常有理"这些常量显得太啰嗦，可以用 a、b、c 这些字母代替。

经过这样的抽象化，就可以由根据语义判断真假，变成根据语法判断真假。比如，我们以前判断"苏格拉底是人，苏格拉底会死"，或多或少是根据语义的。现在，我们可以根据句子结构判断真假。想做到这一点，我们需要做两件事。

首先，把命题/语句分为原子语句和复合语句。

原子语句只有两种：一种是用等号把变量或常量连接起来的语句，即 x=a、x=y 等；另一种是用谓词符号 P、Q、R 等把变量或常量连接起来的语句，比如 Px、Qab 等。

复合语句建立在原子语句之上，有三种构造规则。

第一，如果 $\varphi$ 是一个句式，那么它的否定 $\sim\varphi$ 也是。比如，若 Px 是一个原子语句，则 $\sim$ Px 就是一个复合语句。

第二，如果 $\varphi$ 和 $\psi$ 是句式，那么 $\varphi \wedge \psi$、$\varphi \vee \psi$、$\varphi \rightarrow \psi$ 和

$\varphi \leftrightarrow \psi$ 也是。比如，Px∧Qab 就是一个复合语句。

第三，如果 $\varphi$ 是一个句式，那么 $\forall x\varphi$（x）和 $\exists x\varphi$（x）也是。比如，∀xPx 就是一个复合语句。

除此之外，不再有其他句式。这一点被称为封闭性条件。

你可能会好奇，这里怎么没有涉及二元谓词？实际上，上述规则是递归的。$\varphi$ 和 $\psi$ 这些句式当中，本身就可以包含一些变量。比如，如果 $\psi=\forall x\varphi(x)$ 本身就是一个包含了 x 的句式，那么 $\forall y\psi(y)$ 就是二元谓词的句式，可以有两个变量 x 和 y。依此类推，我们还可以构建出三元、四元谓词。比如我们说，常有理的身高介于姚明和潘长江之间，或者谈到北京和上海之间的城市，就需要用到三元谓词了。不过，本书通常只涉及二元谓词逻辑。

接下来我们举一些具体的例子，看看如何把自然语言转化成谓词逻辑的句式。

**例 5-6**

将命题用逻辑公式表示。

1. 罗密欧爱朱丽叶，朱丽叶也爱罗密欧。

2. 常有理爱所有的人。

3. 有的人爱常有理。

4. 每一个人都有人爱。

5. 有的人爱每一个人。

用a代表罗密欧，b代表朱丽叶，c代表常有理，它们是常量。用Mx表示x是人，Lxy表示x爱y。

于是上面几个命题就可以用下面的逻辑公式来表示：

1. Lab∧Lba
2. ∀x（Mx→Lcx）
3. ∃x（Mx∧Lxc）
4. ∀x（Mx→∃y（My∧Lyx））
5. ∃y（My∧∀x（Mx→Lyx））

这里有三点需要注意。

第一，"……爱……"这个谓词是非对称的，即Lxy≠Lyx。

第二，"常有理爱所有的人"的含义是，只要是人，常有理就爱，因此这是蕴涵关系，不是与关系。如果把它的逻辑写成与关系——∀x（Mx∧Lcx），是什么意思呢？它的意思是，任给一种东西，都既是人，又被常有理爱。这显然不是命题2要表达的。

第三，命题"有的人爱常有理"为什么不是蕴涵关系呢？如果把它的逻辑写成蕴涵关系——∃x（Mx→Lxc），它的意思是，如果存在一种东西是人，它就会爱常有理。这显然不是命题3想表达的。

在日常生活中，很多自然语言的命题不难理解，不写出逻辑公式也不会理解错。但是对于一些含义不明的话语，如果知道如何把自然语言的描述变成逻辑公式的描述，把它们的逻辑关系搞清楚，就有助于我们理解文字的真实含义。比如前文提到的那个逻辑谬误："中国企业遍布全世界，腾讯是中国企业，因此它遍布全世界。"如果把它翻译成逻辑公式，我们就不会理解错了。当我们说"中国企业遍布全世界"时，中国企业是一个集合，可以用 C 来表示；而当我们说"腾讯是一家中国企业"时，腾讯是一个常量，可以写成 T，中国企业是一种属性，常常用函数的形式来表示，可以写成 $\varphi$（T），显然 $\varphi$（T）$\neq$ C。

正是因为逻辑公式没有二义性，我们才用它代替自然语言来讲述逻辑学的原理。在后面的章节里还是会有很多自然语言的例子，这只是为了方便理解，推荐你多用逻辑公式进行推理。

## 二元谓词逻辑的推理

二元谓词逻辑比命题逻辑和一元谓词逻辑要复杂得多，因为它的命题中通常有多个量词，有些量词限定的范围是整个命题，有些限定的则是其中某个谓词。如果命题中还有否定词，那情况就更复杂了，因为处理否定词时，需要对全称量词和存在量词进行互换。由于组合特别多，在推理时要非常小心，不要跳步骤。

先来看几个例子。

例 5-7

写出下面命题和其否定的逻辑公式。

a. 每一个人都爱每一个人。

b. 每一个人都爱某些人。

c. 有的人爱每一个人。

d. 有的人爱某些人。

用Lxy表示x爱y，上述四个命题的逻辑公式就是：

a. $\forall x（Mx \rightarrow \forall y（My \rightarrow Lxy））$

b. $\forall x（Mx \rightarrow \exists y（My \wedge Lxy））$

c. $\exists x（Mx \wedge \forall y（My \rightarrow Lxy））$

d. $\exists x（Mx \wedge \exists y（My \wedge Lxy））$

这四个命题的否定就是在前面加上否定词。

a. 并非每一个人都爱每一个人。

逻辑公式如下：

$\sim（\forall xMx \rightarrow \forall y（My \rightarrow Lxy））$

$= \sim（\forall x（\sim Mx \vee \forall y（\sim My \vee Lxy）））$      // 蕴涵律

$= \exists x\sim（\sim Mx \vee \forall y（\sim My \vee Lxy））$      // 量词否定律

$= \exists x（\sim\sim Mx \wedge \sim\forall y（\sim My \vee Lxy））$      // 德摩根律

$= \exists x（Mx \wedge \sim\forall y（\sim My \vee Lxy））$      // 双重否定律

$= \exists x（Mx \wedge \exists y\sim（\sim My \vee Lxy））$      // 量词否定律

$= \exists x（Mx \wedge \exists y（\sim\sim My \wedge \sim Lxy））$      // 德摩根律

$= \exists x（Mx \wedge \exists y（My \wedge \sim Lxy））$      // 双重否定律

把上面最后一个逻辑公式翻译回自然语言，就是"存在一个x，他是人，同时存在一个y，他也是人，而x不爱y"。换句话说，要否定"每一个人都爱每一个人"，只要找到至少一个人，他不爱某个人就可以了。

b. 并非每一个人都爱某些人。

逻辑公式如下：

　～∀x（Mx→∃y（My∧Lxy））

＝∃x ～（～Mx∨∃y（My∧Lxy））

＝∃x（Mx∧～∃y（My∧Lxy））

＝∃x（Mx∧∀y～（My∧Lxy））

＝∃x（Mx∧∀y（～My∨～Lxy））

＝∃x（Mx∧∀y（My→～Lxy））

把上面最后一个逻辑公式翻译回自然语言，就是"存在一个人x，同时任给一个y，如果y是人，x就不爱他"。

c. 没有人爱每一个人。

逻辑公式如下：

　～∃x（Mx∧∀y（My→Lxy））

＝∀x ～（Mx∧∀y（My→Lxy））

＝∀x（～Mx∨∀y（My→Lxy））

＝∀x（～Mx∨∃y～（My→Lxy））

＝∀x（～Mx∨∃y～（～My∨Lxy））

＝∀x（～Mx∨∃y（～～My∧～Lxy））

$= \forall x \left( \sim Mx \vee \exists y \left( My \wedge \sim Lxy \right) \right)$

$= \forall x \left( Mx \rightarrow \exists y \left( My \wedge \sim Lxy \right) \right)$

把上面最后一个逻辑公式翻译回自然语言，就是"对于任何一个人 x，总存在一个人 y，x 不爱 y"。

d. 并非有的人爱某些人。

逻辑公式如下：

$\sim \exists x \left( Mx \wedge \exists y \left( My \wedge Lxy \right) \right)$

$= \forall x \sim \left( Mx \wedge \exists y \left( My \wedge Lxy \right) \right)$

$= \forall x \left( \sim Mx \vee \exists y \left( My \wedge Lxy \right) \right)$

$= \forall x \left( \sim Mx \vee \forall y \sim \left( My \wedge Lxy \right) \right)$

$= \forall x \left( \sim Mx \vee \forall y \left( \sim My \vee \sim Lxy \right) \right)$

$= \forall x \left( \sim Mx \vee \forall y \left( My \rightarrow \sim Lxy \right) \right)$

$= \forall x \left( Mx \rightarrow \forall y \left( My \rightarrow \sim Lxy \right) \right)$

把上面最后一个逻辑公式翻译回自然语言，就是"所有的人都不爱任何人"。

例 5-7 中的这些命题依然非常简单，但即使是对这样并不复杂的命题进行一次否定，逻辑运算也颇为复杂，这就是二元谓词逻辑的特点。

接下来看一个复杂一点的例子——"每一个人都爱且只爱一个人"。这句话的逻辑是，任给一个人，都存在一个他爱的人，除了这个人，其他人他都不爱。写成逻辑公式就是：

$$\forall x（Mx\rightarrow（\exists y（My\wedge Lxy）\wedge\forall z（\sim（y=z）\rightarrow\sim Lxy）））$$

在这个公式中，我们使用了一个特殊的谓词"="，它在介绍谓词逻辑的句式时讲过，只是前文一直没有使用。

# 5.7　适用：如何使用谓词逻辑的自然演绎法

谓词逻辑推理有个难点，由于变量和量词的存在，使得同一个谓词在不同命题中形式不同，不容易消除。为了理解这一点，我们先来看一个最简单的三段论，就是亚里士多德的经典案例："所有的人都会死，苏格拉底是人，因此苏格拉底会死"。

如果用 Mx 代表"x 是人"，Dx 代表"x 会死"，a 代表"苏格拉底"，那这个三段论对应的逻辑公式就是：

$$\forall x（Mx\rightarrow Dx），Ma\Rightarrow Da$$

和命题逻辑不同，这个逻辑公式中的各种符号都不一样，显然不能简单地用 Ma 消去大前提中的 Mx。那该怎么办呢？

先来看大前提 $\forall x（Mx\rightarrow Dx）$，既然它对所有人都成立，那我们就可以推导出 $Ma\rightarrow Da$ 也成立。这样就可以运用肯定前项律将 Ma 消去，得到 Da 成立的结论。

上面这种论证方法其实适用于任何有全称量词的推理。在推理的过程中，如果一个前提 $\varphi（x）$ 的前面有全称量词 $\forall x$

对其进行限定，那么我们就可以用任何常量a代替这个量词∀x，构成一个新的前提$\varphi$（a）。这个规则被称为全称个例规则（universal instantiation，简称UI），它可以形式化地描述为：

$$\forall x \varphi（x）\Rightarrow \varphi（a/x）// UI$$

其中a/x的写法，表示x这个变量由a这个个例代替了，在消去时，我们可以把它当作$\varphi$（a）使用。// 后面为注释，说明我们推理的依据。我们用全称个例规则来证明下面的命题。

**例 5-8**

小常是短跑冠军，他所在的班级所有人数学都考了100分，因此小常既是短跑冠军，数学又考了100分。

我们用a代表"小常"，Ca代表"小明是短跑冠军"，Fx代表"所有人数学考试都考了100分"。

上述结论的论证过程如下：

1. Ca // 前提
2. ∀xFx// 前提
3. Fa/x// 命题2，UI
4. Ca∧Fa // 命题1、3，∧I

接下来，我们看看在推理过程中如何使用有存在量词的命题。从一个具体的例子入手。

例 5-9

班上有的人数学考了100分，小常是短跑冠军。

我们从中能得到什么结论呢？

在这个命题中，我们可以用 a 表示"小常"，用 Ca 表示"小常是短跑冠军"，而"班上有的人数学考了100分"则写成 $\exists xFx$。接下来，消去存在量词。我们不能把 $\exists xFx$ 变成 Fa，因为虽然存在一个个例满足这个条件，但是，它未必是 a。我们必须用另一个符号 b 来表示，即把 $\exists xFx$ 变成 Fb。现在我们有了 Ca 和 Fb 这两个条件，却不能将它们合并得到新结论，因为班上考100分的人和短跑冠军可能是两个人。

根据上面两个例子，可以得出两个结论。第一，对于带有全称量词的命题，在消去量词时可以用任何个例替代变量。第二，对于带有存在量词的命题，在消去量词时只能用之前尚未使用的个例替代变量。

第二个结论也被称为存在量词的个例规则（Existential instantiation，简称 EI），正规的表达方式为：

$$\exists x\varphi(x) \Rightarrow \varphi(a/x) \, // \, EI$$

其中，a 不能是前面已经出现的个例。

那么，如果一个谓词逻辑命题中既有全称量词，又有存在量词，该怎么处理？来看两个简单的例子。

例 5-10

大前提：所有通过数学考试的人都可以参加夏令营。

小前提：有的同学通过了数学考试。

结论：有的同学可以参加夏令营。

把它翻译成逻辑公式就是：

$$\forall x（Mx \rightarrow Sx），\exists xMx \Rightarrow \exists xSx$$

思考一下论证的思路。首先，需要将条件中的量词消除。如果先消除 $\forall x（Mx \rightarrow Sx）$，就得到 $Ma \rightarrow Sa$，其中 a 是个例，可以把它想象成"常有理这个人"。也就是说，我们把原始条件"所有通过数学考试的人都可以参加夏令营"，变成了新的条件"如果常有理通过了数学考试，他就可以参加夏令营"。接下来，消除 $\exists xMx$ 中的量词时，就不能再用个例 a 了，因为这时 a 已经代表常有理这个特定的人了——虽然有的同学通过了数学考试，但这个人不一定是常有理，也可能是小梅。因此，在消除 $\exists xMx$ 的量词时，我们只好用另一个个例 b。再往下就遇到麻烦了，因为从 $Ma \rightarrow Sa$ 和 Mb 得不到任何结论。

这个论证之所以进行不下去，不是因为条件不够充分，而是论证思路不对。现在我们先消去存在量词，再消除全称量词，看看会有什么样的结果。从 $\exists xMx$，可以得到 Ma，a 是一个特定的个例，它表示某个通过数学考试的人。接下来消去 $\forall x$

（Mx→Sx）中的量词，由于这里面是全称量词，因此可以用任何个例替换x，我们用a来替换，就得到了Ma→Sa。接下来就简单了，从Ma→Sa和Ma得到Sa，就是一个命题逻辑三段论。

有了Sa这个结论，可以得到∃xSx成立。因为我们已经找到了一个个例让Mx成立，那么，存在x使Mx成立肯定没有错。从个例出发，得出一个带有存在量词的普遍性结论，这一过程被称为存在量词引入（Existential generalization，简称EG）。换句话说，在自然演绎法中，还有$\varphi(a) \Rightarrow \exists x\varphi(x)$这样的规则。

论证的思路弄清楚了，下面是规范化的论证过程：

1. $\forall x$（Mx→Sx）// 前提

2. ∃xMx// 前提

3. Ma // 命题2，EI

4. Ma→Sa // 命题1，UI

5. Sa // 命题3、4，肯定前件

6. ∃xSx// 命题5，EG

从这个例子可以看出，解决问题的步骤应该是先根据适用范围较小的条件，把能确定的情况确定下来，再应用灵活性较高的条件。这种思路不仅适合于解决逻辑问题，也适合于解决任何问题。从信息论的角度讲，能够最大程度消除不确定性的条件信息量最大，应该最先使用。

了解了存在量词的谓词逻辑的基本推理方法后，我们来看一个复杂一些的例子。

> **例 5-11**
>
> 下面的推理过程是否为有效论证？
>
> 前提：任何俱乐部的会员，都参加了舞会；参加舞会的人，只有俱乐部的成员或者他们的舞伴；小常参加了舞会，但是没有舞伴。
>
> 结论：小常是俱乐部的会员。

我们用Cx表示"x是俱乐部的成员"，用Bx表示"x参加舞会"，用Pxy表示"y是x的舞伴"，用a代表"小常"。这样，上述问题可以形式化地表述如下：

前提：$\forall x（Cx \to Bx）$，$\forall x（Bx \to（Cx \vee \exists y（Cy \wedge Pyx）））$，$Ba \wedge \sim（\exists y\, Pay）$，$\forall x \forall y（Pxy \leftrightarrow Pyx）$

结论：$Ca$

由于舞伴关系是对称的，也就是说，如果x是y的舞伴，那么y也是x的舞伴，即$Pxy \leftrightarrow Pyx$，因此可以把它作为条件加到前提中。关于对称关系的特点和性质，在补充阅读5-12中有详细的介绍。

为了证明上述结论，还要使用一个之前未被证明的规则$\forall y（\varphi（y））\to \forall y（\varphi（y）\vee \psi（y））$。这个规则本身不难理解，如果对于任意一个y，$\varphi（y）$都成立，那么放宽点条件，"白给"一个可有可无的$\psi（y）$，当然不会让$\varphi（y）$变得不成立。虽然这个结论看上去很自然，但是要证明它并不容易。我们在这里先接受这个结论，后面再去证明。

有了这些准备，就可以开始证明了。论证的思路如下：

1. 先用∧的消除规则，从 Ba∧~（∃yPay）得到两个条件 Ba 和 ~（∃yPay）。注意，在整个论证过程中，不论出现在哪个逻辑公式中，a 都特指小常。

2. 从 ∀x∀y（Pxy ↔ Pyx）和 ~（∃yPay）推导出 ~（∃y Pya），具体的做法是利用全称量词消除规则 UI，把 ∀x∀y（Pxy ↔ Pyx）变成 ∀y（Pay ↔ Pya）。由于这是一个等价关系，可以得到 ∀y（Pya→Pay），即 ∀y（~Pya ∨ Pay）。同时，还可以把 ~（∃yPay）转化为 ∀y~Pay。从这两个公式出发，使用选言三段论，就可以得出 ∀y~Pya，也就是 ~（∃yPya）。

3. 利用全称量词消除规则 UI，对于 ∀x（Bx→（Cx ∨ ∃y（Cy∧Pyx）），可以用 a 替代 x，得到 Ba→（Ca ∨ ∃y（Cy∧Pya）。

4. 利用 Ba→（Ca ∨ ∃y（Cy∧Pya））和 Ba，根据肯定前项律，可以得到 Ca ∨ ∃y（Cy∧Pya）。

5. 接下来，我们要想办法否定掉 ∃y（Cy∧Pya），这样，根据选言三段论，就能肯定 Ca 了。

要否定掉 ∃y（Cy∧Pya），就要推导出 ~∃y（Cy∧Pya）。将 ~ 移到存在量词的后面，得到 ∀y ~（Cy∧Pya），再使用德摩根律，得到 ∀y（~Cy ∨ ~Pya）。在第 2 条中，我们已经得到了 ∀y~Pya，使用全称量词的通称规则 UG，可以从 ∀y~ Pya 得到 ∀y（~Pya ∨ ~Cy），也就是~∃y（Cy∧Pya）。

6. 最后，由~∃y（Cy∧Pya）和Ca∨∃y（Cy∧Pya），可得到Ca。所以题目中给出的论证是有效的。

有了论证的思路后，再来看看论证的过程：

1.∀x（Cx→Bx）// 前提

2.∀x（Bx→（Cx∨∃y（Cy∧Pyx）））// 前提

3.Ba∧~（∃yPay）// 前提

4.∀x∀y（Pxy↔Pyx）// 前提

5.Ba // 命题3，∧E

6. ~（∃yPay）// 命题3，∧E

7.∀y~Pay // 命题6，~移出

8.∀y（Pay↔Pya）// 命题4，UI

9.∀y（Pya→Pay）// 命题8，UI

10.∀y（~Pya∨Pay）// 命题9，蕴涵律

11.∀y（~Pay→~Pya）// 命题10，蕴涵律

12.∀y~Pya // 命题6、11，肯定前项

13.Ba→（Ca∨（∃y（Cy∧Pya）））// 命题2，UI

14.Ca∨∃y（Cy∧Pya）// 命题5、13，肯定前项

15.∀y（~Cy∨~Pya）// 命题12，利用∀y（$\varphi$（y））→∀y（$\varphi$（y）∨$\psi$（y））

16.∀y~（Cy∧Pya）// 命题15，德摩根律

17. ~∃y（Cy∧Pya）// 命题16，~移出存在量词

18.Ca // 命题14、17，选言三段论。

至此，我们证明了Ca，也就是小常是俱乐部的会员。

## 5.8　代表性：大学生退学创业靠谱吗

　　我们经常听到这样的话："常有理做了某件事，如果当时换成别人，别人也会那么做的"。这句话的含义是"任何人都会这么做"。在这种情况下，"别人"并不是指某个特定的人，而是泛指所有人。但是，把这句话改成"常有理做了某件事，如果当时换成梅有据，梅有据也会那么做的"，就不能说"任何人都会这么做"，因为梅有据是一个特定的人。从这个例子可以看出，如果有一个逻辑公式 $\varphi$，对任意一个非特指个例 a 都成立，即 $\varphi$（a），那么这个命题对所有的个例 x 都成立。这样，我们就得到 $\forall x \varphi$（x），即对于 $\varphi$ 全称肯定的结论。这就是全称量词的通称规则，写成逻辑推理的形式就是：

$$\frac{\varphi（a）}{\forall x \varphi（x/a）}\text{ UG}$$

　　其中，$\varphi$（x/a）表示用 x 替换了 a，UG 表示全称量词的通称规则。

　　需要特别指出的是，这里面的 a 不能是特指的某个名称，比如"梅有据"，也不能是在存在量词时所使用的名称。比如，从

∃xφ（x）得到φ（a）时，a已经特指某个名称，因此不能再对φ（a）使用通称规则，从而得到∀xφ（x）。

有了通称规则，就可以来证明5.9节中使用的一个规则了，即：∀y（φ（y））→∀y（φ（y）∨ψ（y））。

证明：

1. ∀y（φ（y））// 前提
2. φ（a/y）// 命题1，UI
3. φ（a）∨ψ（a）// 命题2，∨I
4. ∀y（φ（a/y）∨ψ（a/y））// UG

在上述推理过程中，个例a只是一个桥梁，之前不曾出现，因此具有通称意义。正因如此，我们才能在最后用UG把它换回为全称量词。

我们其实经常使用上面这种推理方式。比如，在证明几何学中的三角形内角定理"任意一个三角形的内角之和都等于180度"时，我们先任意假定一个三角形ABC，然后证明ABC的内角和等于180度，最后得出所有三角形内角之和等于180度的结论。在论证的过程中，三角形ABC只是个例子，但由于它是任意设定的，而不是指某一特定的三角形，因此从它得到的普遍规律是成立的。如果我们举的例子之前出现过，那它就不具有普遍性了，得到的规律也只适用于特定的情况。

不妨来看几何学中的另一个例子。

例 5-12

证明：

任意两个共享一条底边的三角形，如图 5-12 所示，如果高相等，则面积相等。

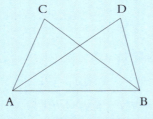

图5-12　等底等高的两个三角形

如果翻译成形式逻辑的条件和结论，这个问题的表述大致如下：

条件：任给三角形 x、y，x 和 y 的底边 AB 相同，x 和 y 的高 h1 和 h2 相等

结论：x 和 y 的面积相等

要证明这个结论，需要先根据前面讲到的全称个例规则，把 x 变成三角形 ABC 这样的个例，然后把 y 变成另外一个个例，比如 ABD。证明三角形 ABC 和 ABD 的面积相等之后，就可以使用通称规则，把 ABC 还原回任意一个三角形 x，把 ABD 还原回任意一个三角形 y，得出等底等高的任意两个三角形面积相等

的结论。

如果在使用个例规则时，把 y 也用个例三角形 ABC 代替，即便能证明这样的两个三角形面积相等，也无法使用通称规则，将三角形 ABC 还原回任意一个三角形 y，因为此时我们只证明了上述几何命题对于一些个例成立，而无法证明所有的情况都成立。

使用逻辑推导出普遍规律时，并不需要把所有情况都验证一遍，只需要用一组能代表所有情况的例子来论证即可。

在数学之外的其他领域，比如自然科学、计算机科学、法律学和经济学中，通常采用这种方式进行推理和思考。比如，对于绑架罪的处罚，根据《中华人民共和国刑法》第239条规定：以勒索财物为目的绑架他人的，或者绑架他人作为人质的，处十年以上有期徒刑或者无期徒刑。老师上课讲这个内容时，一般会用一个具体的例子，比如某人绑架了孙某某，勒索钱财，被判刑12年。通过这个例子，学生们就会明白这条法律该如何使用。这样的例子就被称为范例。但是，如果老师举了一个很特别的例子，说一个王某某，之前杀了两个人，还抢了银行，在逃逸的过程中绑架了人，最后被判了死刑。这个例子就不是针对这条法律的范例了，而是一个特殊的例子。从这个例子的量刑，我们无法理解一般绑架案的量刑。这种例子，我们常常称之为特例。

人们经常犯的一个逻辑错误就是把特例当成范例。比如，有的大学生退学创业，总会讲盖茨和扎克伯格退学创业成功的例子。这两个例子其实都是特例。以盖茨为例，这是一个从小在美国顶级私立高中就读的人，非常具有编程天赋，高中毕业就进入了顶级名校哈佛大学。他的父亲是美国顶级律师，著名的 KL 盖茨律师事务所的创始合伙人；他的母亲是著名的慈善机构联合劝募会①的董事，而且与 IT 公司巨头 IBM 的高管相识已久。盖茨在大学期间和一个专业 IT 人士保罗·艾伦一起创业，只是后来公司发展得太好了，他无法兼顾读书和工作，才暂时退学，但是保留了学籍。知道了这些，你还会觉得盖茨是退学创业成功的典型吗？这样的例子并不具有代表性。如果想举例说明一个具有普遍意义的规律，我们需要举有代表性的例子。

那么，什么例子才有代表性呢？有两个基本要求。首先，它不能是我们已经用来说明其他情况的例子。比如，用个例 a 代替了变量 x，就不能再用它代替变量 y 了。其次，它除了具有我们已知的条件，不应该具有其他特殊条件。比如，要论证三角形内角和等于 180 度，就不能举直角三角形的例子。要论证大学生退学能创业成功，就不能举盖茨的例子，最好举一个中学读了普通高中，成绩一般，大学只上了一般的州立大学，学费是靠贷款支付的，退学前还不明白该怎样创业，然后却创业成功的学生为例。你可能会说，这样很难创业成功吧？是啊，这正说明大学生退学创业不靠谱。

如果我们想否定一个使用了全称量词的结论，除了找出反例之外，也可以否定用于证实这个结论所采用的例子，即指出这个例子的特殊性。比如，指出盖茨这个例子的特殊性，就否

---

① 联合劝募会（United Way）是一家全球性的慈善机构，最初目的是改善芝加哥地区的教育条件，后逐渐扩展到其他服务领域。

定了大家都该退学创业的观点。再比如，如果有人讲，"谁在这个场合都会那么做"，意思是，这是一个普遍的做法。如果想反驳他，你可以说"只有你会这么做"，强调这只是对方个人的看法。

学习逻辑的一个目的，就是能够看清这个世界的普遍规律，不被一些没有代表性的个例忽悠。

## 5.9 验证：如何用逻辑解释看似矛盾的现象

学习了比较复杂的谓词逻辑的推理方法后，我们就可以用它来解决生活中遇到的困惑。先来看两个例子。

> **例 5-13**
>
> 前提：任何获得奥数金牌的人都会被清华录取，但存在某些获得奥数金牌的人没有被清华录取。
>
> 结论：有些人没有获得奥数金牌。

这个问题就是看似矛盾的——前提就有些矛盾，前提和结论又是矛盾的。很多人可能会问，从前提能得出结论吗？我们先用自然演绎法证明一下，然后再给出解释。先把前提和结论形式化，假设 Px 代表 x 是奥数金牌获得者，Qx 代表 x 被清华录取，于是：

前提：∀x（Px → Qx），∃x（Px →~Qx）

结论：∃x~Px

论证过程如下：

1. ∀x（Px → Qx）// 前提

2. ∃x（Px →~Qx）// 前提

3. Pa →~Qa // 命题2，EI

4. Qa →~Pa // 命题3，逆否律

5. Pa → Qa // 命题1，UI。注意，这里使用的个例a来自命题4。

6. Pa →~Pa // 命题4、5，假言三段论

7. ~ Pa ∨ ~ Pa // 命题6，蕴涵律

8. ~ Pa // 命题7，幂等律

9. ∃x~Px // 命题8，EG。由于命题8中使用的个例a来自命题2的存在量词，因此从命题8到命题9，只能使用存在量词的通称规则。

接下来解释一下为什么这个论证是有效的，而且结论是正确的。

假定论域是某个班的学生，老师在全班大会上对所有学生说："你们谁得了奥数金牌，就会被清华录取。"然后老师又私下对张三说："即使得了奥数金牌，你也不会被清华录取。你想别的办法吧，别在奥数上浪费时间了。"这种说法存在合理性的前提，是老师知道张三得不到奥数金牌。

仔细想想，我们平时还是会遇到这个逻辑的。比如，某个领导在大会上讲了一番道理，私下又在小圈子里说了相反的话，后一个动作的前提是前面说的大道理并不适用于他的小圈子。这样说话在逻辑上没有问题，即便你是在法庭上这么作证，对方也没办法。但是经常这么说话，会让听众感觉你出尔反尔。

再来看一个例子。

例5-14

前提：任何人不能同时申请牛津大学和剑桥大学，申请牛津大学的要参加面试，有人申请了牛津大学。

结论：不可能所有参加了面试的人都是申请剑桥大学的。

这个结论看似有点莫名其妙：前提中说的都是申请牛津大学和面试的事情，怎么结论是和剑桥大学面试有关的呢？我们先把前提和结论形式化，看看能否从前提有效地得出结论。

前提：$\sim\exists x(Px\wedge Qx)$，$\forall x(Px\rightarrow Rx)$，$\exists xPx$

结论：$\sim\forall x(Rx\rightarrow Qx)$

证明：

1. $\sim\exists x(Px\wedge Qx)$ // 前提

2. $\forall x(Px\rightarrow Rx)$ // 前提

3. $\exists xPx$ // 前提

4. $\forall x$（～（ $Px \wedge Qx$ ））// 命题1，NQ

5. $\forall x$（ ～$Px \vee$ ～$Qx$ ）// 命题4，德摩根律

6. $\forall x$（ $Px \rightarrow$ ～$Qx$ ）// 命题5，蕴涵律

7. $Pa$ // 命题3，EI

8. $Pa \rightarrow$ ～$Qa$ // 命题6，UI

9. ～$Qa$ // 命题7、8，肯定前项律

10. $Pa \rightarrow Ra$ // 命题2，UI

11. $Ra$ // 命题7、10，肯定前项律

12. ～$Qa \wedge Ra$ // 命题9、11，$\wedge$I

13. $Ra \wedge$ ～$Qa$ // 命题12，交换律

14. ～（ ～$Ra \vee Qa$ ）// 命题13，德摩根律

15. ～（ $Ra \rightarrow Qa$ ）// 命题14，蕴涵律

16. $\exists x$ ～（ $Rx \rightarrow Qx$ ）// 命题15，EG

17. ～$\forall x$（ $Rx \rightarrow Qx$ ）// 命题16，NQ

从上面的论证可以看出，这个结论是对的。

仔细想想，也不难理解。申请牛津大学要面试，又有人申请了牛津大学，因此面试的人中肯定有申请牛津大学的，而申请牛津大学和申请剑桥大学是排他的，因此一部分参加面试的人是申请牛津大学的，而非剑桥大学。至于申请剑桥大学要不要面试，甚至这一年有没有人申请剑桥大学，这是另一回事，不影响结论的正确性。

在这个例子中，如果我们把第二个前提 $\forall x$（ $Px \rightarrow Rx$ ）修改一下，把全称量词改为存在量词 $\exists x$（ $Px \rightarrow Rx$ ），也就是"有

些申请牛津大学的学生要面试"，那么这个结论还能成立吗？

　　答案是不能成立了。因为上面推导过程中的第10步，是用个例消去了量词，由于第二个前提中的量词是全称量词，因此可以使用前面出现过的个例a，但是如果将它换成存在量词，就必须采用一个新的个例b了。这样，在第10步就会得到Pb→Rb，它无法和第7步的Pa构成三段论。通过这个论证过程，我们其实可以找到一个推翻结论的反例。比如，存在一个学生约翰，他申请了牛津大学，虽然前提中存在某个申请牛津大学的学生参加了面试，但这个学生未必是约翰。因此，有可能所有参加面试的学生都是申请剑桥大学的。

　　这个论证其实代表了一类逻辑陷阱。比如，人们经常用对品牌的认知替代对具体产品的认知。假如某个知名品牌的所有产品质量都很好，我们可以用∀x（Px→Qx）来概括这个事实，即任给一个P品牌的产品，它的质量都好。后来这个知名品牌的产品销量增加了，在其他国家建了新的工厂，虽然品牌没有变，但是不同工厂之间的产品质量有差异。这时，我们只能用∃x（Px→Qx）来概括这种情况，也就是说，该品牌有些产品质量很好。这时，如果你买了一个该品牌的产品，不一定能保证它就是高质量的产品。在市场上，很多日本品牌便是如此。早期，像丰田、松下这些公司所有的产品都是在日本生产，品质很好。于是大家就得到一个印象，这些品牌的产品质量好。但是后来，这些企业把工厂建到了很多国家，同一个品牌、同一种产品，来自不同的产地，质量相差就很大了。

　　接下来，我们来看本节最后一个例子。

例 5-15

前提：所有报考文科专业的人都要考历史，所有报考理工科专业的人都要考物理，没有人同时考了历史和物理。

结论：没有人同时报考文科专业和理工科专业。

直观感受，这个结论似乎是成立的，不过我们还是证明一下。

假定 P 和 Q 分别代表报考文科专业和报考理工科专业，R 和 S 分别代表考了历史和考了物理。

前提：$\sim\exists x\,(Rx \wedge Sx)$，$\forall x\,(Px \rightarrow Rx)$，$\forall x\,(Qx \rightarrow Sx)$

结论：$\sim\exists x\,(Px \wedge Qx)$

证明：

1. $\sim\exists x\,(Rx \wedge Sx)$ // 前提

2. $\forall x\,(Px \rightarrow Rx)$ // 前提

3. $\forall x\,(Qx \rightarrow Sx)$ // 前提

4. $\forall x\,(\sim(Rx \wedge Sx))$ // 命题 1，NQ

5. $\forall x\,(\sim Rx \vee \sim Sx)$ // 命题 4，德摩根律

6. $\forall x\,(Rx \rightarrow \sim Sx)$ // 命题 5，蕴涵律

7. $Pa \rightarrow Ra$ // 命题 2，UI

8. $Qa \rightarrow Sa$ // 命题 3，UI

9. Ra→~Sa //命题6，UI

10. Pa→~Sa //命题7、9，选言三段论

11.~Sa→~Qa //命题8，逆否律

12. Pa→~Qa //命题10、11，选言三段论

13.~Pa ∨ ~Qa //命题12，德摩根律

14. ∀x（~Px ∨ ~Qx）//命题13，UG

15. ~∃x（Px∧Qx）//命题14，德摩根律，否定量词律

在证明的过程中，第14步采用了全称量词的通称规则，从一个具有代表性的个例，推出一般性的规律。我们之所以能够这么做，是因为在产生这个个例时，没有用到存在量词的规律。

这个例子告诉我们的道理是，矛盾的结论必定是矛盾的原因产生的。这是我们要牢记的一个逻辑学结论。这个结论在生活中经常遇到。碰到矛盾的结果时，一定会有矛盾的前提存在。但是，反过来，我们能否从矛盾的前提推导出矛盾的结论呢？并不能！

前提：∃x（Px∧Qx），∀x（Px → Rx），∀x（Qx → Sx）

结论：∃x（Rx∧Sx）

显然，只要Px和Qx为假，前提就是矛盾的。但是如果Rx和Sx为真，结论∃x（Rx∧Sx）就为真。显然，矛盾的前提并不一定得出矛盾的结论。

# 5.10　补充：谓词逻辑中有何常见关系

　　每一个二元谓词都可以被理解为数学上的一种关系。比如，小常是小梅的朋友，我们可以将它表示成Fab，F代表某某是某某的朋友，a代表小常，b代表小梅。这样一来，二元谓词就和数学上的二元函数在形式上非常相似了。如果回顾一下二元的函数f（a，b）你会发现，f其实就表示两个变量a与b一种函数关系。事实上，在20世纪之后，逻辑学和数学的基础几乎已经合二为一。也就是说，今天逻辑上的谓词、数学上的函数和自然语言中的两个个体词之间的关系，总的来讲是一回事。我们在生活中遇到的很多种关系，比如谁是谁的朋友，谁是谁的老师，或者谁做了什么事情，都可以被抽象成逻辑关系。这么做之后有一个好处，就是容易找到关系背后的共性和规律，然后用形式逻辑这个工具来研究关系的特性。

　　在谓词逻辑中，我们要特别关注二元逻辑的三种性质，即对称性、传递性和自反性。

### 对称性

　　有些关系是对称关系（Symmetric），比如朋友关系或亲戚关系。小常是小梅的朋友，小梅也一定是小常的朋友；小常是小梅的亲戚，小梅也一定是小常的亲戚。对于这类关系，我们可以表述为 $\forall x \forall y (Rxy \rightarrow Ryx)$。这个逻辑公式的含义是，任给 x、y，如果存在 x 到 y 的关系 R，那么必然存在从 y 到 x 的关系 R。除了朋友关系，像数学中的相反数（+5 和 –5），以及很多其他关系，也是对称关系。

有对称关系，就可能有反对称关系（Asymmetric），比如父子关系就是反对称关系。老常是小常的爸爸，小常自然就不可能是老常的爸爸。用逻辑公式表示就是 $\forall x \forall y (Rxy \rightarrow \sim Ryx)$。

它的含义是，任给 x、y，如果存在 x 到 y 的关系 R，那么必然不存在从 y 到 x 的关系 R。

在数学中，大于（>）或小于（<），都是反对称关系。推而广之，在一个有严格层级的世界里。反对称关系普遍存在，比如，小梅是你的老板，你就不可能是小梅的老板。

绝大多数关系既不是对称关系，也不是反对称关系，我们称之为非对称关系。认识关系便是如此，你认识我，我可能不认识你。很多人认识一个名人，但这个名人只认识其中少数人。科学领域的各种因果关系，绝大部分都是非对称关系。从原因可以得到结果，反过来有了结果，原因却可能很多。比如，在盐酸中加入铁或锌，就能产生氢气，但氢气的来源却不止这一个。它可能是电解水得到的，也可能是电解盐酸得到的。

## 传递性

有些关系具有传递性，比如数学领域的大于（>）、小于

（<）关系，如果有a>b、b>c，则一定有a>c。在逻辑学中，传递关系（Transitive）的严格定义是：对于关系R，任给三个量（常量变量均可）x、y和z，如果从Rxy、Ryz能够推导出 Rxz，则称R是传递关系。写成逻辑公式就是：$\forall x \forall y \forall z$（Rxy$\wedge$Ryz$\rightarrow$Rxz）。

传递关系在自然界普遍存在。比如在物理学中，传导关系和联通关系都是具有传递性的。如果一个电路从a到b是联通的，从b到c也是联通的，则从a到c一定是联通的。

当然，有传递关系，就会有反传递关系（Intransitive），即从Rxy$\wedge$Ryz一定推不出Rxz，写成逻辑公式就是：$\forall x \forall y \forall z$（Rxy$\wedge$Ryz$\rightarrow$ ~ Rxz）。

一个典型的反传递关系是父子关系。比如，康熙是雍正的父亲，雍正是乾隆的父亲，那么康熙就不可能是乾隆的父亲。欧洲封建制时期有一句话，"我仆人的仆人不是我的仆人"，表示主仆关系是反传递关系。今天，在企业管理的汇报关系中，也禁止越级汇报。

除了传递关系和反传递关系，更多的关系则既不具有传递性，也不是反传递关系，比如朋友关系便是如此。

### 自反性

一个关系R，如果对于任给的量x，都存在Rxx，则这个关系为自反关系（Reflective）。比如，认识关系就是自反的，因为一个人肯定认识自己。在数学中，子集关系是自反的，因为任何集合都是自己的子集。物理学中的联通关系和传导关系也都是自反关系。还有一些关系既有传递性，也有自反性，但是它们的自反性容易被忽视。比如，大于等于（ ≥ ）关系其实具有自反性，也就是说 x ≥ x 是成立的。但很多人只会注意到它的传递性，而忽略它的自反性。当然，单纯的大于（ > ）关系则不具有自反性。

有自反关系，当然也会存在反自反关系（ Irreflective ），即任给 x，可能存在 ~ Rxx。很多关系是反自反的，比如父子关系，因为自己不可能是自己的父亲。在法律上，继承的关系也是反自反的。

当然，绝大部分关系既不是自反关系，也不是反自反关系，它们都被称为非自反关系。

如果一种关系既是对称的，又是传递的，还是自反的，我们就说这是一种等价关系。一个等价关系中所包含的多种个体，我们常常称之为等价类。举个例子。一个电路中，各个联通的部分，其实就构成了一个等价类。假如一个地方有高压电，和它联通的任何地方都有高压电，碰了就有危险。再举一个例子。一群人中，同一天生日的人可以认为是一个等价类。如果小常和小梅同一天生日，小梅也一定和小常同一天生日；如果又知道小梅和小田同一天生日，那么小常也和小梅同一天生日。

在社会学的研究中，也经常会谈到等价类，但是它们的定义常常没有逻辑学中那么严格。比如同一个收入范围的人，同一种性别的人，同一个教育程度的人，都被认为是等价类。

理解了各种关系的分类之后，我们在思考问题和与人沟通时，需要有意识地把一些关系的细节和边界搞清楚。

比如，在设置一个公司的信息访问权限时，可以有各种方式。我们可以把一个人访问信息的权限，设置成只能访问自己和自己直接下属的信息，也可以设置成能够访问自己及自己各级下属的信息。前一种设置不具备传递性，后一种则具备。但不管是哪一种，它们都不具有对称性。也就是说，任何人（除了被授权的人）都不应该访问其上级的信息。当然，由于每个人都能访问自己的信息，因此信息访问的权限总是具有自反性的。

在进行绩效评估时，大部分企业只能上级评估下级，这时，评估关系就不具有对称性。但是，某些新型企业会允许下级评估上级，同时允许同级之间相互评估。你所评估的人也有资格评估你。这样的评估关系就有了对称性。当然，任何企业都允许做自我评估，因此评估也就具有了自反性。不过，评估关系通常不具有传递性，也就是说，我们不能隔着一个管理层级对其他人进行评估。

在公司财务管理方面，批准报销的权限就不能具有自反性，也就是说，一个人不能批准报销自己的花销。当然，在财务报销方面，更不能有对称性，即你批准我报销，我批准你报销，这就容易形成利益交换。一些管理不规范的单位里，两个不同的人，比如小常和小梅，会因为参与对方所负责的项目，具有相互批准财务报销的权力。小常能在自己负责的项目里批准小梅的花销，同时，小梅也能在自己的项目中批准小常报账。时间一长，必然会导致双方相互输送利益，引发贪腐。任何一个管理严格的单位，在公款报销时，批准报销的权限都不能有自反性和对称性，甚至不能有传递性，也就是越级批准报销。当一个单位批准报销的逻辑被设置好之后，做事的时候就要讲逻辑。

不妨来看一个例子。

**例 5-16**

小常是小梅的上司，小梅是小王的上司。他们要用公款招待客户，三人一起陪客户吃饭，最后该由谁来买单？

有人觉得谁买单都可以，或者项目是谁负责的，就由谁来买单。实际上，任何一个管理严格的单位，都会要求聚餐时由职级最高的人买单，在这个例子中就是小常来买单。为什么呢？假如小梅来买单，小常就能够签字报销这笔开销。以后小梅每次想花钱，就叫上小常，或者小常想聚餐，就叫上小梅。最后小梅买单，小常签字，就等于自己批准自己的花销。

在生活中，很多关系的性质也要搞清楚。比如"朋友"这个关系具有对称性，但"爱"这个关系就没有。小梅爱小常，小常却不一定爱小梅。世界上很多事情付出了会有回报，唯有爱这件事，付出可能都是白费力气。

至于传递性，不仅"爱"这种关系没有，就连朋友关系也未必有。比如，小常和小梅是朋友，小梅和小王是朋友。小常问小梅："能不能让你的朋友小王帮我一个忙？"这件事小梅可以开口，但是小王可以不帮忙，因为他和小常不是朋友。你可能听到过一些人这样抱怨朋友："我一直把小梅当朋友，谁知那次让她帮我的同学递一份简历，她都不愿意。"说这话的人显然不明白，朋友这种关系没有传递性。

## 🔍 本章小结

相比命题逻辑，谓词逻辑可以完成更复杂的推理。在谓词逻辑中，一个命题被分成了个体词、谓词和量词等句子成分。这样，就可以寻找和使用在谓词相同、个体词和量词不同的情况下逻辑的性质和规律。量词和否定词在谓词逻辑中扮演着非常重要的角色。当几个命题谓词和个体词相同，但量词和否定词不同时，它们在逻辑上会有很大的不同。

根据谓词中涉及的个体词数量的不同，谓词逻辑又可以分为一阶谓词逻辑（又称为狭义谓词逻辑）和高阶谓词逻辑。在高阶谓词中，二阶谓词最为常用，我们日常语言中的大部分逻辑都是二阶谓词的逻辑。

# 第六章

# 演绎在生活中的应用

　　前文介绍了基本的逻辑学知识，特别是演绎推理的原理。你可能会有一个疑问，学习这些原理，平时有什么用？我在本书的一开始就提到，使用逻辑可以增强自己的判断力，让我们成为一个头脑清醒的明白人。这一章，我们就从一些常见的逻辑谬误入手，扫除那些生活中常见的陷阱，总结一些使用逻辑的注意事项。

# 6.1 常见的形式谬误：上了补习班，就一定能考好吗

很多人在生活中都会经常犯一些逻辑谬误，包括我自己。这些谬误大多是在不知不觉中犯下的，对此不用有过多心理负担。不过，了解了逻辑谬误的存在及其原因，我们不仅能少犯错误，少踩坑，而且能识别对方故意给我们设下的逻辑陷阱。

通常，为了清晰起见，我们把谬误分为形式谬误和非形式谬误两种。所谓形式谬误，就是论证的过程违反了某些逻辑学的原理。它们通常有固定的模式，可以找出每一个谬误具体违背了哪一个逻辑学原理。而非形式谬误，就是指那些论证过程以外的谬误，可能是前提有错，可能是对自然语言的理解有偏差，也可能是受到了主观因素的干扰等，最后造成了错误。非形式谬误虽然不能一一对应于具体的逻辑学原理，但也可以被总结为常见的几种。这一节我们主要看形式谬误。

### 肯定后件的谬误

前文在介绍三段论时讲过，从 P→Q 和 P 能够推导出 Q，但是从 P→Q 和 Q 不能推导出 P。比如，命题 P 是"外面在下雨"，命题 Q 是"裸露的地面会湿"，那么仅从"如果外面在下雨，则

地面会湿"这个蕴涵关系，以及"外面地面是湿的"这个小前提，并不能得出结论"外面在下雨"。地面湿可能是由于有人往地面浇水，或者其他原因。这个道理，稍微一想就能明白。但是，很多人在生活中遇到真实的场景就会犯糊涂。来看两个例子。

**例 6-1**

小常和小梅在谈恋爱，他们可以通过手机定位找到对方。如果小常在家，他的手机定位就会显示在家里。这一天，小梅看到小常的手机定位在家里，就确定小常在家。

这个论证乍一听好像有道理：如果小常不在家，手机定位怎么会显示在家里呢？但是，如果把它翻译成逻辑公式，就是 $P \to Q$ 和 $Q$ 能够推导出 $P$。这显然是无效论证。小常的手机在家，有可能是他忘了带，或者是他不想让小梅知道自己在哪里，故意把手机扔在家里出门了。谍战片里经常会有这样的场景：特务在某个情报人员家的对面监视，看到晚上灯亮着，透过窗帘还有人影晃动，就觉得情报人员在家。这其实也是犯了肯定后件的逻辑谬误。被监视的人家里灯亮着，甚至有人影晃动，都不意味着被监视的人在家。类似地，如果有人用目击证人证明自己家亮着灯，说明自己在案发时间没有离开家，也是不成立的。

再来看第二个例子。

例6-2

疫情会导致生意萧条，现在店面的生意萧条，是由疫情造成的。

这也是一个典型的肯定后件的谬误。疫情确实会造成部分行业生意萧条，但是其他因素也可以造成同样的结果。比如，整体经济下行，或者人们改变了消费习惯，都可能导致店铺生意不好。

不能仅仅因为结果出现，就倒推特定原因一定出现。

## 否定前件的谬误

在三段论中，可以通过肯定前提（前件）得出肯定的结论（后件），但是否定前提，并不能得出否定的结论。也就是说，如果P→Q和～P成立，不能得出～Q也成立。我们同样用生活中的例子来说明。

例6-3

小梅对小常说："如果你买生日礼物给我，就说明你爱我；这次你没有买生日礼物给我，说明你不爱我。"

这句话对于恋爱中的人来说应该不陌生，很多人觉得："没有错啊！连生日礼物都不给我买，肯定是不爱我啊！"或许这个结论未必一点道理都没有，但论证的过程确实是错误的。

如果我们把它翻译成逻辑公式，就是由 P → Q 和 ~ P 能够推导出 ~ Q。这实际上就是否定前件的谬误。其实，这几句话只要稍加修改，便在逻辑上无懈可击了："如果你不给我买生日礼物，说明你不爱我；这次你没有买生日礼物给我，说明你不爱我。"

我们再来看一个例子。

例 6-4

　　小常向小梅抱怨："如果我有一千万元，我就可以在北京买房子。现在我没有一千万元，所以我在北京买不起房子。"

这句话乍一听也很有道理，很多人平时也是这样吐槽的，但它同样犯了否定前件的错误。事实上，北京很多房子的价格都不到一千万元，而且还可以贷款。如果你有三五百万元，甚至更少，只要想买，你可以在北京买房子。

否定前件的谬误本质在于，很多不同的前提都可能导致同一个结果，所以否定一个前提，并不意味着结果也不出现了。这其实正是很多人难以从失败中总结经验教训的原因。他们会觉得自己没做成某件事就是某个原因导致的，那个原因消除了，下次事情就能做成。但下次，他们可能会由于其他的原因失败。

### 不相关的主动关联

在例 6-4 中，除了否定前件的谬误，其实还有一个逻辑谬误，就是不相关的主动关联。

理性思考一下，我们就能知道，"有一千万元"和"在北京买得起房子"之间其实没有因果关系。有了一千万元，如果要开公司，或者有别的用途，照样买不起房子。没有一千万元，通过贷款等其他途径，也买得起房子。因此，例6-4是把两件有联系，但是没有因果关系的事情硬扯上了因果关系。

我们再来看一个类似的例子。

**例6-5**

有的家长认为，自己家孩子因为没有参加补习班，所以没有考进班里前三名。因此，需要送孩子去补习班，这样他就可以争取考进前三名。

大部分"鸡娃"的父母可能都有这样的想法，但是这个逻辑显然是错误的。首先，它犯了否定前件的谬误，也就是"没有参加补习班导致没有考进前三名"，不等于"上了补习班就能考进前三名"。当然，更大的谬误在于，它将并没有逻辑关系的两件事主动关联了起来。

我们知道，如果一个班上有50名同学，那么一定有47人考不进前三名，不论他们是否上补习班。至于上了补习班是否对提高成绩有帮助，这也要两说。根据我的日常观察，一多半中小学生上补习班是在浪费时间。如果补习班内容讲得稍微深一点，其实中小学生是理解不了的；如果讲得浅了，学生也不会有收获。只有当补习班老师所讲的内容恰好是学生的薄弱环节，而且这个环节又非常重要时，上补习班才有用。但是这种老师和学生完美匹配的情况并不多见。

在现实中，很多人在不讲道理时，经常会把不相关的两件事主动关联起来。民国时的学者辜鸿铭娶了四房妻妾，大家都笑话他说，接受过西方近代教育的人还有这种腐朽思想。辜鸿铭辩解，一个茶壶能配四个茶杯，因此一个男人可以娶四个老婆。这就是典型的不相关逻辑谬误。茶壶配茶杯和男人娶女人没有关联，从一个茶壶该配多少个茶杯，推导不出一个男人该娶多少个女人。有人可能会说，我们在文学创作时经常用比喻，比如《诗经》中用"手如柔荑，肤如凝脂"来形容庄姜之美。比喻之物和被比喻的对象之间要有共同点，手和柔荑（初生的茅芽）都有白嫩纤长的特点，少女的皮肤和油脂都有光滑细腻的特点。但是茶壶和男人、茶杯和女人没有可比性。

把没有关联的两件事联系起来，用没有可比性的比喻来说理，是没有说服力的。在日常的辩论或谈判中，有人会故意使用这种逻辑谬误来转移话题或者分散注意力。实际上，他们并不打算正面回应你的问题。遇到这种情况，你的思路可一定别被带跑了，要把讨论的方向引回主话题上。

## 连接词否定的谬误

顾名思义，这种逻辑谬误，容易出现在带有连接词的逻辑关系中。

我们知道，从 $P \wedge Q$ 为真，能够推导出 P 成立，并且 Q 成立。但是，从 ~（P∧Q）为真，能够推导出 ~P∧~Q 为真这个结论吗？根据德摩根律，~（P∧Q）等值于 ~P∨~Q，而不是 ~P∧~Q。所以，当命题中的否定词在连接词之外时，不能简单地将连接词和否定词结合在一起。

我们来看两个例子。

例 6-6

　　常有理是你的老板。他给你安排了大量工作，还要求你高质量完成。这时你对他说："我没办法既做这么多工作又能保证质量。"结果常有理一听就生气了，说："你怎么能不完成工作，还不保证质量？"

常有理犯的就是连接词否定谬误。你的原意是你不能同时兼顾数量和质量，而他故意歪曲成你两件事都做不好。

例 6-7

　　常有理去食品店买东西，他太太叮嘱他买虾和鱼，结果常有理忘了买鱼，回去以后就受到太太的抱怨。第二次去食品店时，常有理想到上次忘了买鱼，于是特意把鱼买了，结果又把虾忘了。回去以后，他又受到了太太的数落。太太说："你怎么这么健忘？叫你买什么都记不住。"

常有理太太的逻辑也有谬误，因为常有理不是什么都记不住，而是买虾和买鱼没有同时记住。

想避免连接词否定的谬误，就不要把对一个整体命题的否定，简单地分解为对各组成部分的否定。

### 全称量词换值不换位的谬误

这一谬误出现在条件命题 P→Q 当中。"换值"指的是把这个条件命题由肯定变成否定，或者由否定变成肯定。"换位"指的是把命题中的前提 P 和结论 Q 交换位置。我们在前面讲过，原命题和逆否命题之间是等价的。也就是说，如果把一个条件命题由肯定变成否定，或者由否定变成肯定，需要将前提和结论对调，才能得到和原命题意思一样的新命题。全称量词换值不换位的谬误就是没有进行这种对调。

我们来看一个例子。

**例 6-8**

　　老师经常告诉同学们，要取得好成绩，就必须努力学习。因此，班上所有成绩不好的同学，肯定都没有努力学习。

这番话乍一听很有道理，而且很多老师在课堂上就是这么说的，但它真的有道理吗？我们可以把这个命题翻译成逻辑公式，用 Px 表示一个学生 x 的成绩好，Qx 表示努力学习了，那么老师所讲的这番话，就是由"要取得好成绩就必须努力学习"——$\forall x$（$Px \rightarrow Qx$），推导出"成绩不好，就是不努力学习"——$\forall x$（$\sim Px \rightarrow \sim Qx$）。

如果逻辑公式中没有量词，前文讲过，根据原命题和逆否命题之间的关系，$Px \rightarrow Qx$ 能够推导出 $\sim Qx \rightarrow \sim Px$，而不是 $\sim Px \rightarrow \sim Qx$。加入量词后，容易把人搞糊涂。其实，加入全称量词，情况和不加量词是一样的，从 $\forall x$（$Px \rightarrow Qx$）出发，是得不到 $\forall x$（$\sim Px \rightarrow \sim Qx$）这个结论的。比如，有些同学可能学习很努力，但是由于没有找对方法，就是无法取得好成绩。

在使用了全称量词的蕴涵关系中，如果要将原来表示肯定含义的谓词改为否定的，结论和前提要换位才行。也就是说，从 $\forall x$（$Px \rightarrow Qx$）出发，可以得出 $\forall x$（$\sim Qx \rightarrow \sim Px$）。如果老师说"要取得好成绩必须努力学习，因此，如果不努力学习就无法取得好成绩"，这就符合逻辑了。

### 否定命题不换量词的谬误

否定命题不换量词的谬误在生活中很常见，甚至连我自己都经常不自觉地会犯。来看一个例子。

> **例6-9**
> 　　年底单位加班很多，一名员工抱怨道："这个月总是在加班。"老板听到之后说："有好几天是正常下班的嘛。"

日常生活中，如果有人抱怨自己总是在加班，其实大部分情况下是指绝大部分时间在加班，而不是每一天都在加班。那么，老板的反驳有道理吗？我们还是把他们说的话转换为逻辑公式来分析一下。

我们用 $Px$ 表示 $x$ 天能正常下班，那么加班则是 $\sim Px$。前文讲过，存在量词的范围其实很广，当我们说的是大部分情况时，就要用存在量词。因此，员工说"这个月总是在加班"，写成逻辑公式就是 $\exists x \sim Px$。老板反驳说，"有好几天是正常下班的"，老板的意思就是，在这个月，存在一些天，员工能正常下班，写成逻辑公式就是 $\exists x Px$，它和 $\exists x \sim Px$ 似乎是对立的。其中是否有问题呢？

前文介绍谓词逻辑时讲过，要否定一个带有量词的命题，需要先改变这个命题中原本的量词，比如把全称量词改成存在量词；或者反过来，把存在量词改成全称量词，然后再否定它的结论。也就是说，$\exists x \sim Px$ 的否定不是 $\exists x Px$，而是 $\forall x Px$。因此，老板要想反驳员工的说法，需要证明员工每天都正常下班了，而不是找出能正常下班的几天。

这个逻辑谬误不难理解，但是很多人却经常犯。我过去帮学生或下属修改他们写的论文或报告时，常常看了两三页，就发现有很多错误和表述不清楚的地方。我会用红笔标注，或者直接改掉。由于问题比较多，我觉得没必要浪费时间再看下去，就把他们写的文稿退回去了，同时让他们仔细修改，确认每一个细节都是准确的再交上来。而且我还特别强调，我只是看了几页，就发现很多问题，没读过的地方肯定也有问题。结果呢？交回来的文稿，除了我标注出来的地方，其他地方都没改。他们处理我的意见的做法，和那位老板回应员工问题的做法就非常相似——既然存在错误，那把存在的错误改了就好，至于没有看到的错误，就当不存在了。

不管是在学生时代，还是在职场中，会犯这种错误的人其实并不少见。

我们可以认为这是能力问题，其实能力问题的背后隐藏着逻辑思维水平不足的问题。任何人在任何时刻都应该提醒自己，发现存在一个问题，就可能存在其他很多问题。因此，想杜绝存在的问题，就要把所有可能的问题都检查一遍，不是发现一个问题就以为事情解决了。

# 6.2　传统的非形式谬误：如何避免感情用事

上一节介绍的逻辑谬误都属于形式谬误，能从逻辑公式上找出问题所在。如果把推理过程写成逻辑公式，我们就能发现它们是无效论证。然而，日常生活中，很多逻辑谬误都不属于形式谬误。它们涉及论证的内容、语境、两件事的对比、主观情感等，错误的形式千差万别，而且不能通过逻辑公式找到问题。我们称这些谬误为非形式谬误。这一节介绍一些传统的非形式谬误。

### 假两难谬误

假两难谬误就是简单二元思维。这种谬误有点像我们在生活中常说的"二极管"，非对即错，非此即彼。

我在《硅谷之谜》[①]一书中提到，信息时代，企业追求的目标不是做大做强，成为百年老店，而是不断赶上下一次技术进步的大潮。有些人反问："不做大做强，难道还要做小做弱吗？不追求百年老店，难道一年就要关门吗？"

这就是典型的简单二元思维。不追求做大做强并不一定就是做小做弱，也可能是小而精、小而强、小而美。今天世界上市值最大的六家公司中，除了沙特阿拉伯的国家石油公司（Aramco）和美国的亚马逊之外，剩下的四家——苹果、微软、谷歌和英伟达，人员规模在同类企业中都算小的，但它们的人均产值非常高。而且这几家公司的产品线也非常窄，每家公司的主要产品一个巴掌就能数过来。这就是小而精、小而强。

另外，从时间的维度来看，不追求百年老店，也不意味着一年就要关门。每个企业都有自己的生命周期，有它存在的价值和意义。当这个价值和意义不复存在时，延长它的寿命其实是在浪费社会资源。美国市值最大、最重要的500家公司，现在的平均寿命是18年，既不是百年老店，也没有一年就关门。相比之下，日本企业平均寿命要长得多，但是其中很多是僵尸企业，只是为了存在而存在，竞争力非常弱。

---

① 吴军：《硅谷之谜》，人民邮电出版社2015年版。

习惯简单二元思维的人，不仅脑子里只有非黑即白的逻辑，而且往往只看到了事物诸多方面中截然相反的两个方面，忽视了其他可能性，也忽视了黑白之间的灰度。最典型的错误就是把不需要对立的问题对立起来。比如，你可能听过类似的说法："这件事你如果不支持我，以后就再也不要来找我了。"这就是把原本不需要对立的事情对立起来了。而且这样的表述容易让人陷入情绪，让讨论内容脱离"讲理"的范畴。

有一句话叫"升米恩，斗米仇"，讲的是很多人对一时的小恩小惠感激不尽，对长期的好处却视而不见，甚至遇到一点不如意就马上翻脸。这很有可能是因为他们认知水平太低，缺乏基本的逻辑思考能力。

## 诉诸暴力的谬误

诉诸暴力的谬误不是用武力使人屈服，而是指对待逻辑关系时非常粗暴，把两件无关的事情强行扯到一起。比如，我们经常会听到家长训斥孩子"如果你不好好学习，将来就得去要饭"；或者老板威胁下属"如果你不按照我的意愿做某件事，我就给你写差评，扣你的奖金"。

这一谬误的典型特点是把无关的 X 和 Y 联系到一起，说"如果你不同意 X，Y 就会发生"。被威胁的人常常会认为，如果不想让 Y 发生，就要同意 X。事实上，X 和 Y 原本没有联系，Y 之所以可能发生，是因为对方靠暴力实行了威胁，它不是 X 的必然结果。影视剧中经常能看到这样的例子。一个间谍拉某个掌握情报的人下水后，对他说："如果你不答应继续为我偷情报，我就把你过去做的事情曝光。"对方往往会答应，于是就被拿捏住了。

在现实生活中，很多歹徒就是通过这种方式进行敲诈勒索的。他们会拿你做过的丑事来威胁你。如果真遇到这种情况，唯一正确的做法就是拒绝被他们勒索，不要让损失继续扩大。有人可能会担心：如果我不答应给钱，这些丑事岂不就会被别人发现？其实，一个人如果做了丑事，而且被别有用心的人抓住了把柄，这本身就已经是沉没成本了，无法挽回。不如面对现实，为自己做的错事付出该付的代价，避免重蹈覆辙。

不过，值得注意的是，只有条件和结论不相干时，这样的推理才存在诉诸暴力的谬误。有些话虽然我们不喜欢，却是事实。比如，老师对学生说："如果你不参加考试，你就会不及格，这门课就得重修。"这不是诉诸暴力的谬误，因为不参加考试一定会得到不及格的结果。类似地，如果单位里有规章制度，两次考核不及格就会被开除，这时老板找你谈话说："你需要努力了，如果这次你再完不成任务，你就会被开除。"这也不是诉诸暴力的谬误。

### 诉诸怜悯的谬误

如果说诉诸暴力的谬误是"用威胁"，那么诉诸怜悯的谬误就是"装可怜"。比如，一个学生对老师说："求求你让我及格，否则我就无法毕业。"这种说法就是诉诸怜悯的谬误。判断学生是否及格，不是他能否毕业，而是他是否学得足够好，达到了要求。这种事情好像经常在我们身边发生，只不过对话的对象可能是下属和上级、孩子和家长，或者商业合作中的乙方和甲方。

今天有一些人坑害朋友和合作伙伴，采用违规甚至违法的方式做事，比如制造、贩卖假货，骗朋友的钱，在单位里窃取他人的劳动成果，等等。一旦被发现，他们就会为自己辩解说："我出身贫寒，想过上好日子，难道有错吗？"这种说法就犯了诉诸怜悯的谬误。能不能过好日子，是看他对社会的贡献是否足够多，如果足够多，他获得的回报就足够多，足够他过好日子。想拥有一件好的、别人没有的东西，就需要达到拥有它的条件，而不是装可怜。

诉诸怜悯的谬误还有一个衍生谬误，就是诉诸情感的谬误。很多人觉得，自己可以不讲理，靠感情打动对方。遇到一个糊涂的人，这种做法或许能一时得逞，但是在当今这种人们普遍讲理的社会，这种做法会处处碰壁。

### 诉诸人身攻击的谬误

诉诸人身攻击的谬误也被称为"井里投毒"，就是当别人在井里的时候，你往里投毒把对方毒死，不让对方开口。如果你在生活中听到有人说"小常就是一骗子，他的话都不能听"，或者"小梅又不是学生物的，她懂什么转基因"，这时小常或小梅无论说什么，你都会觉得他们的话不可信。借着和当前谈话主题无关的个人特点，比如人格、地位或学历，来驳斥对方或支持己方的论证方法，就是诉诸人身攻击的谬误。

除了这种情况，诉诸人身攻击还有一种极端的情况，就是堵住对方的嘴，不让对方讲话。在生活中，这样的场景经常发生。比如，两个人辩论，一方没完没了地说，不让对方插嘴。这样一来，没完没了的一方当然赢了，但是这种"赢"并非因为他有道理，而是一种霸凌行为，因此无法让大家信服。

我们看新闻会发现，但凡有公开政治斗争的地方，就会有人通过诉诸人身攻击来堵对方的嘴。即使是学富五车的人，或者自认为体面的人，也不能避免。比如，一些美国大学教授谈到特朗普时，张口先说他是骗子，然后再谈论他做的事情，这就是诉诸人身攻击。其实，如果你想评价某个人，就事论事就好，不需要贬低他也能把事实讲清楚。如果一上来就诉诸人身攻击，反而让人感觉不客观。为了避免犯诉诸人身攻击的谬误，我们在反对某个人的看法和言论时，一定要记住给对方留说话的机会。

另外，因人废言其实也是诉诸人身攻击的谬误。也就是说，我们不能通过否定一个人来否定他的话。一方面，我们要避免他人对我们进行人身攻击；另一方面，我们也要提醒自己做到对事不对人，就事论事。

### 诉诸大众的谬误

简单来说，诉诸大众的这一谬误就是认为谁的呼声高，谁就正确。这在今天的网络环境中特别常见。很多人在网络上争辩时，不是看谁有道理，而是看谁拉来的支持者多，仿佛支持者多就是有道理。

一个观点是否有道理，要看前提假设是否合理，论证是否符合逻辑，结论是否经得起检验，而不是看说的时候嗓门大不大。类似地，我们在互联网上可能会看到一些纠纷，特别是法律纠纷，原本应该按照规矩来，按照法律来，但是很多人会觉得，通过造势形成舆论，就可以影响结果。这些人认为，大家都觉得该这么判，就要这么判。这种诉诸大众的谬误一旦蔓延到司法领域，是很危险的。

除了这种根据呼声来判断对错的情况，诉诸大众的谬误还有两种常见的衍生谬误。

第一种是假托大众的想法。比如，有人会说："常言道，好铁不打钉，好男不当兵。"他觉得加了一句"常言道"，就能表示大多数人的看法，其实这句话只是一种偏见。又比如，很多人在做虚假宣传时爱说"众所周知"，就是在误导听众，让人们觉得这些内容得到了绝大多数人的认可。

第二种衍生的谬误，是用针对一般性要求的做法，去满足特殊性的需求。比如，你去买车的时候，销售可能会跟你说："你买这款汽车吧，它的销量最高。"实际上，销量最高的车未必符合你的需求。又比如，现在很多人喜欢跟风在直播间买网红产品，其实自己未必需要。还有人在报考大学时，不去了解学校的具体情况，也不考虑自己的情况，就简单地按照大学排名来，这也是诉诸大众的谬误。大学排名是大众的综合性看法，并不能反映大学各个维度的特点。排名高的大学并不一定就适合自己。

### 诉诸权威的谬误

诉诸大众的谬误是认为多数人总是对的，类似地，很多人会觉得权威总是对的，这就是诉诸权威的谬误。

很多人在讲道理时爱引用名人名言，仿佛名人讲的都是对的。其实很多名人在讲话时是有上下文的，针对的是一个特殊的语境。比如，有人喜欢说"没有永恒的朋友，也没有永恒的敌人，只有永恒的利益"，他们用这句话为自己不讲道义、唯利是图辩护。其实这句话源自英国著名政治家、前首相巴麦尊在议会的一次讲话。巴麦尊那次讲话的目的是希望大家恪守自己的职责，为国家谋求利益，而不是鼓励大家背信弃义。原文是这样的：We have no eternal allies, and we have no perpetual enemies. Our interests are eternal and perpetual, and those interests are our duty to follow. 翻译过来是："我们没有永远的盟友，也没有永远的敌人。我们的利益是永恒不变的。我们这些人的职责就是为英国谋求这些利益。"你看，这原本希望大家恪尽职守、为国家谋求利益的讲话，却被曲解成了背信弃义、唯利是图的通行证。名言的优点在于精辟，具有感染力，容易被大众接受，但是否能成为论证过程中的证据，还要看它是否符合论证时的语境，以及原文中上下文的逻辑。

诉诸权威的谬误更常见的一种情况是，在生活中，很多人懒得搞清楚事情的原委，觉得直接相信专家的意见就好。其实，专家意见并不是得出正确结论的充分条件。比如在学术界，大家就特别强调科学知识需要通过证据和实验来获得，而不是通过某位权威的认证。在科学领域，权威之所以成为权威，是因为他们在过去给出过正确的结论，关于已经被证实的知识，他们的话通常比缺乏知识的人更准确。但是，科学本身是通过合理的质疑发展起来的。因此，在未知的科学领域，权威并不比其他人地位更高。天文学家卡尔·萨根曾经这样描述权威和正确结论之间的关系："科学的一大戒律是'不因为结论来自权威就相信它'，因为太多这样的结论后来被证明是错误的。权威必须像其他人一样证明他们的论点。"

道理都懂了，但是诉诸权威的谬误其实很难被消除。人们犯其他逻辑谬误，很可能是因为对逻辑学不了解，但是，犯诉诸权威的谬误却和心理认知有关。

人类个体在进化的过程中，以及整个人类社会在发展的过程中，都倾向于相信权威个体或权威团体的想法。各种实验表明，尽管被试者通常能够清楚地发现答案不正确，但如果这个答案来自地位高的人，不少被试者依然会接受那些明显错误的结论。这种现象被称为阿施效应（Asch Effect）。

和诉诸权威的谬误相关联的，是诉诸不当权威的谬误。什么叫"不当权威"呢？当一个人的主张超出他的专业范畴时，他的意见就不具有权威性了。美国硅谷出现过一个著名骗局，就是利用了这种逻辑谬误。当时，硅谷有一个叫伊丽莎白·福尔摩斯的人，声称自己发明了一种可以用一滴血化验疾病的方法，可以大大降低医疗成本。这个听上去很离谱的发明居然得到了很多名人的背书，比如著名政治家基辛格。在多方造势下，福尔摩斯获得了很多融资。当然，这个骗局很快就败露了。这时大家才意识到，她找来支持自己的人，都是医学领域之外的名人。这就是诉诸不当权威的谬误。

其实，一旦犯了诉诸权威的谬误，不论权威是真是假，危害都是很大的，有些人会一辈子陷入这种谬误。当很多人同时陷入这个谬误时，就会导致群盲的现象出现。想克服诉诸权威的谬误，最重要的是尊重事实，及时更新自己的常识，并且依照逻辑推理进行判断。

## 片面辩护谬误

片面辩护谬误比较简单，却又不容易被发现。环顾一下身边，你会发现几乎每天都有人在犯这个错误。

来看这个场景：一个人表示赞同一些普遍性的原则，但是紧接着又为一些特例开脱，而且不提供任何符合逻辑的理由。比如，老板说："我们会尊重每一位员工的意见，但是批评公司的人除外"，或者"公司从来是善待每一名员工的，但是今天我们必须开除某某"。这其实就是片面辩护谬误。

虽然逻辑学家们把这种谬误归类为非形式谬误，但它依然可以用逻辑公式来说明。所谓普遍性原则，通常就是"P 则 Q"

这样的推理。在上文的例子中，可以用Px表示"x是这个公司的一名员工"，用Qx表示"x的意见被尊重了"。那么老板说"我们尊重每一位员工的意见"，写成逻辑公式就是任给x，Px则Qx，$\forall x$（Px→Qx）。而片面辩护谬误的逻辑是这样的：任给x，Px并且非Rx，则Qx，$\forall x$（（Px∧Rx）→Qx）。

这里的Rx就是说话人自己加的条件，它可以是一个箩筐，什么菜都往里装。当每个人都在强调违反通用原则的特殊性时，通用原则其实就形同虚设了。

### 转移焦点的谬误

转移焦点的谬误也被称为红鲱鱼谬误。这个名字很有意思，红鲱鱼和转移焦点之间有什么关系呢？红鲱鱼是北欧人非常喜欢的食品，这种鱼的特点是一旦腐烂就特别臭，因此一般都被做成罐头。据说过去罪犯会故意在现场和逃跑的路上丢一些红鲱鱼，这样就可以利用它们的味道模糊掉一些线索，转移焦点，让猎犬无法追踪。

我们在现实生活中经常遇到转移焦点的谬误，但是如果没有逻辑学的知识，其实很难辨认出来。

来看两个例子。

> 例6–10
> 　　你对小常说："你这件事做得不对。"
> 　　小常辩解道："你上次也犯了错误。"

例6-11

警察拦下小梅："你的车开得太快了，超速了。"

小梅辩解道："其他人也在超速。"

这些都是典型的转移焦点谬误。

在例6-10中，要讨论的是小常做的事情对不对，不是其他人之前做的事情对不对，小常指出别人之前的错误就是转移话题。小常错了就是错了，其他人的错误不构成他犯错的理由。在例6-11中，警察抓的是超速的小梅，无须讨论其他人是否超速。只要小梅超了速，不论其他人是否超速，她都要受到处罚。有人可能会认为，这样做没有同理心，但同理心不等于把两件事混为一谈。问题要一个个地解决，既然现在有一个问题，那就先把它解决掉。至于是否有类似的问题，不应该影响当前问题的解决。

这些转移焦点的例子比较明显，有些人转移焦点则会比较隐蔽，但他们的目的依然是让当前话题被忽略。比如，儿子对父亲说："哎，我现在这点薪水，真的很难在北京生活。"父亲回答："知足吧，我在你这个年纪，一个月才挣400块钱。"在这个对话中，父亲就转移了话题。儿子原本是在讨论自己在北京难以生活，父亲则说过去工资更低。过去的工资高还是低，都解决不了当下儿子生活的问题。

转移焦点的谬误都遵循这样的定势：A提出X，B故意提出Y代替X，让Y成为讨论的焦点，X就被忽略了。面对这种情况，我们需要指出焦点的转移，并且把话题拉回来，讨论原本的问题。

## 6.3 互联网时代的非形式谬误：如何辨别爆炸的信息

今天，大部分人主要靠互联网获得信息。这种方式有很多便捷之处，但与此同时，互联网上也充斥着大量低质、虚假的信息。比如，为了提高点击量，很多信息会写上耸人听闻的标题；再比如，为了获得热度，有的自媒体会故意歪曲事实，挑起争吵。在这样的环境里，读者想获得可信的内容，不掉进刻意设下的逻辑陷阱，并不是一件容易的事。本节介绍一些在互联网信息中常见的非形式谬误，可以帮助我们在面对爆炸的信息时保持清醒。

### 刻意曲解对方论点的谬误

这一谬误也被称为稻草人谬误。稻草人不是真人，但是和人的外形很像，能够让想飞进稻田的鸟儿误以为是人类。稻草人谬误就是捏造一个和原来的观点非常相似却不合理的观点，也就是"稻草人"，误导大家认为这个"稻草人"论点就是原来的观点。比如，有人会通过过度简化别人的论点，或者刻意扭曲对方的含义，把歪曲之后的观点硬安到对方头上，然后批评或贬低对方。这种现象在互联网上非常普遍。

不只是在今天的互联网，19世纪末20世纪初大众传媒兴起之后，这种谬误就已经开始盛行了。有一个很有名的例子。当时，在西方的报纸上，经常有人鼓吹社会达尔文主义，认为社会中的竞争和不平等是自然的、必要的，是进化的必要步骤。他们宣扬，达尔文的进化论包含了种族主义思想，证据就是，在《物种起源》一书中，达尔文假定某些物种比其他物种更适合环境，不适合环境的物种将被自然淘汰。其实，达尔文并没有说人类的哪个民族比其他民族进化得更好，更适合环境。这些人是对达尔文的观点做了想当然的引申，并宣扬那也是达尔文的观点。这就是一种典型的稻草人谬误。

稻草人谬误的另一个特点是故意曲解对方文字的含义。清朝的文字狱就是一个典型的例子。在历史上，但凡鼓励告密，就会有人故意曲解对方文字中的含义，因为告密这种行为不需要告密者出来当面对质，不用承担犯错误的代价，所以就会有人为了私利去诬陷他人。

即使不生活在鼓励告密的社会，在生活中，我们也会遇到刻意曲解我们论点的人。比如，小常认为国家应该加大教育投入，小梅就会抬杠说："教育上花钱多了，就要削减国防经费，敌人就有可乘之机，想不到你这么不爱国。"其实加大教育投入并不必然导致削减国防经费，而且削减国防经费和爱国不爱国也没有关系，小梅的说法在逻辑上就是稻草人谬误。发现别人曲解了你的意思时，你一定要第一时间澄清自己的真实想法。同样，在互联网上看到对某件事情的报道时，最好多比较几家新闻媒体的报道，看看大家对同一件事情的评价是否有区别，区别在什么地方，是不是出现了歪曲。

## 从结果推原因的谬误

　　这一谬误和前文提到的肯定后件谬误有一定相似之处。从结果推原因是直接从一起事件的发生，推断它为另一起事件的必然原因；而肯定后件则发生在条件语句中，强调在逻辑结构上通过肯定结论来确定原因。

　　很多人喜欢看成功学相关书籍，模仿成功人士的做事方式，但几乎没有人能够复制那些人的成功，很重要的一个原因就是那些经验都是事后总结的，从结果倒推出的原因不一定是真实的。一个人获得成功有很多必要条件，列举出几个能拿到台面上分享的很容易，但很多关键的信息成功人士常常不会讲出来。更何况，过去的成功经验，换了场景之后未必还管用。

　　从结果推原因的谬误通常为这样的模式：事件 X 发生了，事件 Y 也发生了，因此 X 就是 Y 发生的理由。但是，一件事发生在另一件事之前，并不能说明前者是后者的原因。比如，小常喜欢玩网络游戏，后来他偷了同学的钱去充游戏卡。根据他的经历，有人就会得出结论：玩网络游戏会让人犯罪。这个说法看似有道理，但玩游戏和偷钱实际上没有因果关系，玩游戏不能成为偷钱的原因。

　　又比如，在很多电视节目中，编导会讲述这一类故事：某个青年因为小时候原生家庭破裂，后来成了罪犯。节目得出的结论是：这个年轻人走上犯罪道路，社会要负很大的责任。这就属于从结果推原因。小时候原生家庭破裂的人非常多，绝大多数人都不会成为罪犯。相反，小时候的苦难反而成了一些成功人士的动力。一个人的成长最关键的因素是自己，社会的责任其实并不大。

了解了从结果推原因的谬误，再去审视一下媒体上的各种信息，你会发现，如果从结果出发去找原因，找到的往往不是原因。比如，某段时期股票下跌，有人就说是之前加息的结果。实际上，股市的涨跌有很大随机性，某一起特定事件无法决定股票价格。虽然加息通常是为了防止经济过热，抑制通货膨胀，可能在短期内造成一些股票的下跌，但是加息和股票下跌之间没有因果关系。很多时候，加息代表了对经济发展看好，反而会刺激大家买股票，推高股市。从结果随意寻找没有根据的原因是有危害的，一旦相信了那些不是原因的原因，下一次遇到类似的情况就会做出错误的判断。

### 循环论证的谬误

除了从结果推原因，关于因果关系还容易出现一种逻辑谬误——循环论证。什么叫"循环"呢？就是从原因推导出结果，然后这个结果又被用作证明原因的"原因"。来看一个例子。

很多人认为德国生产的轿车质量好，因为德国人做事严谨。这似乎没有什么问题，不过如果你继续问："有什么证据表明德国人做事严谨呢？"他们会说："你看德国的那些产品，从汽车到机械设备，从照相机到刀具，无不体现出高品质。由此可见，他们是做事严谨的人。"这就是典型的循环论证。为了证明德国产品的品质高，要用到德国人严谨作为原因，而为了证明德国人严谨，又用到了德国产品品质高作为原因。

在生活中，循环论证的谬误随处可见。有时孩子们之间发生纠纷，一些家长袒护自己的孩子，会说："肯定不是我家小明先动手打人的，因为小明是一个非常好的孩子，他从来没有先动手打过人。"这其实就是循环论证。要驳斥这样的家长，最简单的说法就是："你家小明已经先动手打人了，根据你自己的逻辑，他已经算不上好孩子了。"

今天在互联网上，我们看到任何新闻都要了解一下出处。这种防范意识很重要，因为很多大媒体的内容都转自自媒体，而很多自媒体的新闻都没有准确的出处。如果 A 媒体引用 B 媒体的报道，B 媒体又说是听 A 媒体报道的，这就形成了信息验证上的"循环"，最后根本没法验证信息来源的真假。另外，如果涉及国际新闻，可以看看相应国家自己的媒体是如何报道的，一般来说信息来源会更清晰。同时，在对比中，也可以检查对同一件事的报道有没有出现刻意曲解对方论点的谬误。

### 乞题论证的谬误

乞题论证是循环论证的一种特殊形式，意思是说，世界上绝大部分道理并不是不证自明的，但是有人直接拿它们来证明其他结论。也就是说，预设一个并没有被证明的论证原点，然后从这个原点出发得出一堆结论。这种自设论证原点的做法就被称为乞题。来看这样一个例子。

在西方，总有一些人过分强调罪犯的人权，最后的结果是让罪犯生活得比辛苦工作的人还好。这些人的理由是这样的："罪犯是弱势群体，因为大众会歧视他们，被歧视的人就是弱势群体，需要受到特别的照顾。"这个结论中就自创了一个并没有被证明的前提，也就是大众会歧视罪犯。

这种例子并不少见。在国内，有些老人明明腿脚灵便，但上了公交车，见年轻人没有给自己让座，就骂骂咧咧。他们认为自己就该优先享受公交车的座位。实际上，这条理由并不成立。年轻人给老人让座是出于善意而不是义务，大家在车上有平等的权利。更何况，有些年轻人可能是体弱者，可能是孕妇，更需要座位。

## 过载语言的谬误

简单来说，这一谬误就是讲话人故意用一些复杂的、让人难以理解的语句表达观点，让人听得云里雾里，也找不到明显漏洞，糊里糊涂地接受其观点。

我在美国学习语言学课程时，提到过载语言谬误，教授用了一本臭名昭著的德语书《我的奋斗》举例。在这本书中，作者使用了大量复杂而难以理解，但实际上没有必要的从句，让语言显得夸张、华而不实又装腔作势。你在学英语时，想必感受到了从句是个难点。德语更复杂，一句话可以嵌套很多从句。如果你想，你就可以把一个德语句子变得无比复杂。但即便是德国人，如果能够用简洁而清晰的语言讲清楚一件事，就不会故意使用绕口的从句。通常，英文写作老师在上写作课时，会告诉学生们最好不要在文章中写超过四行的长句。一个人如果故意使用特别复杂的语言，很有可能是为了将没有证据支持的观点隐藏在其中。比如下面这段话：

"法庭逃避阻止一名逃跑的检察官不公平地将两名记者监禁的责任——这两个记者没有被指控任何过错——这名检察官不遗余力地利用政府藐视法庭权力，迫使他们泄露他们的秘密消息来源。"

你明白这段话是在说什么吗？它想表达的其实是，一名检察官监禁了两名记者，迫使他们讲出他们报道的消息来源，可能两名记者把这个检察官告到了法庭上，但是法庭判了这名检察官无罪。为什么讲话人一定要用这样绕口的话来说呢？因为他说的不是事实。如果用直白的话说出来，里面违反事实的部分就很容易被发现；用这样绕来绕去的话讲，人们就很容易被绕进去，因为想不清楚，只好接受讲话人的结论。

还有一种谬误和过载语言的谬误类似，叫模棱两可的谬误。这个谬误也很好理解，就是讲话人故意用一些模棱两可的表达来掩盖自己想表达的真正意思。比如，如果你听到某家公司说要控制成本，它实际上很有可能是打算裁员，只是裁员这件事比较敏感，于是换成了模棱两可的"控制成本"。在谈判或者辩论中，如果你发现对方使用了一些模棱两可的词，或者你听不懂对方想表达的意思，不妨直接把这个词点出来，请求对方进一步解释。如果他继续含含糊糊，解释不清楚，那可能是对方自己也不是很自信，或者这就是他想要欺骗你的地方。这个时候你就要提高警惕了。

不过，有些时候，人们为了给对方留面子，或者淡化一些说辞带来的过激反应，也会采用模棱两可的策略。比如鉴赏家会用"这件瓷器看着有点新"的说法来安慰买了假货的人。警察在发布会上会用"受关注的人"来代替"嫌犯"。在生活中这样的例子比比皆是，如果遇到这种情况，我们只要能听出画外音就可以了。

骗子们使用语言过载的手段时，经常同时使用语无伦次论证。生活中这样的论证方式很常见。某个人为了证明 X 是真的，胡言乱语了一大堆证据，最后得出结论，X 就是真的。举个例子。一个人认为，其实有某个团体在背后控制着世界，然后他会找出一些永远没法证实也没法证伪的理由来验证这个观点。如果大家不同意，他就会故作高深地说："我知道大家很难理解我的想法，因为只有很聪明的人才想得通这一点。"如果遇到这种情况，不妨停下来想一想论证过程，看看是不是也有语无伦次论证或者从结果推原因等谬误，大概率会有。不要因为他说"只有很聪明的人才想得通这一点"，就真的怀疑是不是自己的想法错了。

为了让自己的胡言乱语显得理由充分，有一部分人还会乱用术语。你可能注意到了，今天各种专业名词满天乱飞，很多用语原本只会出现在专业出版物中，现在却在各种媒体上被滥用。很多人经常说这些名词，却未必了解其含义。

比如，在科技领域，有人工智能、Web3、元宇宙、大健康；在财经领域，有市场主体、供给侧；等等。很多作者为了使自己的文章显得高深莫测，就在文里塞满了这些词。简单的病例管理非要说成大健康，企业非要说成市场主体。在专业的新闻或学术文献中这样写当然很正常，但是在日常聊天中也这样讲话，就显得有些"不说人话"了。毕竟，用语言交流是为了让别人懂，而不是让别人糊涂。如果刻意要让别人糊涂，背后可能就有欺骗的目的。

### 诉诸无知的谬误

诉诸无知的谬误不是指利用对方的无知去骗人，而是指利用对方无法证实一件事去肯定这件事的反面。比如，如果有人问你："你是否能证明灵魂存在？"你回答"不能"，他就可以说"所以灵魂不存在啊"；或者反过来，他问你是否能够证明灵魂不存在，你回答不能，他会说"这就证明了灵魂存在"。

诉诸无知的谬误看上去很容易被揭穿，但是很多人都在犯。比如，某电视剧中，警察问某人："你是否有某年月日不在场的证据？"对方说"没有"，警察就说："那你一定是在场了，你的嫌疑很大。"这就属于诉诸无知的谬误。张三无法提供不在场的证据，不能说明他在场；张三无法自证清白，也不能说明他犯了罪。在司法领域，检方想提出控罪，需要自己举证。

再比如，今天很多人论证外星人是否存在，都是用的诉诸无知的方法。支持外星人存在的人认为，我们之所以看不到外星人，是因为它们很隐秘地躲在地下某处，人类的技术还不够发达，无法侦测到它们的藏身之地，因此不能肯定它们不存在。这种说法的错误之处在于，缺乏外星人不存在的证据，不等于有了它们存在的证据。

诉诸无知的谬误还有一个变种，就是自己没有能力做到的事情，就怀疑别人做不到。有人质疑埃及的金字塔不是古埃及人，而是外星人建造的，仅仅是因为他们想不出当时的人是如何把金字塔建成的。还有人质疑亚里士多德的背后有一个团队在写作，因为他的成就实在太大了。今天我们经常能在媒体上看到这一类说法，了解了诉诸无知的谬误后，应该就不会再被这种逻辑错误绕进去。

非形式谬误种类很多，我们平时在生活中经常会遇到。要防范别人使用这些圈套诓骗我们，就需要对这些谬误有基本的了解。当然，更关键的是，无论是在讨论还是思考时，先别急着下结论，要检查论证的起点是否站得住脚，看各方的论证是否有道理。今天网络上的很多争论，都是在一些似是而非的、讲话人自己设立的前提下展开的，而且论证的过程毫无逻辑可言。

# 6.4 辨析：如何区分生活和逻辑上的不可能性

我们在第二章介绍命题逻辑时，提到了逻辑上的不可能性，即 $P \wedge \sim P$ 恒假。很多人虽然接受这个结论，但是总会认为，将来社会变化了，是否不可能的事情就变成可能的了？比如，一个人举不起一辆汽车，那么，是否将来人类的饮食不同了，肌肉和骨骼会非常发达，就能举起来呢？再比如，人不能日行八百里，但是利用高铁、飞机就可以。这到底是逻辑上的胡搅蛮缠，还是缺乏对技术发展潜力的想象？

其实，这些想法是把各种"不可能性"混为一谈了。不可能性可以细分为好几种：能力上的不可能、物理上和化学上的不可能，以及逻辑上的不可能。三者是完全不同的，但是大部分人不会区分。这一节就来介绍一下它们的区别，以便帮你更好地评估挑战和机会，不把时间和资源浪费在不能实现的事情上。

### 能力上的不可能

假如现在有人交给你一个任务——在2024年的奥运会上拿到百米比赛的冠军。你的第一反应肯定是：这不可能，根本做不到。这就是能力上的限制，是能力上的不可能，具体来说，是某个个体的不可能。

很多事情，一个人单枪匹马做不到，但换成整个人类就能做到了。不过，世界上也有很多事，人类现在还做不到。比如，将化学蓄电池的能量密度提高一倍，让全世界温室气体排放减半，这些事现在人类都还办不到，这就是能力上的不可能。

不过，这些事情将来还是有可能办到的，因为它们没有突破物理上的极限，还是可能通过一些目前未知的新方法、新技术来实现。

## 物理上和化学上的不可能

当人类在技术和能力上有所突破，办成了一些今天看似不可能的事情之后，我们就会逐渐遇到物理上和化学上的不可能性。比如，想让化学蓄电池的能量密度在今天的基础上提高10倍，就完全不可能，因为这突破了物理的极限。任何化学电池，不论采用什么样的阴极和阳极，各种元素之间的电势差是固定的，每一种物质中原子的密度也是固定的，它们决定了电池的物理极限。这就属于物理和化学上的不可能。

在物理学上，有很多极限是无法突破的，比如光速、绝对零度、发动机的效率等。这和科技进步无关。总有人不断问我这样一类问题："随着技术的发展，会不会有一天汽车一度电能跑100公里，或者一升汽油跑1000公里呢？"这些问题已经超出了我们现有的物理规律的限制，把它们当作科学幻想还好，要是较真地讨论起来，就是在浪费时间了。然而，现实情况是，很多人喜欢对物理上不可能实现的事情死磕，这些人就存在认知的局限性，永远理解不了不可能性。

当然，如果平行宇宙存在，而且存在与我们这个宇宙不同的物理学规律，那么我们这个宇宙的物理学极限在其他的宇宙中还是可以突破的。科幻小说中经常存在违背物理学定律的故事情节。比如，在《星球大战》系列中，相距几千光年的星际旅行能瞬间就完成，无线通信也是超越光速的。在逻辑上，这些想象依然是合理的。

## 逻辑上的不可能

比物理上和化学上的不可能更加不可能的，就是逻辑上（或数学上）的不可能。逻辑上的不可能，不管放到哪里，即便是一个新的宇宙当中，都是不可能。比如，让 x>y 和 x<y 同时成立，就是逻辑上的不可能。后文还会讲到，一个高阶的谓词逻辑系统不可能同时具有完备性和一致性。也就是说，要么有些为真的结论无法从公理推导出来，要么构建的公理系统存在矛盾。这也被称为哥德尔不完备原理。

逻辑上的不可能性，表明了人类理性本身是有局限的，不是万能的，或者说宇宙中有很多现象不能用简单的数学公式描述清楚，比如我们都听说过的三体问题。三体问题涉及的是三个物体在相互的万有引力作用下的运动。当天上有三个太阳时，它们有时一同出现，会把大地烤干；有时又会很长时间都消失，让大地变成一个冰球。科幻小说《三体》就是用了这个问题作为故事背景。那么，能否计算出一个行星围绕这三颗太阳运动的轨迹呢？这样就可以预测行星冷热状态的变化了。

最早试图解决这个问题的是牛顿，他相信世界万物的运动都有规律可循。牛顿花了半辈子时间，试图算出三体恒星系中行星的轨道，最终没有算出来。1887 年和 1889 年，数学家布伦斯和庞加莱分别证明，经典意义下的三体问题是找不到解的。也就是说，用一个明确的公式给出三体问题的答案，属于逻辑上的不可能——不仅在我们的宇宙中如此，在任何宇宙中都如此。

逻辑上不可能的事是最不可能的。有些事情看似很简单，以致人们低估了它们的不可能性。比如，我们知道无法用圆规和直尺三等分任意角，但总有人试图解决这个问题，因为它看起来很简单。其实，对于任何在逻辑上被证明不可能的事情，都应该把它们放下，不要梦想存在有人不知道的方法能够解决它们。只有把注意力放在能解决的问题这个边界之内，才能把能解决的问题解决好。

概括地说，逻辑上的不可能性级别最高，它蕴涵了物理上的不可能；物理上的不可能性级别次之，它蕴涵了技术上的不可能；技术上的不可能蕴涵了能力上的不可能。能力上的不可能性级别最低。因此，如果我们能够证明一件事在逻辑上不可能发生，就不用再试图通过物理的（理论的）、技术的方法寻找答案了。类似地，一件事如果被证明了在物理上不可能，也就不用寻找技术突破了。比如水变油、永动机这种事情，就是物理上不可能，很多人试图通过技术来解决这类物理上的不可能，是完全做不到的。

### 和不可能性相对立的是必然性

不可能性有三个层次，和它对立的必然性也可以分为三个层次：逻辑上的必然性、物理上的必然性和现实中的必然性。

比如，P 和 ~ P 必有一个为真，就是逻辑上的必然性。我们可以把这个原理稍做延伸。假设有几个命题 $P_1$、$P_2$、$P_3$……如果 $P_1 \lor P_2 \lor P_3$……=T，而且我们知道，$P_2$、$P_3$、$P_4$……都为假，那么 $P_1$ 就一定为真。读过《福尔摩斯探案集》的读者对这种逻辑应该很熟悉。福尔摩斯总是这样破案。在排除了所有不可能的情况之后，剩下的一种哪怕看似再不合理，也是答案。

那么，逻辑上必然发生的事情，在现实世界中是否一定会发生呢？简单地讲，如果条件具备，它就会发生。比如，在欧几里得几何中，三角形三个内角的总和是180度，这是逻辑上的必然。按理来说，用直尺随便画一个三角形，然后量一量三个角，加起来就应该是180度。但是，如果真的画几个三角形验证一下，你会发现，每次相加的结果都和180度多多少少有些偏差。这是因为你用的直尺不可能是绝对平直的，画的线也不是没有宽度的细线，用的量角器也未必非常精确。这就是说，几何学所要求的绝对平直、准确的先决条件，在现实中做不到。对于这种情况，我们通常会说，从逻辑或理论上讲，某件事会发生，但在现实中，它可能不会发生。

了解了逻辑上的必然性有什么用呢？如果逻辑上必然发生的事情在现实中没有发生，就需要认真寻找一下原因了。很多科学上的发现和进步就来源于此。总的来说，出现这种情况可能有两种原因。

第一个原因，是理论应用的前提条件没有满足，或者我们没有认识到。比如前文举过的例子，水烧到100摄氏度就会开。我们认为这只是一个简单的"如果P发生，则Q会发生"的逻辑，但要实现这个命题，其实还需要对气压、水的纯净度等其他条件有要求。事实上，这个逻辑应该是"如果 P 且 R 会发生，则 Q 会发生"，R 就是其他条件。我们常说"理论联系实际"，这里的实际就是现实生活中的各种条件。

第二个原因，是事件还没有到发生改变的节点。比如，我们都知道，各种金融上的庞氏骗局都有暴雷的一天，因为有限的资金无法支撑金字塔式的增长。但是有人就会说，某种传销一直没有暴雷啊。其实，这只是因为它还没有到资金接不上的拐点而已。

了解逻辑上的不可能性，我们就能认识到，永远不要去幻想不可能发生的事情，不要在这些事情上大量投入时间和资源。而了解逻辑上的必然性，意义在于它给了我们一个指导实践的准则。如果那些在逻辑上必然发生的事情没有发生，我们需要搞清楚哪些条件没有满足。事实上，很多重要的发现就来源于此。

# 6.5　真理：为什么科学需要证伪

前文讲到的逻辑学规律，都是"A 则 B"这种没有例外的结论。但是前文也讲了，在现实中，A → B 成立会有一些限制条件。如果我们把这些限制条件概括为命题 C，那么 A → B 这个规律更准确的描述应该是（A∧C）→ B。C 的引入是对原本可能被推翻的规律 A → B 的补救，让它不至于因为个别例外而变得不成立。

本书的前言中讲过，逻辑思维是唯一能让我们取得可复制的成功和可叠加的进步的方法，因为它无论是前提条件、推理过程，还是结论，都具有确定性。因此，相信理性的人，一直在努力发现各种具有确定性的结论，这也是科学研究的目的。但现实是，总有一些例外会发生，它们同样重要。而不断发现这些例外，同样是科学研究的一部分，甚至有些时候是更重要的一部分。

今天，很多人在谈到科学时，常常把它和另外两个词等同起来——"真理"和"权威"。他们搞不清楚什么是科学，觉得科学就是权威，科学结论就是正确的结论。这其实犯了诉诸权威的谬误，而且把科学和宗教等同了起来。那么，什么是科学呢？一提起科学，你可能首先会想到中学时学过的物理、化学、生物这些学科。其实从广义上来说，任何在逻辑上能够自洽的知识体系都可以被称为科学。很多人文学科，比如历史和哲学，也可以被称为人文科学，因为它们都可以通过提出一些假设，再运用逻辑推理，最终形成一个自洽的知识体系。从狭义上来讲，科学特指近代以来，通过实验能够对所有结论证实和证伪的知识体系，通常也叫自然科学。因为在众多学科当中，能够满足"不断做实验"和"能够证明真伪"这两个条件的研究方向，只能集中在"自然界"。我们不能随便就拿一个国家作为实验对象，因此像经济学和社会学这种与国家社会联系紧密的学科就不具有这种属性。

### 科学和玄学及宗教的区别

科学和玄学及宗教的主要区别体现在结论和寻找结论的过程两方面。

**首先，科学结论需要是一个能够判断真伪的命题，对错本身倒在其次**。比如，太阳东升西落是一个科学结论，因为我们能够判断这个命题的真伪。但是，能判断真伪并不代表这个命题一定是正确的。太阳西升东落也是一个科学结论，虽然目前来看它是错的，但至少能判断它的真伪。还有一些目前没办法判断真伪的命题，比如物理学中的弦理论，也存在可以被证伪的可能性。然而，有些说法，虽然看似滴水不漏，却没有任何意义。比如有人会说"明天可能会下雨，也可能不下雨"，或者"房价早晚有下跌的一天"。这种话看似永远是对的，但都是废话。只要把时间放得足够长，房价总有跌的一天。

**其次，在科学当中，最重要的是寻找答案的过程，其重要性甚至超过了答案本身，而寻找答案的过程，就是设法证伪之前结论的过程**。在科学发展的过程中，很多科学结论原本被认为是正确的，后来都被修正了，或者推翻了，比如物理学中的玻义耳–马略特定律。这个定律认为，封闭容器中气体的压强和体积成反比。它在很长时间内都被认为是正确的，但是到了近代人类能够实现超高气压后，才发现在超高气压的容器里，这个定律不再成立。再比如，经典力学中重要的牛顿第二定律，后来被发现只在低速的世界里成立。通过一种系统性的方法，发现现有科学体系中的不足之处，科学就发展了。而这种系统性的方法，就是通过实验去证伪已有的结论。

## 科学和逻辑学的关系

了解了科学体系和其他知识体系的区别之后，我们来看看科学和逻辑学，特别是和演绎推理之间的关系。

**首先，科学的结论和逻辑学的命题都是可判定的，不存在模棱两可的情况**。打开任何一本科学教科书，里面的结论都非常清晰。科学的结论不在于它永远是对的，而在于它适用的条件会被清楚地描述。比如，牛顿第二定律和玻义耳－马略特定律的局限性就会被讲得清清楚楚。清晰的表述加上可判断真伪，才让人们能够把科学的结论用到该用的场合，而且能够预知应用后得到的结果，也让后人能够继续发展科学。而一个模棱两可的结论，使用之后结果也是不可知的。这样的结论即使被包装得神乎其神，甚至找不到破绽，我们也不敢用。

**其次，得到科学结论的过程需要符合逻辑**。比如，我们知道伽利略否定了之前人们普遍认定的"重的物体先落地，轻的物体后落地"这一结论。伽利略在笔记中记载了他怀疑的依据。如果一个10磅的球和一个1磅的球绑在一起，把它看成一个整体，那它下落的速度就要比单独一个10磅的球快。但如果把它看成两个球，1磅的球下落速度慢，就会拖累10磅球的下落速度。这就得到一个矛盾的结果。伽利略正是基于这样的矛盾，推翻了人们原先对自由落体的认知。类似地，哈维发现血液循环，也是先靠逻辑思维发现了盖伦关于血液流动的"潮汐学说"当中的错误，然后根据实验观察到了血液循环。

**最后，在科学发展中起到重要作用的证伪过程，其实就是前文经常讲到的在逻辑学中找反例。**

当一位学者提出 $\forall x（Px \to Qx）$ 这样的结论时，我们需要通过实验证实它，这一点不难理解。但是在我们证实了很多遍之后，再去找例子证实它其实意义不大，并不产生新知识。但是，在自然科学领域，通常很难有适用于所有情况而没有漏洞的结论。因此，科学家们在给出 $\forall x（Px \to Qx）$ 这样的结论时，其实知道它迟早可能被推翻。有人也许会想，把结论改成 $\exists x（Px \to Qx）$，不就永远正确，无法被推翻了吗？然而这种结论其实没有意义。我们需要找出 $Px \to Qx$ 不成立的情况，然后画出一条边界。边界以内，它是成立的；边界以外，就不要使用它了。而画这条边界，就是逻辑上的找反例，也就是科学上的证伪。因此，证伪是科学进步的关键。

大部分人都不会去证伪一个科学结论，那是科学家的事情。但是对于每一个个体来讲，掌握科学的方法和具有科学精神至关重要。那么，什么是科学精神或者说科学态度呢？

我们来假设一个场景：你是一位科学家，你公布了一个已经被证实的实验的条件和结果，让同学们自己按照步骤做实验验证。有一个学生小常站了出来，说："老师，我好几次发现条件 P 满足了，结果 Q 却没有出现。"这时，你对他应该是什么态度呢？

假设小常是个理性的、有相应知识的人，也不是成心要和你作对，他的实验设置也是对的，那你对他可能会有两种态度：

一种是把他臭骂一顿，说："我吃过的盐比你吃过的饭还多，祖师爷几百年都是这个结论。"结果是，这位小常同学要么直接改换门庭，要么从此学乖，不说话了，甚至将来用同样的方式压制他的学生。

另一种态度是找来小常同学，好好问问他是怎么做的，他的做法是否在一些未知的细节上和你的不一样。如果不一样，当然有可能是他理解错了，但也有可能是他想到了一些你没有想到的情况，或者他在无意之间注意到了大家都没有注意到的条件。我们把最后这种情况概括成"发现了新的条件C"。接下来，你们一起提出了一个新的科学结论：（Px∧Cx）→Qx 则Q，并且验证了它。这样所得到的知识就更准确了，科学也就进步了。

在这两种态度中，第一种不是科学的态度。它表面上维持了一个结论的正确性，其实最多只是维持了老师的面子和尊严，第二种态度才是科学的态度。在这个过程中，发现问题，证伪已有的结论是最重要的。

既然学习了逻辑学，我们就可以从逻辑学的角度出发，看看证伪的本质和意义。证伪的意思，就是发现一些结论不成立的例子，然后找出不成立的原因，最终再修正结论，加入一些新的限制性条件，让科学的结论更准确。

不仅发展科学如此，我们日常做事也是如此。如果只是不断证实已有的结论，或者重复别人做过的工作，就不会有创新。当我们涉足一个新的领域时，过去的方法可能管用——那是我们运气好，也可能不那么管用，或者时灵时不灵——那是常态。后一种情况就需要我们去证伪。只有不断思考过去的方法在什么条件下不适用，才能想出更适合解决新问题的方法，这样才会有进步。当然，大部分时候，证伪并不是全盘推翻过去的结论，只是增加一些条件。比如，爱因斯坦提出相对论后，论证了牛顿力学在高速情况下不成立。但这不等于推翻了牛顿力学，只是在使用牛顿力学的结论时增加了限制条件而已。做事也是一样。比如，我们原来做内燃机汽车，现在改做电动车，过去的经验不能完全用在制造新车上，就需要我们否定一些习以为常的做法。但这并不意味着我们要另起炉灶，而是要分清楚过去的哪些条件还满足，哪些已经完全改变了。

概括来讲，科学的核心不是知道一个正确的结论，而是懂得一种方法，让我们能够不断得到更准确的结论。在此过程中，我们要通过逻辑推理得出确定的答案，而不是找科学家询问一个永恒正确的结论，这才是科学的态度。

## 本章小结

　　逻辑不仅是一种理论或技术，还是一种生活态度，准确地说，是用理性看待世界的态度。现代人类多多少少都是理性的，因此也就必定有一些逻辑思维的能力。但是，自然形成的逻辑思维能力是远远不够用的。比如，没有接受过系统性逻辑训练的人，会犯很多逻辑谬误，常见的逻辑谬误就不下十几种。学习逻辑学的一个重要目的就是避免这些谬误，并且养成理性思考的习惯。

培养了理性思考的习惯后，就会根据事实判定对错，而不是诉诸大众或专家的意见，这就是科学精神的本质。

# 第三编
# 归　纳

在掌握数据之前就进行理论分析是一个致命的错误。

——福尔摩斯

（柯南·道尔《福尔摩斯探案集·血字的研究》）

# 第七章

# 数据和规律

　　我们在前面介绍了演绎推理，也就是从最基本、最普遍的规律推导出具体的结论。还有一种推理方法，就是根据经验或者许多个案，归纳总结出具有普遍意义的规律。在很长的时间里，人们一直试图总结经验，但是并不知道该如何进行总结，以至于得到的所谓经验常常是以偏概全的，既不具有普遍意义，可信度也不够高。直到近代，人们才逐渐掌握了从特殊案例归纳总结普遍规律的方法，并且还在不断进行完善。归纳的方法在获得新知方面起着越来越重要的作用。

# 7.1 流程和适应性：归纳和演绎有何不同

作为推理方法，归纳和演绎几乎完全不同。这一章，我们从这两种方法的不同之处讲起。

演绎是从前提出发，通过逻辑上的有效论证，得到新结论。因此，在演绎推理中，结论其实蕴涵在前提之中，演绎推理所得到的结论，通常是普遍规律在具体事物上的应用。比如，从"三角形的三个内角之和等于180度"这个前提出发，可以得出"等边三角形的每一个内角都是60度"这个结论。相比结论，前提更具普遍性，结论所适用的情况具有特殊性。换句话说，演绎是一个从普遍到特殊的过程。因此，任何通过演绎得到的结论，只要前提是正确的，推理过程是有效的，我们都可以完全相信，可以在任何符合条件的场合使用。

归纳则是反过来，从一个个具体的案例和样本中找出共性，总结经验，从而得出合理的结论，并适用于具有这种共性的其他样本。比如，人们研究发现，哺乳动物都有两只眼睛和两个耳朵，也都有四肢，于是就建立起了对哺乳动物的这样一种认知，而且把它当作一般性的规律，认为其他哺乳动物也都有两只眼睛、两个耳朵和四肢。

总结一下，演绎是从普遍到特殊，而归纳则是由特殊到普遍。除了这一点，这两种方法的适应性也有差别。演绎推理的结论对于前提内的所有情况都适用，而归纳推理得出的结论绝大部分都会有例外。

拿人们对哺乳动物的认知来说，它有没有例外呢？当然有，世界上最大的哺乳动物是鲸鱼，它的肢体就和常见哺乳动物的四肢大不相同。蝙蝠也是一种哺乳动物，它也没有四肢。不过，从生物演化的角度理解，这些哺乳动物的四肢其实是发生了适应环境的进化，也不算完全违背了我们归纳得出的结论。

有没有完全例外的情况呢？也有。还拿动物举例。一般认为，哺乳动物都是恒温的，但刺猬是一个例外——刺猬是哺乳动物，却不是恒温动物。鸭嘴兽也是一个例外，它介于哺乳动物和爬行动物之间，属于冷血动物，也不是恒温的。对于这种例外，我们称之为异类。到目前为止，几乎所有通过归纳推理得出的结论，都能找到例外。

总体而言，用归纳的方法得到结论，我们需要更谨慎。这里说的谨慎包括两层含义。第一层含义是得出结论的过程要谨慎。如果一个结论是通过科学、正确的归纳法得到的，我们可以认为它在大部分时候是有效的。为此，我们需要先研究很多个例，找到它们共同的属性。研究的案例越多，自然覆盖面就越广，得到的结论就越准确。第二层含义是在使用时要谨慎。即便考察和研究了很多例子，我们也无法完全排除自己不知道、没看见的情况。因此，在使用归纳得出的结论时，需要看看使用的场景和我们总结出来的规律所属的场景是否一致，如果不一致，结论就很可能失效。

最后需要指出的是，世界上绝大部分规律都不会像数学和逻辑学的定理那样永远成立。然而，那些偶尔会失效，甚至只是关于事物表象而非本质的规律，在现实生活中依然有很大的应用价值。比如，美国股市在过去的两百多年里，年均回报率为7%。这个规律可能经常失效，而且只是对结果而非原因的描述，但它依然很有价值，如果我们做多股市，早晚会获利，而如果做空股市，即便偶尔能获利，长此以往也会出现巨大的亏损。

## 7.2　参照系：如何正确使用归纳的方法

在使用归纳的方法之前，需要搞清楚三个问题：哪些规律可以总结出来？该如何总结规律？归纳得到的规律该怎么使用？这三个问题都很重要，我们一个一个来看。

### 可以总结的规律

可以总结出来的规律简单来说包括两类，即对事物本身性质和特点的描述，以及两个（多个）事物之间的联系和对比。

什么是事物本身的性质和特点呢？比如，一个班学生的考试分数，一个国家民众的收入，一种物质自身的比重等，都是事物本身的性质和特点，它们只涉及一种事物。要想从事物本身总结出其固有的特性，前提是这个特性要存在，要有意义。假如有人想统计地球上各个物种的平均质量，这就是一件没有意义的事情，拿大象的质量和细菌做平均，毫无意义可言。

什么是两个事物之间的联系和对比呢？比如，加速度和外力的关系，物体运动速度和质量的关系，经济增长和股市表现的关系，这就是两个事物之间的联系。再比如，两个班学生的成绩，两个国家的收入情况，就属于两个事物之间的对比。当然，这类规律能够被找到也是有前提的。要想找出两类事物之间的联系，前提是它们之间有一定相关性。如果把没有相关性的东西，比如苹果、石头、文具、今年的GDP（国内生产总值）和某班的考试成绩放到一起研究，是得不出什么结论的。今天很多人喜欢拿一个局部和一个整体做对比，比如拿一个城市的发展水平和一个国家的发展水平做对比，这其实没有意义。

## 如何总结规律

了解了哪些规律可以总结之后，我们来看看第二个问题，该如何总结规律。根据前文我们知道，如果一个命题对于全称量词成立，则它对于每一个例子都成立，即 $\forall x \varphi(x) \rightarrow \varphi(a)$。但是，反过来却不一定。归纳的方法是从个例中找到具有普遍意义的规律，也就是从 a、b、c……中找到 $\forall x \varphi(x)$ 这样的规律，这就难了。在古代，这需要长时间观察，积累大量经验才能做到。近代之后，人们刻意设计了一些实验去发现这样的规律。在设计时，人们会把和个例 a 有关的性质 Pa、Qa、Ra、Sa……都找出来，把和个例 b、c、d 有关的性质也都找出来，比如有 Pb、Qb、Rb……Qc、Rc、Sc……Pd、Qd、Sd……然后我们发现，命题 Q 所描述的性质这些个例都有，这就是它们的共性。

**从个例中寻找共性，需要两个基本条件。首先，找到的例子要有代表性，**比如，要总结哺乳动物的特性，猪、狗、羊就具有代表性，鲸鱼和蝙蝠就不具有代表性。**其次是要收集足够多的案例进行研究，也就是数据量一定要大。**不同于演绎从极少数公理出发，归纳是建立在数据基础之上的。我在《数学之美》[①] 中举了"地心说"和"日心说"的例子，来说明数据对总结规律的重要性。人类在认识宇宙的过程中，积累了大量天文观察数据，不同的人对于行星运动规律进行了不同的归纳总结，才有了"地心说"和"日心说"之争。在很长的时间里，到底该接受哪一种说法，其实就看哪一种能更好地契合观察到的数据。最终"日心说"胜出，靠的是两个人的工作：一个是开普勒，他从他的老师第谷那里得到了比前人多很多的数据；另一个是伽利略，他通过望远镜看到了前人无法看到的东西，积累了木星的四个卫星运行的数据。有了新的数据，"地心说"就不适用了，于是"日心说"胜出。

其实，近代实验科学的发展，以及经济学的出现和发展，都是以数据为基础的。人文学科的研究，包括社会学、历史学和政治学，也都离不开数据。数据已经广泛应用于各行各业，

---

① 吴军：《数学之美》，人民邮电出版社 2012 年版。

分析消费趋势、企业增长情况，评估一个决策的效果好坏，都需要大量的数据作为支撑。

想通过归纳的方法找到规律，还要选定合理的参照系。比如，一个南美洲国家的经济增长率为10%，这算快还是慢呢？这要看和什么参照系做对比。如果和全世界经济增长率的平均值2%～3%作对比，那么10%当然算很快的。但要注意的是，拿单个国家的经济增长率和全球各国的平均值做对比得出的结论，参考意义要打一个折扣。经济学家在研究国家的经济发展状况时，通常会选取同类国家作为参考系进行对比。比如，一个发展中国家，它的参照系应该是处于同样发展阶段的国家，而不是一个发达国家。

这个道理很简单，但是在生活中很多人并不懂。很多人喜欢炒股，花大把时间拿自己的真金白银去炒，认为只要本金不赔，赚的都是自己的；即使没有赚到钱，想到那些亏钱的人，也觉得自己还是比别人强。这样的心态，显然就是找错了比较对象，也就是参照系。评估炒股收益，合理的参照系是什么呢？至少应该是有固定收益的定期储蓄或国债。在过去的十几年里，中国国债，也就是以前的国库券，回报大约在每年3%。如果炒股的收益不如这个高，就等于亏钱了。另外，考虑到花费的时间成本、付出的精力，甚至对本职工作的影响，炒股需要获得更高的收益，总体评估下来才是不亏的。

当然，这种找错参照系的错误不只普通人会犯，一些媒体甚至学术刊物也会犯。因此，平时看到一个结论，在采信之前，我们一定要看看它是怎么得出来的。来看一个真实的例子。

2002 年，德国科学家保卢斯针对妇女不孕症的治疗做了一项非常系统的研究。研究的背景是，有人提出某项传统医学的治疗方法对不孕症有一定疗效，并且给出了一些对比实验的数据。保卢斯重复了论文中的实验过程，确实得到了和论文一致的结果。具体来说，就是给不孕妇女使用这项传统疗法，一段时间后，其中 43% 的女性怀孕了；对照组的妇女则不接受这项传统疗法，同样的时间内，只有 26% 的女性怀孕了。

从这个实验中，能否得出结论，说这项传统疗法的确可以治疗女性不孕呢？答案是并不能。保卢斯指出，论文的作者们找错了参照系。保卢斯在这个实验的基础上另外设置了一个对照组，让这个对照组的不孕妇女去拜神，结果这一组怀孕的比例居然高达 50%，超过了传统疗法的 43%。换句话说，接受传统治疗还不如求神拜菩萨呢。

这是怎么回事呢？其实，在疾病治疗上，心理安慰是一种非常有效的疗法，无论是接受某项传统疗法，还是求神拜菩萨，本质上都是让患者得到了心理安慰，一些不孕妇女就因此怀孕了。保卢斯的这项研究后来发表在 2002 年的《生育与不育》期刊上。

保卢斯的做法值得我们学习，回到归纳推理上，就是一定要选定合理的参照系。

### 如何使用结论

最后来看看第三个问题，该如何使用通过归纳得出的结论。需要注意以下三点。

首先，我们能称之为结论的命题，需要有较高的置信度，也就是结论在很大程度上可信。比如，如果说某种新药对于一些疾病至少有95%的治愈可能，那么95%就是置信度。但一般情况下，置信度不会是100%，所以，遇到不符合规律的特例，不要大惊小怪。

其次，不要因为结论有失效的可能性，就否认它们存在的意义。通常情况下，我们会认定它们是成立的，在此基础上进行进一步的推理。比如，几乎所有的物理学定律都可能有例外，但我们并不因此就放弃它们，而是在它们适用的范围内，以它们为基础继续发展科学。

最后，归纳得出的结论常常会随着时间而改变。这一方面是因为人的认知发生了变化，对一些结论成立的条件更了解了；另一方面是新的数据改变了原来的规律。无论是哪种情况，我们都需要接受现实，对规律进行修正。

# 7.3 数据：统计学中的数据是什么

采用归纳的方法得出结论，需要有例子或数据可供使用。我们接下来就从数据入手了解归纳的方法。

使用归纳推理离不开数据。今天，各行各业的工作也离不开数据。不过，虽然天天都把"数据"这个词挂在嘴边，但大多数人对"数据"这个概念的理解可能都是不准确的。很多人会觉得，数据不就是一堆数字嘛，分析数据就是去分析这些数字。实际上，报纸杂志中的文字、开会记录、病人的病历、大型活动嘉宾的联络方式、一个人每天上下班的路线轨迹、一段白噪音，这些都是数据。所以，统计学中的数据究竟指的是什么？我们又应该怎么运用数据获取信息呢？

## 数据的概念

先来看看"数据"的概念。统计学中的数据不等同于我们通常说的数字，而是关于特定对象的定性或定量的描述，可以是一些数字、一段文字、几张图片、一段音乐，等等。这样听起来，数据这个概念好像更接近于我们通常说的信息。值得指出的是，数据并不等同于信息。首先，数据中不一定都含有信息，比如一段白噪音。白噪音虽然数据量巨大，但是其中除了噪音的频率和振幅之外，别无他物。而信息一定是某种形式的数据，是对数据进行加工、分析或者转换后得到的结果。比如，某次大型活动嘉宾的联络方式表格是一组数据，你可以对数据进行处理，挖掘出其中的信息，再对信息做进一步分析，找到一些规律，甚至总结出一些抽象的概念——比如"这次活动嘉宾中有55%都来自欧洲"，这个命题就是信息。也就是说，信息是加工后的数据。今天很多人强调要"看数据"，其实看的是数据背后隐藏的信息。不过，在不引起混淆的情况下，本书不再区分数据和信息，我们只收集和分析那些含有信息的数据。

数据对于归纳至关重要。通过对大量历史数据的分析，我们可以了解自己所处的位置、周围的环境，甚至可以更好地了解自身，了解自己问题的所在。

说到了解自己，你可能会觉得，我难道还不了解我自己吗？难道通过数据统计对我进行评价，会比我对自己的评价更准确吗？事实还真是如此。十多年前，英国就有一项针对脸书（Facebook）用户的分析，证明如果一个人经常使用脸书，脸书对他的了解就要超过他的亲朋好友；而脸书对重度用户的了解程度甚至超过了他本人。就像今天你使用短视频App，多点开几个同一类型的视频之后，App就会识别到你的"喜好"，经常给你推荐这一类型的视频。

来看一个真实的例子。

例 7-1

美国做过一个针对大学生的调查，采访了超过 4800 名美国大学生，询问他们是否相信自己能在 30 岁以前就变得富有。结果是，在这些学生中，超过 80% 的人都认为自己至少有一半的可能性能做到；甚至有超过 20% 的人几乎肯定自己能做到；只有不到 20% 的人认为自己没有机会或者只有很小的机会做到。具体数据见下表。

表 7-1　美国大学生对于自己 30 岁以前能否变得富有的回答

| 意见 | 性别 | | 总数 |
|---|---|---|---|
| | 女 | 男 | |
| 没有机会 | 96 | 98 | 194 |
| 有很小的机会 | 426 | 286 | 712 |
| 50% 的机会 | 696 | 720 | 1416 |
| 很大的机会 | 663 | 758 | 1421 |
| 几乎可以肯定 | 486 | 597 | 1083 |
| 总数 | 2367 | 2459 | 4826 |

真实的情况是怎样的呢？如果以拥有百万资产作为"富有"的标准，那美国只有 5% 的人做到了这一点。如果把这个标准降

低到收入在美国前四分之一，则有25%的家庭符合这个标准。而这个阶层人群的年龄中位数差不多快要60岁，不符合调查限定的"在30岁之前"。

当然，年轻人的乐观心态值得肯定，但是他们显然不够了解社会，也不够了解自己。相比他们的感觉，数据显然更有说服力。人其实很难意识到自我认知和现实之间的差距，但是数据可以帮他。在今天的大数据时代，每一个人都需要有能力看懂各种数据分析，知道哪些结论可信，哪些结论只是主观想象。

### 数据的类型

了解了数据的概念和用途后，再来看看数据的类型。数据通常可以分为可量化数据和非可量化数据。

可量化数据很好理解，比如圆周率的值、一个人的收入，或者银行的利率，指的是可以用数字来表示的数据。非可量化数据可以是图片、文字或声音等。当然，很多非可量化数据也可以通过编码的方式进行量化。比如，在统计时用到的姓名、性别数据，都可以被量化。然而，还有一些数据很难量化，如果一定要量化，就会有信息损失。举个极端的例子。一幅书法作品就很难被量化，强行量化会损失掉大部分信息。不过，这类不适合量化的数据不是本书研究的重点，本书会把重点放在可以量化的数据上，这样有利于我们采用统计学的工具处理和展示数据。

涉及量化和统计学，有一个概念很重要，那就是变量。统计学中的变量，概念不同于数学和演绎推理中的。在数学方程式中，x、y这些变量代表不确定的未知数；而在逻辑学中，变量代表一个值还不确定的个体词。这两种变量都是针对常数而言的。在统计学上，变量强调个体的某个特征，可以被理解为个体的一个量化属性，或者一个侧面。比如，身高就是一个变量，体重也是一个变量。很多变量凑在一起，就形成了对一类事物的描述。而归纳推理要做的，就是找到一个变量的规律，或者不同变量之间的关系。我们使用归纳的方法，通常都是围绕着个体的不同变量展开的，而不是直接研究一个事物非常笼统概括的属性。

如果有人要问上海和成都两座城市哪个更好，这个问题就太笼统了，很难回答，但我们可以把它们的一些变量拿出来做对比，比如人均GDP、房价、平均工资，还有当地人受教育程度，等等。很多争论产生的原因都是不当对比。比如，非要问成都和上海整体上哪个更好，不同的人就一定会有不同的看法。大家都觉得自己有道理，其实都是拿着对自己有利的论据在做对比。

有人可能会说，把它们的每一个变量都量化，设置权重、加权平均，不就可以了吗？从数据对比的角度来说，最理想的状态肯定是选定一组固定的变量，再设置权重、加权平均，得出一个确切结论。但这通常要专业的研究机构才能做到，比如那些专门统计大学排名的机构。在日常的讨论中，这很难实现，因为对不同的人来说，由于主观因素的影响，每个变量的权重是不一样的。因此，在进行归纳总结时，先要搞清楚自己的目标是什么，然后针对目标寻找相应的变量进行分析和总结。

### 如何利用数据进行归纳推理

利用数据进行归纳推理也被称为数据方法，可以分为四个步骤。

第一，收集需要的数据。

第二，通过处理和挖掘数据寻找规律。

第三，通过挖掘不同维度数据之间的相关性，看能否通过某些已知的或者容易获取的数据，去了解未知的或者难以获取的数据。比如，天文学家会通过远方恒星亮度的变化，了解是否有行星围绕着这颗恒星运转。因为在太空中发光的恒星是容易观测到的，属于容易获取的数据；不发光的行星则属于未知的、不容易被观测到的数据。恒星和行星之间有联系，天文学家就能通过这些联系，通过恒星亮度的变化，来预测行星的运动。

第四，在数据分析的基础上，建立一个和观察数据相符合的数学模型。比如，牛顿等人通过对作用力和加速度的研究，建立起一个简单的数学模型——牛顿第二定律，来描述力和加速度的关系。以后，人们想了解力和加速度，就可以直接套用公式。通常认为，数据分析的最高境界，就是找到这种规律，并建立起相应的数学模型。

# 7.4　变量：如何通过分析数据得到信息

　　从数据到信息，需要经过加工处理的过程。数据处理的过程很复杂，工具也很多。一大批数据来了该怎么处理，已经变成了一门艺术。选对了变量，找对了参照系，就能得到数据背后隐藏的规律；如果搞错方向，就会白忙一场。既然是艺术，首先就要对数据敏感，这种能力是培养和训练出来的。我们先从简单的数据开始，看看该如何培养对数据的敏感度。

## 一元变量数据

　　最简单的数据，就是所谓的"一元变量数据"，它们只有一个维度，不可能更简单了。比如一群人的收入、一个班学生的身高、一个批次汽车发动机的寿命等。对于这些数据，人们通常最关心的是它们的分布。比如，对于一个班的身高，人们可能会好奇哪个身高段的人最多，哪个身高段的人最少。这时，就要用统计图来解决问题了。借助图形，你会非常容易获得对数据的直观感受。前文讲过一个调查，是美国大学生对于自己能否在30岁前富起来的回答。这组数据被画成了一张分布图（图7-1）。

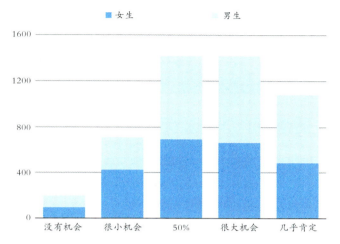

**图7–1 美国大学生对于自己30岁以前能否变得富有的不同回答的数量**

通过这张图，我们首先能得出一个直观印象，年轻人普遍对自己的前途还挺乐观的。其次，由于受调查的男女比近乎1:1，还可以大致看出男生比女生更乐观一点。当然，如果想更准确地了解不同想法的男女比例，可以把坐标轴上的人数改成百分比，再画一张分布图（图7–2），这样更容易得出结论。不论是图7–1还是图7–2，相比前面的表7–1，都能让人对数据形成更直观的感受。

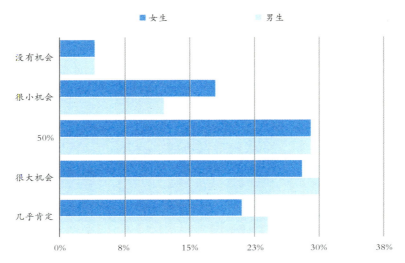

**图7-2 美国大学生对于自己30岁以前能否
变得富有的不同回答的比例**

今天，统计数据的图表工具非常易得，我们不妨在分析数据之前，用它们做一些简单的预处理，对数据的分布有些直观的印象。这样，慢慢就能培养出对数据的敏感度，也就是有人说的直觉。直觉其实是一种自谦的说法，如果一个人的直觉能够不断被验证，背后依赖的一定是敏感度，而在时灵时不灵的直觉背后，则是知识的缺乏。

要建立起对数据的敏感度，除了多看统计图，多在自己脑海里建模之外，还可以通过一些典型的图表，来理解一类情况背后的数据分布规律。来看另外一个例子。

例 7-2

　　2021 年美国家庭收入情况，其分布图如下（图 7-3）。

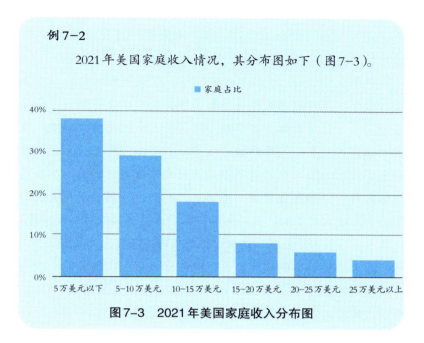

图 7-3　2021 年美国家庭收入分布图

　　不难看出，图中的数据分布是左边高、右边低。也就是说，美国社会其实是穷人多、富人少，而并不像很多媒体描述的那样，中产阶级占多数，低收入和高收入的人都很少。对此，可能有人会感到惊讶。但数据永远是对的，如果它和媒体宣传的不同，错的一定是后者。

　　这张图的形状在统计学中非常有意义，它也被称为齐普夫定律（Zipf's Law）。这个定律最早源自统计语言中单词出现的频率。哈佛大学的语言学家齐普夫发现，每个单词出现频率的排序和它出现次数的乘积是同一个常数。这个定律一样适用于中文语言。比如，汉字使用频率排名第一的是"的"，它可能在某篇文稿中出现了一万次，而排名第一万的汉字，假设是逻辑的"逻"字，可能只出现过一次。一乘以一万和一万乘以一，就是相等的。

后来人们发现，无论是在宇宙中、生物种群中，还是在人类社会中，都有很多数据分布符合齐普夫定律。比如，一个星系中有一万亿个天体，其中前一百万个天体就贡献了星系一半的质量。再比如，我粗略统计了一下，中国大约有几万名活跃的专职作家，前一百名就拿走了所有作家收入总和的一半。这些情况都符合齐普夫定律。事实上，我们也看到了，在美国的家庭中，收入非常低的有一大堆，而收入特别高的只是极少数。计算一下，我们会发现，这两个极端人群在总收入上基本相当。

还有一种典型的统计图，它的数据分布形状两头低、中间高，有点像纺锤。这种分布在自然界里也很常见，如图7–4。除了考试成绩，几乎所有受到随机误差影响的分布都是这个形状，比如城市打工族通勤时长的分布、一群人智商数字的分布，等等。

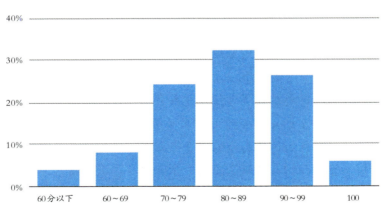

图7–4 考试成绩统计图

总结一下，对于一元变量数据，我们可以通过统计图来直观地表示数据的分布。通过多观察各种统计图表，以及记住一些典型图表，我们可以提高自己对数据的敏感度。

### 多个变量数据的分析

两个或更多个变量的数据也十分常见。要分析一个班学生的身高和体重，就会涉及身高和体重这两个变量，分析时就需要着重考虑两个变量之间的关系。比如，是不是个子高的同学一定会更重？通常情况下，两个变量之间的关系有三种：相关性、决定性和因果关系。

如果两个变量之间有关联，一个变量的变化可能会影响另一个变量，就认为它们具有相关性。身高和体重就是有相关性的两个变量，高个子的人通常会更重一些。

如果一个变量的变化必然引起另一个变量的变化，就认为前者能够决定后者。比如，海拔的提高必然带来气压的下降。那么海拔这个变量对气压来说就有决定性。显然，决定性的关系要比单纯相关性的关系强。两个变量之间如果具有决定性，那也一定具有相关性。

除了相关性和决定性，变量之间还会有因果关系。如果一个变量的变化必然导致另一个变量的变化，而且前者是后者变化的唯一因素，就认为它们有因果关系。这在科学领域是非常严谨的一种说法。比如，我们对物体施加一个外力，这个物体必然产生加速度。外力是因，加速度就是果，除了外力这个唯一因素，物体不可能产生加速度，因此二者就有因果关系。

在总结规律时，一定要把相关性和决定性分清楚。很多人搞不明白努力工作和升职加薪之间只是相关性关系，不是决定性关系。在任何单位，努力工作都不一定能加薪升职。我们经常看到，有的人似乎工作没那么努力，晋升得却非常快。这也许是因为这个人是公司老板的亲戚，或者他有一项公司特别需要的技能，或者还有其他原因。因此，我们只能说努力工作和升职加薪之间有很大的相关性，不能说努力工作是升职加薪的决定性因素。

还有一些人会把决定性和因果关系混用，如果是在不那么严谨的场合，倒也没有大问题。但如果是在科学领域，还是严谨一点比较好。还是拿海拔升高导致气压下降来举例。海拔升高和气压下降之间没有因果关系，在台风的中心，气压也会降低。因此，在排除其他因素影响之前，不能简单地把气压下降都归因于海拔升高。

除了把三种关系混为一谈，人们在这类数据关系的分析中还有一个常犯的错误，就是把无关的两件事强行扯上关系。很多时候，看起来有关的两件事，其实未必相关。比如，昨天领导批评了小常，小常今天见到领导时就没打招呼。这两件事可能相关，但在获得更多证据之前，我们无法确定小常是不是当时根本没注意到领导——也许他正在出神想别的问题，也许他正匆忙赶去等电梯。

当然，无论是相关性、决定性还是因果关系，存在的前提都是两个或多个变量之间真的有关系。如果它们没有关系，却被强行凑在一起，分析得出的结论就不具备参考性。

# 7.5 图形：如何对数据产生直观感受

为了方便处理数据，总结出规律，人们通常会把数据量化，变成数字。但是这样又产生了另一个问题，数字本是人为创造出来的产物，人类使用数字的历史最多不超过数千年，对于数字的感受还没有植入人的基因。因此今天，绝大部分人对数字其实并不敏感。

来看这样一串数字，它们是某班几名学生的数学考试成绩：

82、87、77、95、93、68、94、89、91、100、62、79

你的第一感觉是什么？如果没经过训练，几乎所有人都很难对这些数字有什么直观的感觉，这是因为人类本身对数字并不敏感。而克服人类这个缺陷最简单的办法，就是借助图表。为了了解原始数据的分布，可以使用一种简单而直观的统计图——点图（Dot plot）。来看一个例子。

例 7-3

某年级一班最近一次数学考试成绩如下：

82、87、77、95、93、68、94、89、91、100、

62、79、85、89、92、78、93、90、88、86、62、96、
87、82

画出它的点图。

把这组数字按照每5分一个区间段进行处理，用点来表示每
个学生的成绩，每个点所处的位置，就代表了它所在的分数段。
比如下图（图7-5）中，90这个数字的纵列上有7个点，就代表
大于85分、小于等于90分的这个分数段内，有7名同学。

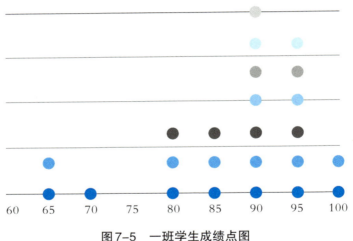

图7-5　一班学生成绩点图

通过这张点图，一眼可见这个班上学生大致的学习情况，
并得到以下结论：大部分学生的成绩在86到95分；有3个学生
的成绩和大部分同学相差较大；成绩的分布中间高、两头低；
成绩的分布不对称，低分的学生拖了后腿。

之所以把成绩分成区间来画点图，而不是按照每一个单独

的分数画，是因为相比于按区间划分，按单独分数划分所呈现
的图像太扁平（图 7-6），不容易得出感性认识。

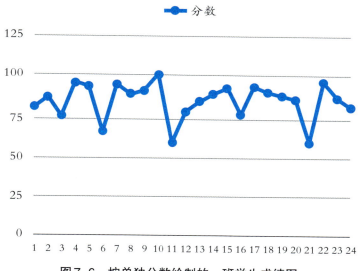

**图 7-6 按单独分数绘制的一班学生成绩图**

再看一个例子。

**例 7-4**

某年级二班学生的数学考试成绩如下：

81、91、76、98、92、67、89、88、90、99、72、

78、84、88、90、77、92、89、87、85、72、95、89、

82、79

画出它的点图。

二班成绩的点图如下（图 7–7）。

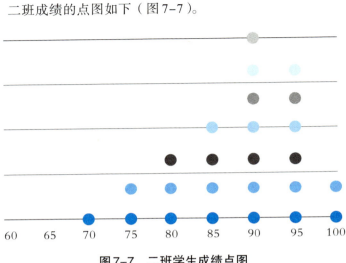

**图 7–7　二班学生成绩点图**

　　如果直接看二班的数据，很难马上体会到和一班有什么差异，但如果对比两个班成绩的点图，差异就很直观了。二班的成绩更集中，没有很多低分，而且对称性明显比一班的要好一些。

　　当然，生活中我们在向别人口头讲解一类事物的分布规律时，不能每次都拿着几张图展示。因此，还是需要总结出一些量化的指标，通过它们把数据的特点大致描述清楚，对比不同数据的区别。最常用的指标包括最大值、最小值、幅度、均值和中值。

　　最大值和最小值，顾名思义，就是一组数据中最大和最小的两个值。

　　幅度也被称为宽度，就是最大值和最小值的差异。比如，最大值是 7，最小值是 2，那么这组数据的幅度就是 7－2＝5。

均值就是平均数，是指一组数据加起来再除以数量得到的值。

中值也叫中位数，是指一组数据按大小排序后，处在中间位置的那个值。中值可以帮助我们了解一组数据的中心位置，而且中值不会受到极端值的影响，因此在绝大部分情况下，中值比均值更有意义。举个例子。假如调查一个剧场中999名观众的年收入，发现均值是20万元。这时，马云进来了，这1000人的收入均值一下子增加到了2亿元。但是，人均收入水平的上升并不能反映出这个剧场中所有人的真实财富状况，这时候，均值就不如中值有参考价值。如果十年后再调查这1000人的收入，发现中值翻了一番，那说明至少有500人的财富有了明显的增加。

当然，想对一组数据获得比较准确的感受，光看均值和中值还不够。就拿例7–3和例7–4中一班、二班的数学成绩来举例，这两个班级成绩的均值和中值其实是相同的，都是85.2和88。因此，要想对数据有更全面完整的感性认识，需要从多个角度进行分析。

首先，看点图的形状。比如，是中间高、两头低，还是两头高、中间低，或者两边齐平，这说明了数据的基本分布。

其次，观察数据的范围或宽度。比如，班级数学成绩这两个例子中，一班的成绩分布就比二班的要宽，说明一班同学的成绩差异更大。

再次，考察是否有异类，也叫"野值"，就是一些偏离"大多数"分布的数据。比如，一班的成绩点图中就有三个异类，即那三个特别低的分数。

最后，观察数据分布是否对称，如果不对称，看看它往什么方向倾斜。比如，一班和二班数学成绩的点图，明显都是不对称的。小于中值的数据尾巴看上去比较长，大于中值的数据相对集中在靠近中值的中间区域。总体来说，数据分布是往数值大的一边倾斜。

有没有一些数据分布是往数值小的一边倾斜的呢？下面一组数据是美国某公司某部门员工的年收入，均值是12.4万美元。其对应的点图如图7-8。

8、9、18、32、7、8、10、11、6、10、11、22、13、17、12、11、14、15、7、9、8、12、17

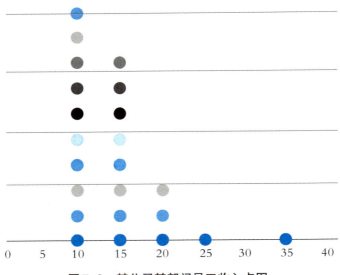

图7-8　某公司某部门员工收入点图

从图中可以看到，数据分布明显往数值小的一边斜倾。也就是说，大部分人的收入低于均值，而少数收入特别高的人拉高了均值，显得大家的收入比实际的要多。企业员工收入水平呈现这种分布，是比较普遍的现象。不过，当然也有例外，我们看图7-9，图中数据同样反映的是某公司员工的收入，每一个点代表1000人，可想而知，这是一家规模很大的公司。

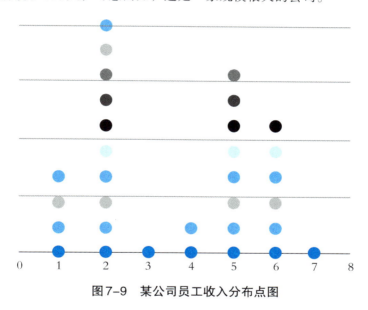

**图7-9　某公司员工收入分布点图**

乍一看图形，好像有点让人难以理解。在这张图中，数据分布集中在两端，中间一部分甚至比周围都低。这种现象合理吗？实际上，这就是美国一家大公司员工收入的真实情况。这家企业的员工分两类：一类是在外面送货的一线司机，收入普遍较低；另一类则是IT人员和管理人员，收入较高。两类人员的收入差异巨大，所以才会呈现图中的形状。

最后再来简单说说数据分布比较平均的一类情况。

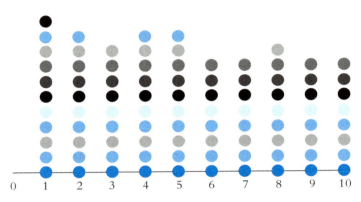

图7-10 随机抽取编号球的结果点图

图7-10是一次随机抽取小球的实验结果。从编号为1到10的10个球里，每次随机抽取一个，记录编号，再把球放回去重新抽。如此重复100次，每一个编号会被抽取到多少次呢？我们看到，点图里真实的实验结果可描述为：第一，各个球被抽中的次数并不相同；第二，各个球被抽中的次数大致均匀。

学会使用点图等统计图表，并掌握最大值、最小值、均值、中值、宽度这几种描述数据特点的指标，我们就可以有效地提高对一组数据的认识。

# 7.6　逆向思维：如何用数据指导生活

　　当我们产生一个想法时，它的对错通常很难被快速证实，因为我们无法在脑海中把所有的前提条件列出。这时可以换一种思路，从结果出发，通过大量的数据验证这个想法。不妨来看一个真实的例子。

　　二十多年前，奥运会（和其他重大的）体操比赛的打分一直备受争议。原因是，一名运动员完美完成了高难度动作，却因为一两个裁判打了低分，成绩一下子就比其他运动员落后很多。很多观众，以及专业的体育记者和各队教练，都觉得这很不合理。当时总有一些报道，说裁判偏袒某些国家的运动员。但这种指责很难找到证据，各国的观众吵来吵去，也不利于从根本上解决问题。要想系统性地解决问题，先要分析问题出在了哪里。

　　图 7-11 是 1984 年洛杉矶奥运会男子体操单项决赛的成绩分布图。根据奥运会体操比赛规则，每个单项决赛有 8 名选手参加，一共是 6 项比赛，比赛的名次由预赛成绩和决赛成绩相加得到的总成绩决定。当时，单次成绩的满分是 10 分，因此相加后的满分是 20 分。客观来讲，一名选手的成绩从 0 分到 20 分都有可能。但是可以看出，几乎所有运动员的成绩都集中在满分附近。

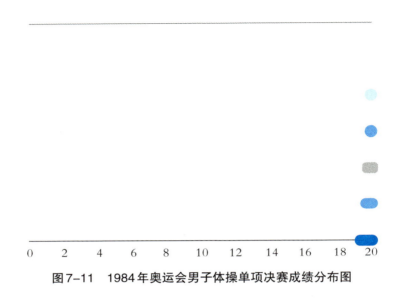

**图7-11　1984年奥运会男子体操单项决赛成绩分布图**

　　图中的点尺寸比较大而且相互有重叠，可能看不太清楚，这是因为这组数据的宽度太窄。其最小值为19.375，最大值为20，宽度只有20－19.375=0.625，只占有效值，也就是20的3%左右。如果把这张图的横坐标放大一些，放大到19~20的区间，重新画一张点图（图7-12），效果就不一样了。

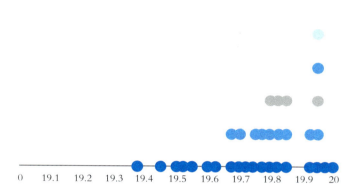

**图7-12　1984年奥运会男子体操单项决赛成绩分布图**

在图7-12中，可以看到数据集中在一个很小的范围内。对于这种情况，可以有两种解释。

一种解释是这组数据非常稳定，比如做实验测量水的沸点，测出的温度可能都集中在100摄氏度左右，不可能一会儿75摄氏度，一会儿105摄氏度。另一种解释是测量方法有问题。当时的体操比赛，特别是1984年洛杉矶奥运会的体操比赛，就属于这种情况。

成绩如此集中，并不是由于运动员的水平接近，如果找到当时的录像看一下，你会发现参加决赛的8名选手其实水平差异还挺大的。

之所以裁判给出的成绩如此接近，是因为当时技术评分和表现评分的方法出了问题。具体来说，虽然当年设定的成绩范围是0~20分，但实际上裁判们只用到了其中的3%左右。这样的打分规则，导致体操单项决赛第一名和第八名的成绩相差不到2%。在这么小的差异范围内，个别裁判稍微有一点倾向性，或者打分略有误差，就会大大影响比赛的结果。

体操比赛评分存在的这种问题持续了好几年，直到1992年巴塞罗那奥运会，国际体操联合会才逐渐改变了评分标准，大幅增加了比赛得分的宽度。2002年之后，国际体操联合会开始实行全新的比赛评分规则，将运动员的得分划分为动作难度分、完成质量分，得分没有上限，这才让满分10分的规则成了历史。

再来看一组规则改革后的评分数据。图7-13是2020年奥运会男子体操单项决赛成绩分布图。由于新的规则打分特别精细，细到小数点后三位，为了方便理解，本书把成绩做了四舍五入，只精确到小数点后一位。

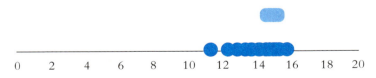

图7-13 2020年奥运会男子体操单项决赛成绩分布图

对比图7-13和图7-12，我们不难发现，2020年奥运会男子体操比赛成绩分布的范围要宽得多：从11.2到16.2，宽度为5，占可能得分范围的30%，比1984年奥运会的分数范围大10倍。换句话说，新评分标准能够更好地反映出运动员的水平。当运动员的得分差距足够大时，裁判打分失误对比赛结果的影响就会小很多。

这个例子给我们什么启示呢？不妨用逆向思维来思考这个问题。

当体育组织收到很多运动员和国家的投诉时，它最先能想到的就是进一步加强监督，要求每位裁判提高水平，以使打分更加公正，这是正向思维方式。但我们都知道，这没那么容易实现，毕竟裁判打分的主观性不可能完全杜绝。更何况，所有裁判都会否认自己有打分不公正的情况。但是，通过数据分析查找原因，就能发现一些系统性的问题，并在系统规则的层面做改进，裁判的主观性对比赛的影响就可以直接被限制。这就是从结果出发，倒逼体操联合会修改打分规则。

这里再补充一个事实。通过数据分析来改革打分机制这个方法，早就被应用在花样滑冰、跳水等需要人为打分的比赛中了。而在足球比赛中，也已经引入了视频助理裁判，极大地保证了比赛的公正性。这些都是通过结果倒逼改进的例子。

现在，许多人为了改进自己的生活和工作苦思冥想，越来越严格地要求自己，但往往难以跳出某个死循环。这时，比起原地打转，我们更应该做的，其实是对自己的过往经历做一次数据统计，哪怕是一些简单的数据分析，也能帮助我们改正一些长期存在的系统性问题。

再来看一个生活中的例子，是我自身的经历。

图7-14和图7-15两张数据点图展示了下班高峰时从谷歌山景城总部回到我家所需的时间，图7-14是先走高速公路再走市区公路，图7-15是全程都走高速公路。

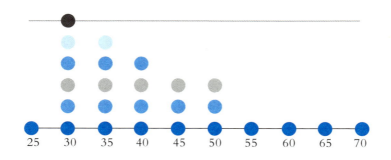

**图7-14　走高速公路+市区公路回家所需的时间**

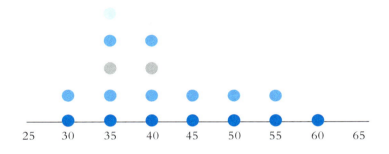

**图7-15 全程走高速公路回家所需的时间**

走这两条路线回家的平均时间分别是42分钟和43分钟，差距特别小。中值时间计算下来都是40分钟，当然，更准确的数字是在40和45分钟之间。两组数据的宽度分别是45分钟、40分钟，也相差不太大。从图7-14和图7-15，似乎很难直接得出什么结论。前文讲过的那些数据指标和图形，似乎不足以帮助我们做分析、下决定。

这时候，就需要一个新指标来帮忙。它叫"四分位数"，也被称为四分位点。

先来看它的定义。把按大小排序的一组数据划分为四个相等的部分，其中排序在四分之一位置的数据，叫作第一个四分位数，统计中用Q1表示；四分之二位置的数据，也就是中值，是第二个四分位数，表示为Q2；四分之三位置的数据，是第三个四分位数，表示为Q3；这三个数据再加上最小值、最大值，一共有五个点。这五个点，特别是Q1和Q3的数据，大致能反映出数据分布的规律，因为一半的数据都落在Q1和Q3之间。

四分位数具体怎么应用呢？回到通勤路线的例子。方案一先走高速再走市区，在这组数据中，Q1和Q3分别是35和50。换句话说，走这条路回家，在一半左右的情况下所需时间都可以控制在35~50分钟。那方案二呢？Q1和Q3分别是40和45。在一半左右的情况下，走这条路回家需要花费40~45分钟。

那到底应该选哪个呢？需要指出的是，在几种方案中做选择时，要考虑成本和稳妥性这两个原则。

具体到交通这件事上，成本是平均交通时间，稳妥性则是在极端情况下，有多大把握保证在特定时间内可以到达。在我的这两个方案中，如果优先考虑稳妥性，应该选择方案二，全程都走高速，这样就可以保证在75%的情况下都能在45分钟内到家。

那么，稳妥性的标准到底定为多少合适呢？这里要再引入一个概念，就是四分位数范围（IQR），又叫四分位距，它指的是Q3减去Q1的差值。一般情况下，我们会给IQR乘以系数1.5来判断稳妥性。用公式来表达则为：$IQR=Q3-Q1$；定义离群值为大于$Q3+1.5 \times IQR$，或小于$Q1-1.5 \times IQR$。也就是说，当一个数据大于$Q3+1.5 \times IQR$时，或者小于$Q1-1.5 \times IQR$时，我们就认为它"离群"了，属于前文提过的"野值"。

离群值具体怎么应用呢？通常只需要在一个方向做防范

就可以了。拿通勤时间来说，数据在Q3以下都是可以接受的，因为我们不会害怕更快到达目的地。所以，我们需要关注的只是所需时间比Q3长的情况。把方案二的数据代入公式，Q3+1.5×IQR就是45+5×1.5=52.5。意思是说，如果今天有特别重要的事情，走方案二就要预留出大概55分钟，这样才能保证不遇到特殊情况从而迟到。而如果是方案一，代入公式可得，50+15×1.5=72.5。也就是说，选择这个方案要预留75分钟才稳妥。

所以从稳妥性上考虑，应该选择方案二。

在决策时，用四分位数进行快速判断的优点是简单。比如某个企业做明年的预算时，需要防范明年的利润少于最糟糕的一个季度，也就是低于Q1的值，而利润多了自然不用担心。当然，另一方面，四分位数因为太简单，可能不够精确，比如纯粹为了求稳妥而把利润预算压得很低，肯定会失去一些机会。毕竟现实中企业不能为了防范最坏的情况而过于保守。因此，后文我们还会介绍更复杂、更准确的统计工具，以便对事物的整体有更好的把控。

## 🔍 本章小结

从经验中归纳总结规律是人类特有的智慧。过去，人们需要用很长的时间获得经验，然后才能总结出一点点规律。由于个人的经验毕竟有限，还会和他人的有很大不同，因此总结出来的规律其实可靠性是很低的。到了近代之后，人们学会了调查和实验的方法，懂得主动收集数据找到更可靠的规律，或者验证自己的想法。

不过，人们大多对数据不敏感，尤其是很多数据放在一起时，很难产生直观的感觉。因此，人们发明了很多图形工具，让自己能够看清数据的分布和数据背后的规律。

# 第八章

# 调查与实验

　　上一章介绍了归纳方法的特点及数据分析在其中的重要性。利用数据的第一步，就是有效地收集数据。过去，人们是靠长时间经验的积累被动地获得一些数据，这种做法的主要问题有两个：耗时长、代表性差。耗时长很容易理解，因为每个人自身的经历有限，能注意到的现象更少。以前人一辈子也就遇到几百人，想总结人们的想法其实很难。至于数据的代表性，实现难度就更大了。即便一个人主观上想客观地收集数据，他的生活环境也限制了他全面地获得数据——他只能获得身边的数据，而这些数据通常很难代表他人。近代之后，人们找到了两种获得数据的有效方法：调查与实验。

## 8.1 概念：调查和实验有何差别

调查和实验这两种方法，分别对应着两种不同的数据类型和工作目的。

通过调查能获得的数据，基本上是已经存在的数据。它们可能是人类产生的，也可能是自然界本身产生的。比如，一个国家经济活动的数据就是已经存在的数据，把它们收集起来进行分析，就能理解这个国家的经济状况。

而通过实验能获得的数据，是为了特定目的，人为制造出来的数据。如果不是人们刻意要去研究某个课题，这类数据也就不会存在。例如，为了分析人们在压力下的行为状况，我们要做某项课题的研究。在研究的过程中，我们要主动设计出一套实验，然后记录实验产生的各种数据。

为了理解调查和实验各自的特点和区别，来看两个例子。

**例 8-1**

赫尔辛基大学开展了一项调查，意在研究孕妇食用巧克力是否会对婴儿性格产生影响。研究人员首先要求305名健康孕妇报告自己的巧克力摄入量。婴儿出生6个月后，研究人员要求母亲对婴儿的性格进行评分。研究发现，怀孕期间每天吃巧克力的女性所生的婴儿更加活跃和"积极反应"。研究人员表示，这一指标涵盖了微笑和大笑等特征。

**问题**

　　1. 这是调查还是实验？

　　2. 这项研究的自变量是什么，应变量又是什么？

　　3. 研究能否得到孕妇巧克力摄入量和婴儿性格之间的因果关系？

**解答**

1. 这是调查，因为孕妇们没有被安排吃不同数量的巧克力。

2. 自变量是巧克力摄入量，应变量是婴儿的性格。

3. 不能。前文多次讲到，造成一个结果可能有很多原因，要想了解其中一个和结果之间到底是什么关系，就要消除其他因素的影响。这项研究的数据来自观察，很多条件无法控制。每天吃巧克力的女性可能生活压力较小，而较小的压力有助于她们的宝宝拥有更积极的性格。因此，无法得出巧克力摄入量和婴儿性格之间的确定性结论。

**例 8-2**

　　某互联网公司为了了解它开发的视频广告投放算

法的效果，根据用户上网的Cookie①，随机抽取了240名每天上网40~80分钟的用户，分三组（每组80人）进行测试。第一组采用之前的广告投放算法，第二组采用新的算法，第三组在每次广告投放时，随机选择之前的或者新的算法。广告的长度分为10秒和30秒两种。该公司记录用户看广告时的表现，包括是否终止视频、是否点击广告等。

**问题**

这是调查还是实验？

**解答**

这是实验。虽然测试对象（240名互联网用户）看似接受了调查，但他们都是在特殊设计的环境下上网的。为了不让他们因知道自己参与了实验而做出不同于平时的表现，没有告知他们被测试了。影响测试结果的因素都尽可能地被排除了。更重要的是，为了了解新算法的效果，设定了两个实验条件相同的参照组。

调查的方法和实验的方法今天都被广泛使用。相对而言，实验虽然针对性强，但是成本比较高，而且能够获得的数据量比较小。调查的范围可以非常大，特别是在有大数据的今天，甚至可以覆盖全部情况。因此，人们会根据不同目的采用不同的数据收集办法。

---

① Cookie，中文常译为"饼干"，在计算机术语中，指的是网站服务器发送到用户浏览器的一小段数据，网站以此来跟踪用户的浏览活动。

# 8.2　幸存者偏差：如何通过调查收集数据

统计和归纳中所说的调查，和字典上所定义的调查略有不同，前者的外延更广。凡是把自然界和人类活动本身产生的数据拿到，然后进行分析处理的行为，都属于统计学中所说的调查。每10年进行一次的人口普查，就是典型的通过调查获得数据的方法。

在进行调查之前，要先搞清楚调查的全集是什么。比如，如果要了解整个中国劳动力市场的信息，或者就业情况、收入情况等，全集就是全体中国人。把全集中每一个个体的数据都收集上来，也被称为普查。和全集对应的是样本集。全集中每一个个体就是一个样本，由某些样本构成的集合就是样本集。从全集中抽取部分样本，形成样本集的过程，被称为抽样。比如，在中国人中随机挑选2000人，了解他们的就业和收入情况，就是抽样。

通常情况下，普查的优点是能更准确地找出规律，但是执行成本高，而且有时候实施条件会受到限制。比方说，我们想了解一个国家某段时间的物价指数，如果进行普查，就需要查出每一种商品、每一次交易的数据，这样的数据整理显然很难做到。而且，在很多情况下，调查对象的特点就决定了无法进行普查。比如，某军工企业想知道自己生产的一批炮弹质量如何，肯定不能把所有炮弹都实际发射了，来获得质量数据。类似的情况还有汽车行业，比如某款新车在交通事故中的安全性测试，也不可能采用普查的方法，把所有新车都拿去做交通事故模拟。

为了避开普查的各种限制，也为了降低成本，很多时候我们会通过收集一个具有代表性的子集的数据来了解全集的情况，这种做法也被称为抽样调查。相比普查，抽样调查的结果可能与真实情况有所偏差。因此，要想得到准确的结论，如何进行抽样就是一门学问了。

### 抽样时容易犯的典型错误

在抽样的过程中，人们最容易犯的一个错误是幸存者偏差。幸存者偏差源于一起真实事件。

第二次世界大战期间，哥伦比亚大学统计学教授亚伯拉罕·沃德接到一项任务——通过统计被击中的轰炸机上敌方弹孔的分布情况（图8-1），设计给飞机增加装甲的方案。

看到这张图，很多人的第一反应是要重点防范这些弹孔非常密集的区域，这也正是当年军方的建议。但是沃德主导的设计小组最后给出的结论却恰恰相反，他建议在弹孔分布最少的区域增加装甲。他的理由是，军方能够收集到的数据全部来自最终返回基地的飞机。这些轰炸机受损后仍然能返回，正说明了它们被击中的位置并不致命。而那些完全没有弹孔的地方，不可能没有被击中过，只是飞机一旦被击中了那些位置，就没有机会返回基地了。

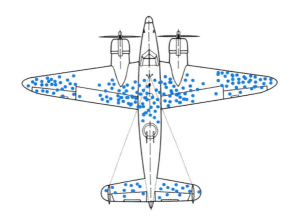

图8-1　被击中的轰炸机上敌方弹孔的分布情况

　　幸存者偏差后来成为逻辑学和统计学中广泛应用的教学案例。从这个例子不难看出研究数据时确定全集的重要性。只选择回到基地的飞机作为全部研究对象，而漏掉了那些无法返回，或者已经坠毁的战机，就是错误定义了全集，在某一个特定子集里做的抽样调查。抽样的结果自然也就不具备参考性。

　　幸存者偏差在生活中很常见。比如，你是一场报告会的主办方，想了解主讲人这次报告在观众中的反响如何。如果在报告结束后，随机给在场的50名观众发放调查问卷，这种抽样方法就犯了幸存者偏差的错误。因为没兴趣听的、反馈最差的听众，很可能早就走了，根本不在报告结束时的会场里。为了得到更准确的调查数据，你应该在报告会开始前就随机选定一些调查对象，这样调查对象才会是在全集中，而不是某一个特定子集中被挑选出来的。当然，选定后，你还不能让他们提前知道自己即将参与调查，先不要发放调查问卷，否则他们就会在无意中得到一些心理暗示，这同样会影响调查结果的准确性。关于这一点，后文在讲到双盲实验的时候还会展开。

在调查中人们经常犯的第二个错误，是把属于不同集合的个体放在一起做对比。一个典型的例子就是美国大学录取率的比较。

几乎所有申请大学的高中生，都会根据一所大学整体的录取率来判断自己被录取的难度。比如，去年 A 学校有 2 万人申请，最后 1000 人被录取了，录取率就是 5%；去年 B 学校有 1.5 万人申请，最后也是 1000 人被录取，录取率约是 6.7%。看上去似乎申请 B 学校更容易被录取，但事实不一定如此。美国顶尖私立大学的真实录取规则，是把申请的学生放在不同"池子"里分别考虑，比如运动员的池子、特长生的池子、捐了很多钱的超级校友池、普通校友池子、家里没人读过大学的第一代大学生池，等等。而每个池子的录取率差异巨大。

假如 A 学校的 1000 个录取名额当中，有 500 个都留给了上述这几个特殊池子里的申请者，而这样的申请者总共是 5000 人，那么他们的竞争压力显然是更小的；至于剩下的 1.5 万名申请者，则要去抢剩下那 500 个名额，对于这部分学生来说，录取率只有 3.3%。假如 B 学校的 1000 个录取名额，有 800 个留给了特殊的申请者，这样的申请者总共也是 5000 人，那剩下的 1 万名普通申请者只能去竞争区区 200 个名额，录取率就更低了，只有 2%，甚至比 A 校普通申请者的录取率还低不少。

可见，根据总录取人数和总申请人数计算出来的录取率几乎没有参考价值。这种错误本质上就是对全集和子集的理解有误。

如果想知道更准确的录取率，你需要提前确定真正的全集。对不同的学生来说，每一个池子就是一个不同的全集。如果你是一个顶尖的长跑运动员，那么你本人的录取率研究就应该只和其他运动员有关。

## 8.3　抽样：如何抽取有代表性的样本

在进行调查时，全集扮演着分母的角色，抽样抽出的个体则扮演着分子的角色，它们是我们要重点研究的对象。在确定全集无误之后，直接影响调查结果可靠性的，就是样本的抽取了。在日常生活中，我们其实或多或少都参与甚至设计过一些抽样调查，比如某家餐厅的满意度调查，或者某个城市中居民的健康状况调查，这些都需要先准确高效地选到有代表性的样本。

什么样的样本才是有代表性的呢？来看两个例子。

例 8-3

市政府要了解上海人的日常生活情况，现在有三个选取调查对象的方案，哪一个更好？

方案一：到几个高楼林立的小区中去了解情况。

方案二：到几条保留下来的弄堂中去了解情况。

方案三：到上海近郊的别墅区去了解情况。

方案三显然不是好方案，住在近郊别墅区的群体不具有代表性，因此可以马上排除。方案一和方案二都不太好排除，因为生活在这两种环境中的人在上海都具有一定代表性。因此，比较好的做法是在高楼小区抽取一些样本，在弄堂中再抽取一些。

**例8-4**

　　如果需要搞清楚哺乳动物的生理结构，应该从哪些哺乳动物入手？

我们通常会想到猪、牛、羊等。它们确实是好的选择，因为容易接触到，而且具有哺乳动物共同的特性，比如胎生哺乳，都有四肢，都有体毛，心脏都有两房两室，等等。但是，光研究家畜还不够，因为我们还得知道哺乳动物获取食物的习性和在自然状态下的生活习性，因此最好再把野生的老虎、豹子、羚羊这些包括进来。而蝙蝠或袋鼠这些动物就不具有代表性，因为它们的一些特殊特征会误导研究者，得出哺乳动物会飞、哺乳动物有育儿袋之类的结论。

通过这两个例子可以得知，具有代表性的样本应该有两个特点。首先，它们具有全集中大部分个体都有的共同特性，我们称这种特点为准确性高。其次，它们需要有一定差异性，覆盖全集中的大部分情况。这样我们才能知道我们找出来的共性真的是全集中大部分个体所具有的，而不仅仅限于样本集。我们称这种特点为覆盖面广。

为了让样本具有这两个特点，人们根据经验设计了三种常用的抽样方法，分别是简单随机抽样、分层抽样和聚类抽样。

### 简单随机抽样

简单随机抽样是从全集的 m 个样本中完全随机地选择 n 个样本，确保每一个个体被选中的机会均等。比如，某学区要从它所辖的所有学校中选出 100 名学生代表参加区里的摸底考试，来反映整个学区的教学情况。这 100 名学生该如何选取呢？可以把每个学校的学生姓名做成完全相同的卡片，放到一个黑箱里摇匀之后抽出 100 张。这就是简单随机抽样。

简单随机抽样很合理，通常也确实有很好的效果，但不是所有情况下都能够采用。在很多场合，是很难采集到全集中所有个体的。比如，抽样调查 2023 年生产的本田汽车的碰撞安全性时，按理说应该从这一年生产的所有车中随机抽取一定数量的车做测试，但很多车辆已经卖出，不可能请顾客把自己的车提供给本田做碰撞试验。这时候，通常只能从某一批还没卖出去的车中随机抽取几辆进行测试。

这种情况也在美国大选中出现过，其中最有名的莫过于美国民调杂志《文学文摘》误判 1936 年美国大选结果的事件。当年这家民调杂志是通过打电话了解民意的，而当时美国大约三分之一的人家里根本没有安装电话，这些个体的想法明显无法被采集到，被选为样本的概率就是 0。因此，虽然《文学文摘》采集了几十万个样本，但这项调查的准确性其实并不高。

除了难以触达全集中的所有样本，简单随机抽样操作起来也不简单。就拿统计学区教学情况的例子来看，实际操作时一般会把学区内的所有学生依次编码，然后采用双色球的抽奖形式，每次确定学生学号中的一位数，最终生成被抽取的学生的学号。

听上去没有什么问题，但是在实际操作时就会发现，每一个数字出现的概率其实是不同的。如果这个学区共有1284名学生，编号从1到1284，为了保证这1284名学生学号出现的概率相同，千位数出现0的概率需要是约78%，出现1的概率需要是约22%，出现其他数字的概率需要是0。要是生成2341或9800，就没有意义了。这样的摇号机是很难设计的。

总的来说，简单随机抽样原理容易理解，但做法并不一定简单，在某些情况下实施起来，确实存在不方便、成本高，以及采集样本不能完全触达等局限性。这时可以考虑另外两种替代方法，分层抽样和聚类抽样。这两种方法都可以让抽样调查的过程变得更简单、更容易实现。

### 分层抽样

分层抽样是指先把全集分为一些子集，也就是"层"，然后再在每个层中进行单独的简单随机抽样，最后把这些随机抽样的结果组合起来形成样本集合。

应用到调查学区教学情况这个例子中，我们就可以在每所学校的每个班里进行简单随机抽样。如果这个学区总共有20个班，每班50人，我们需要随机选出100人，就可以先用简单随机抽样的办法在每个班里选出5人，然后再把20个班选出的代表合到一起，作为全区的代表。这种方法就是分层抽样。

### 聚类抽样

聚类抽样，就是先把全集分为若干个聚类，再随机抽取几个聚类作为全集的样本。在调查学区教学情况的这个例子中，可以从整个学区的20个班级里，直接随机抽取两个班级，然后把这两个班级的所有同学作为全区学生的代表。这样的做法就是聚类抽样。

简单随机抽样、分层抽样和聚类抽样可以被分别画成示意图（图8-2）。图中所有的点构成全集，实心的点代表被抽取的样本。

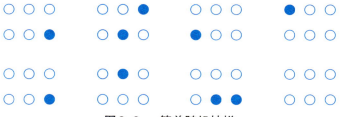

**图8-2a　简单随机抽样**

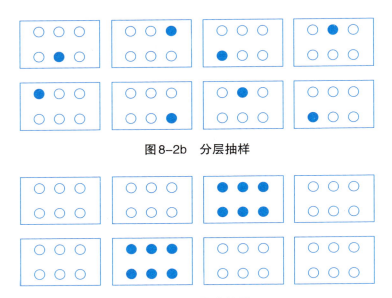

图 8-2b 分层抽样

图 8-2c 聚类抽样

分层抽样和聚类抽样，本质上就是把复杂的问题分解为简单的问题，让抽样更容易实现。不过，这两种方法有一个明显的缺陷，就是会丧失一部分代表性和随机性。以聚类抽样为例。如果某一类个体具有某种特殊性质，我们又恰好把这一类个体全选中放进了样本集，那么这些个体的特性就会被认为是全集的共性，这就丧失了代表性。同样，以全区每一个学生为单位进行选取，是从几千个样本中选一百个；而以班级为单位进行选取，就变成了从几十个中选几个，后者显然更容易影响选取时的随机性。

那么，为了避免这个缺陷，能不能随机产生聚类或者层呢？在实际操作中，这并不好实现。我们之所以使用聚类或层，就是因为全集的数据量太大、不好处理，如果再要求随机产生聚类或者层，就不如直接采用简单随机抽样方便了。

### 抽样调查时的常见错误

我们做抽样调查时，常会犯一些疏忽性的错误。

第一种常见的疏忽，是在选取样本时怎么方便怎么来，这叫方便性采样。比如，老师让班长统计一下同学们对课程的评价，班长就选择了几个和他比较熟的同学，问他们的意见，并把这些意见汇总，当成全班同学的评价。方便性采样的问题在于这些样本并不具有代表性。班长通常是班里比较优秀的学生，他的朋友大概率也比较优秀，或者比较合群。他们的评价，自然不能代表班里所有同学的看法。

还有一种偷懒的表现叫作自愿回应采样。它是指样本的构成基本都来自主动响应采样邀请的个体。大部分通过电话、邮件和互联网进行的调查，都存在自愿回应采样的情况。比如，美国总统大选前的大部分民调都采用电话调查的方式，但有很多人接电话的时候正在忙，或者不愿意让别人了解自己的想法，就会拒绝参加调查。这样一来，被选取的样本一般都是那些愿意配合调查的人，调查结果就会不可避免地产生偏差。

另一种常见的疏忽是系统性偏差。如果一种调查方法得到的结果总是低估或者高估实际情况，这就是系统性偏差。来看一个例子。

阿伦·唐尼是美国普渡大学的教授，在学校里教大数据课程。唐尼做了一项调查，询问学生他们所选课程的平均人数大致是多少。美国大学是自由选课，所以同一年级的学生选的课不同。有的人可能热门课选的多一些，一同上课的同学就多；有的人可能选的课程专业性较强，教室里同学就少一些。唐尼在学生中做这项调查的时候，只是让大家凭印象回答上课的平均人数。学生们给出的人数最后平均下来，得到的数字是80~90。

之后，唐尼又向负责选课的教务长询问了准确的数据。让唐尼惊讶的是，教务长表示，普渡大学平均一门课的选课人数是35人，这和学生们估计的人数差了将近两倍。

是什么因素造成了学生们的感觉和准确的统计结果之间的偏差呢？唐尼做了进一步的研究，并把所有课程的人数分布情况画成了图（图8-3）。

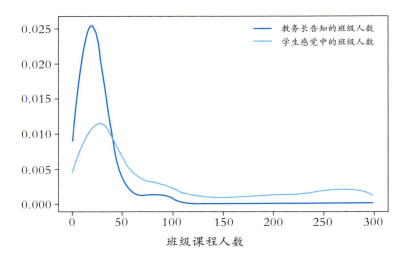

班级课程人数

**图8-3 教务长和学生告知的课程人数分布图**

从图中不难看出，教务长给出的课程人数分布明显偏小，而且集中在50人以内，而学生给出的人数分布不仅偏大，在250~300人的地方还出现了一个小高峰，说明在学生们的印象中大课有很多。

那么，到底是谁搞错了呢？其实教务长和学生们都没错。这种偏差是不恰当的统计方法造成的，唐尼称之为"视察者悖论"。用数字具体计算一下，我们就能明白造成这种偏差的原因。

普渡大学有大约4万名本科生，此外还有超过1万名研究生。为了便于理解和计算，我们假定一所大学有1万名学生，每年每人上10门课，这样就有10万人次的课。假如学校开设了2000个班次的课程，那么每门课程的平均人数就是10万/2000=50人，这就是教务长给出的数据。

然而，大学里的真实情况是，基础课、热门的课程数量很少，选课的人却很多；专业课则相反，课程数量很多，但是只有少数本专业的人才会选。我们假定2000班次的课程中，有1600班次是小班课，每班30人，总共占4.8万人次。剩下的5.2万人次，就被分配在了400门大班课中，每门课平均130人。

在这种情况下，在学生中做随机调查，有52%的可能性得到的答案是130人，有48%的可能性得到的答案是30人。这样调查下来，平均每个班有130×52%+30×48%=82人。唐尼教授询问得到学生们的预估数据是80~90人，跟这个数字差距不大。

这就是"视察者悖论"。这个悖论产生的原因在于，做调查时有很大概率会遇到大班上课的人，因为大班人多。如果根据每一个参与者的感受得出结论，这个结论必然会高于实际水平。唐尼发现，这种现象会经常出现在统计工作中，导致真实的结果和人们感受到的会有很大差异。

还有一个典型的例子。美国记者调查监狱里犯人们的服刑时间，发现犯人们普遍说自己的服刑时间特别长，超过了13年，而且这些受访者确实没有说谎，偶尔去监狱探视的人也观察到了同样的现象。于是，记者很容易得出"犯人服刑时间过长，法律太严苛"的结论。

然而，法官告诉记者，犯人们平均服刑的时间只有3.6年。3.6年和13年，几乎差了三倍。为什么会这样？其实，在美国，超过一半的犯人刑期都在1年以内，但记者和偶尔探视的人很少能见到他们，见到的基本都是被判了很长刑期的犯人。所以，记者才会得到美国犯人平均服刑13年这样的调查结果。他们可能是出于怜悯之心，认为应该通过新闻手段把这个情况反映给全社会，但不知不觉地陷入了统计学的陷阱。

通过"视察者悖论"的例子，我们就理解了什么叫系统性偏差。系统性偏差之所以产生，不是因为计算错误，或者被调查的对象不具有代表性，而是因为统计方法不恰当。

# 8.4 缺陷：调查有何局限性

避开了前文那些陷阱，是否就能通过调查解决所有的统计问题，归纳总结出规律呢？答案是否定的，因为调查存在一些先天的缺陷，有些问题注定无法通过调查解决。来看一个历史上的著名案例。

19世纪，电磁学刚刚发展起来的时候，磁现象被认为是一种非常神秘又有科技含量的现象。当时，欧洲很多医生发明了各种磁疗，认为电磁会影响人体的组织，可以治疗疼痛；也有很多患者自称接受磁疗后病就好了。

使用磁疗这种技术的医生，为了增强可信度，想要找到一些科学依据。于是他们做了数据调查，询问患者接受磁疗后疼痛是否真的得到了减轻。

调查者把疼痛的程度从0到10分为11个等级。0表示疼痛完全消失了，10表示疼痛程度最高。这组接受调查的患者，在进行磁疗之前都认为自己的疼痛等级是10级。图8-4是调查结果的点图，横坐标表示疼痛的等级，纵坐标表示不同疼痛程度的人数。从这张图可以看出，绝大部分人都表示疼痛或多或少得到了减轻。

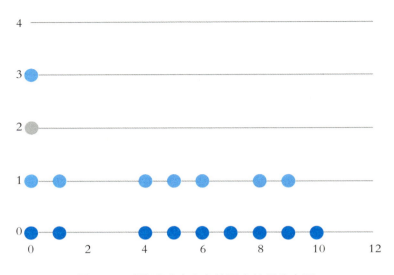

图8-4 对接受磁疗患者的调查结果分布图

通过这个结果，能否得出磁疗有效的结论呢？如果只看数据分布，有大约四分之一的人有比较明显的效果，四分之一的人几乎无效，剩下来接近半数的人，或多或少有点效果。因此，似乎应该得出磁疗有效的结论。但是，根据今天的物理学和医学常识，我们知道磁疗没有什么效果，那些人之所以感觉有效，其实是心理安慰产生了效果。得出这个错误的结论，并不是因为调查工作做得不好，而是因为一种治疗是否有效，不能只靠调查获得的数据来证明，而是需要进行有针对性的双盲实验。如果想确定磁疗是否能减轻疼痛，需要设置一个对照组，把没有接受磁疗的患者数据也记录下来。

为了和接受磁疗的病人做对比，医生们设计了一个对比实验。在实验中，一部分病人接受了45分钟的磁疗，磁铁放在一个封闭的布口袋里，靠近患者的痛处；对照组接受的治疗表面看起来完全相同，只是在那个布口袋里放的是没有磁性的铁。图8-5是接受安慰治疗的患者的反馈数据。从图中可以看出，安慰治疗甚至比磁疗效果还要好一点。当然，无论对患者进行哪种治疗，其效果都来自心理安慰。对于大部分患者来说，任何安慰性的治疗都能取得一定的效果，这当然不能说明磁疗就是有效的。

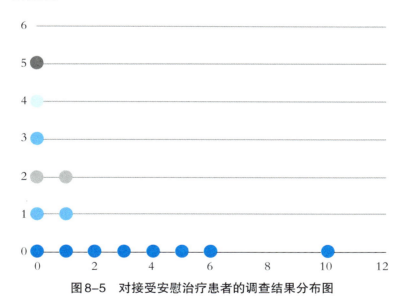

**图8-5　对接受安慰治疗患者的调查结果分布图**

通过这两个例子，我们不难体会到，调查这种方法存在一定的局限性，因为接受调查这件事本身就会影响被调查对象的表现。除此之外，调查方法还有其他的局限性。

很多数据不是天然存在的，我们不可能通过调查收集来的数据发现相应的规律。比如，探求新的科学结论、设计新产品、发明新的方法等，在完成任务之前，都不会有现成的数据供调查。举个例子。如果要发明火箭，就没办法通过调查的方式获得它升空时推力的测试数据。

此外，有些数据虽然可以通过调查得到，但其结果是滞后的，而我们希望在结果发生前就有一个预判。比如，如果想知道一款车的安全性，不能等它上市好几年之后，再去调查统计它出事的概率。我们需要在汽车出厂前，就对它进行各种安全性测试实验，更早地得到结论。再比如，某种新型抗癌药物对抑制癌细胞是否有效，对身体伤害是否很大，我们也需要预先有所了解。不能等药品上市后发现不管用或者副作用太大，才通过调查统计找原因，那样就太迟了。

## 8.5　实验：通过实验收集数据有何优势

为了弥补调查的缺陷，我们需要用一种更主动的方式收集数据，那就是实验。很多时候，我们需要通过人为设计的、为了特定目的的实验，得到能够支持我们想法和结论的数据。在开始介绍设计实验的具体操作之前，我们先来了解一下实验的特点和优势。

首先，调查对数据收集而言是被动的，只能根据现有的、可以收集到的数据来得出结论。实验则不同。人们在设计实验时，就有着明确的目的，可以根据自己的需求来设置不同的实验条件，生成符合需求的数据。

最常见的实验目的有两种：一种是寻找两个变量之间的因果关系，比如密闭容器中气体温度和压强的关系、作用力和加速度的关系等；另一种是对比两个不同原因所产生的结果是否不同，也就是人们常说的对照实验，比如分别用药物和安慰剂对病人进行治疗，看看是否会产生不同的结果。

其次，通过调查得到的数据通常是不完整的，也缺乏可比性。比如，一些国家的GDP数据其实就是不完整的。很多发展中国家由于基础设施条件的限制，无法将全部经济活动统计进去。此外，很多数据在产生时并没有考虑将来要做对比，因此使用的测量工具和评价标准通常是不同的。这样的数据也缺乏可比性。比如，不同的地区，高考阅卷老师的给分标准会略有不同，所以不同地区的高考成绩不能用来相互对比。

然而实验则不同，它是在实验条件尽可能设置得一致的情况下进行的，所需要的数据都可以被完整地记录下来。同时，测量数据的仪器都是相同的，或者能够保证误差是在限定范围内的，因此实验数据更具有可比性。

再次，实验条件具有可重复性，而调查则几乎不可能重复。任何靠统计和经验得到的结论都有特定条件的限制。由于实验条件是人为设定的，因此同样的条件可以一次又一次地出现，这样方便验证结论。不可重复的实验结论是没有意义的。

当然，很多实验在进行时，除了有人为设定的条件，还存在着实验者不了解的一些不受控制的条件。比如，人们想找到水的沸点，以为水烧到一定温度就必然会沸腾。但是，早期人们还不知道水的沸点也和气压有关，气压较低时，水不需要烧到100摄氏度就能沸腾。也就是说，在早期的水的沸点实验中，气压的条件是被忽略的，因此每次测出来的沸点都不准确。后来人们意识到这一点，加入了气压的条件，测出来的沸点就准确多了。找到这种被忽略但是能影响实验结果的条件，也是科学进步的关键。

最后，实验的环境和真实的世界会有偏差，有些时候偏差还很大。所以对于实验得到的结果，如果要运用在生活中，一定要注意实验条件和现实生活的差异。举个例子。我们想要了解增加学生的课外学习时间和提高成绩的关系，于是找了两个班的学生做对比实验。对于A班学生，我们给他们布置更多的作业，让他们的课外学习时间加倍；而B班的学生不需要做任何改变。结果，A班的学生知道自己被选为实验生，学习特别认真，布置的课外作业也认真完成，结果成绩大幅提高。这是实验的结果，但在真实的世界中，学生们可能不会有这样认真的态度，增加学习时间大概率会让他们产生逆反心理，厌恶学习。生活远比我们设计出来的实验复杂，对于实验得出的结论，不能直接简单地运用在生活中。

理解了调查和实验的特点和差异，就能判断一个基于经验数据的研究是属于调查还是实验。比如，研究犯罪率和受教育程度的关系，属于调查还是实验呢？显然属于调查，因为不需要刻意设计一个犯罪实验让人去执行。

　　还有一些情况，通过调查和实验两种方法都可以收集到数据。比如，我们现在希望得到关于某品牌汽车安全性的数据，该怎么做呢？可以抽样选出 10 部汽车做碰撞试验，测试它们的安全性，这就是实验。也可以把过去几年这一品牌汽车发生的所有交通事故都统计一下，了解其在受到撞击时的安全性，这就是调查。值得一提的是，针对这一案例，通过调查和实验这两种方法得出的结论可能是不同的。

　　做碰撞试验时，会让被测试的车去撞一堵极为坚固的墙。汽车自身的重量对于实验结果不会有什么影响，因为与墙的重量相比，汽车的重量可以忽略不计，碰撞的瞬间，质量较小的一方，也就是汽车的动能会变成 0。这时，汽车能不能把自身的动能全部吸收就很重要了。在这种实验中表现好的车，车头结构都比较容易变形，能够很好地吸收动能，这样可以更好地保护车内乘客。但是，在现实的交通事故中，特别是在对撞的事故中，自身重量大、车头坚固的车会更有优势，因为在碰撞的瞬间，它可以更有效地将冲击力传递给对方。这样一来，调查的数据和实验的数据就会给出不同的结论。如果读一读各种汽车的安全报告，你会发现，不同的报告对车的安全性的评估相差很大。这倒不是因为哪一方做了假，而是因为他们是通过不同的方法和数据得出的结论。因此，日常生活中，看到任何通过归纳总结得出的结论，你都需要知道它是如何得出的，这样才能帮助自己判断信息的正确性。

## 8.6　关键词：如何正确设计实验

　　想正确设计实验，首先要了解几个基本概念：实验设定、实验单位、影响因子和混杂因素。

　　实验设定指的是为了达成实验目的而创造出来的一系列控制条件和环境，广泛地讲，可以包含组成这个实验的各个方面。比如，在植物的生长实验中，需要先想好选择什么植物做实验，要控制哪些因素，比如温度、湿度、光照，以及如何确定实验周期等。通常，明确了实验目的之后，就可以对自己要做的实验形成一个整体的安排，然后再逐步细化。

　　接下来，我们要确定的是实验单位，也叫颗粒度。这里说的实验单位不是数学和物理学中常说的长度单位、时间单位等，而是指接受实验的最小的个体集合。比如，如果要统计一所学校所有学生的平均分数，学生就是实验单位；如果按照班级统计平均分数，班级就是实验单位；按照学校统计升学率，学校就是实验单位。显然，学生是三种实验中颗粒度最小的实验单位，学校是最大的。在设计实验时，最忌讳的就是实验单位不统一。比如，把按照班级和学校这两个不同实验单位统计出的数据直接拿来做比较。

　　确定了实验设定和实验单位之后，接下来要管理实验中的影响因子，也就是我们经常说的变量。变量可以说是一场实验的重中之重。

在实验中最需要关注的变量有三个，分别是自变量、因变量及控制变量。自变量是在实验中需要主动改变或者控制的变量。比如，要检测不同的光照对植物生长的影响，就需要给植物设置不同的光照强度。此时，光照就是这场实验中的自变量。因变量是实验中被检测的变量，也就是因为自变量改变而被动改变的变量。比如光照实验中，在不同的光照强度下，植物的生长速度也不同，此时植物的生长速度就是因变量。控制变量是实验中需要特意保持不变的变量，比如测试内容是光照对植物生长速度的影响，那么就需要保持温度、水分这些条件是一致的，这样得到的实验结果才能准确。因此，在一个实验中，除了要关注自变量和因变量是否设置准确，还要把可能影响实验的因素都找出来，然后控制它们保持一致。

自变量之间有可能是相互独立的，也有可能相互影响。比如，在实验中，植物的生长速度会受到光照、水分等因素的影响，但光照和水分这两个变量之间是无关的，我们就说这两个变量本身相互独立。对于这样的变量，我们可以只改变其中的一个，看看实验能产生什么结果。

不过还有一种情况，就是两个或多个变量本身也相互影响。这时候，两个变量是联合在一起产生作用的，彼此难以分开。它们就被称为混杂因素。我们在实验中，要尽量排除混杂因素对实验结果的影响。

举个例子。假设想研究高个子和矮个子哪个群体短跑更快，按理来说，身高就是这个实验中的自变量，我们可以选定几组不同身高的人来测试百米成绩。但是实际上，在这个实验中，影响跑步速度的因素除了身高，其实还有体重。而身高和体重这两个因素本身紧密相关，会互相影响。如果强制设定实验者都是一样的身高，比如180厘米，那么这些实验者的体重肯定不一样，甚至可能差距还比较大。所以，一些人跑得慢，就可能是因为体重超重或者过于瘦弱。在这个实验里，身高和体重就被称为混杂因素。由于混杂因素的作用，很多时候我们很难找到产生结果的真正原因。这时候，可以再细致一点，比如说对身高180厘米的人群和身高150厘米的人群按照体重再次分组，然后分别记录这四组数据，那么得出的结果就要比直接按照身高分组统计的更有参照性。

通过确定实验设定、实验单位、管理变量，以及尽量排除混杂因素对实验结果的影响，我们就能设计出一套比较完整的实验方案了。但是这还不够，还需要了解一些设计实验的基本原则，来优化自己的实验方案。在诸多原则中，最重要的有四个：简单性原则、可重复性原则、可控性，以及随机分配原则。

### 简单性原则

简单性原则很好理解，就是在设计实验时，要尽可能地简单，最好一次只研究一个变量的影响，不要试图同时改变多个变量。否则，实验常常会因为混杂因素的影响而产生毫无价值的结果。来看一个具体的例子。

近年来，各种电子产品的评测非常火。假如想了解两款手机哪一个拍照功能更好，去网上一搜，就能找到很多信息，五花八门，不同的评测者会给出不同甚至截然相反的结论。为什么会这样？最主要的原因是评测的方法不科学。

要对比手机的拍照功能，是不是拿两个手机对着同一目标各拍一张照片，比较一下照片的清晰度、色彩真实度就可以了呢？这种直观的想法显然不严谨。比如，拿这两款手机对着颐和园的佛香阁拍下两张照片，即使发现 A 手机比 B 手机拍出来的要漂亮，也无法证明 A 手机的拍照功能更强。如果换一个时间，在同样的位置，使用同样的设置再拍两张，得出的结果可能就是 B 比 A 更好。因此，要想真正公平地对两款手机的拍照功能进行比较测试，先要把所有可能影响照片结果的因素都列出来，比如相机的像素值、拍摄时相机的光圈设定、拍摄时相机的快门速度设定、拍摄环境光线的强弱、图像储存时压缩的比例等。

列出所有的影响因子之后，接下来的步骤是，每次只允许改变一个变量，固定其他变量不变，分别看看对比结果。只有发现 A 总是优于 B，我们才能给出 A 手机比 B 手机拍照功能更强的结论。否则，结论只能是，在某种特定的情况下 A 比 B 好。

不过，很多时候，混杂因素的影响很难被完全分离开，想得到一些完全确定的结论并不容易。而市面上的很多宣传话术，如果稍微一推敲，你就会发现它们大部分是只选择一个或几个对自己最有利的变量，就草率得出结论，声明自己比别人好。

另外，正是因为混杂因素的影响，人们才会对很多事情评价不一，出现公说公有理、婆说婆有理的分歧。科学研究应该有的观念是：准备给出任何结论时，都必须说清楚条件。因此，在设计实验时，要尽可能每次只改变一个条件，这样才能真正判断条件和结果之间是否具有因果关系。在做实验这件事上，慢慢来才会比较快。

### 可重复性原则

在实验中，另一个重要的原则是可重复性原则。前文讲过，实验相对于调查的一大优势，就是它可以重复进行。简单来说，任何科学结论，都必须可以重复，不能有时可以得到，有时又得不到，有的人能得到，有的人得不到。为了满足这个原则，需要在设计实验时尽可能地把所有因素都考虑进去，保证结果的可重复性。

严格来说，如果在设计实验时，实验条件本身不具备可重复性，那这种实验设计本身就是有问题的。我们通过一个例子来说明。

专业人士在追求投资回报时，通常会采用两种方法。一是投资高风险、高回报的股票；二是投资低风险、低回报的股票，但是加一点杠杆。桥水基金[1]采用的就是第二种方法。

那么，我们能不能做实验对比一下两种投资方法呢？

假如把从现在起一年内设为实验时间，分别采用两种策略各买进1万元的股票。第一种方法最终获得了30%的收益，第二种方法最终只获得15%的收益。能不能得出结论，认为第一

---

[1] 桥水基金（Bridgewater），著名的对冲基金公司，总部设在美国。

种方法比第二种更好呢？

　　答案是否定的。因为可能做实验的那一年内，正好赶上经济发展得特别好，股市强劲，没有遇到下行的风险，高回报的股票自然就涨得更快。但是这个实验条件显然无法重复，因为不可能存在两个时间段的经济发展完全一样。当实验条件无法重复时，实验结果自然也就无法重复验证了。因此，用这种实验方法得到的结论意义不大。任何一种投资方法过去的表现，都不意味着将来也能得到同样的结果，因为历史和大环境是无法简单重复或者模拟的。

　　当然，用实验来验证股票投资是一个比较极端的例子。更多情况下，我们是可以通过合理设计实验条件，来确保结论可重复、可以被验证的。

## 实验条件的可控性

　　要想保证重复性，就涉及实验设计的另一个重要原则——实验条件或实验设置的可控性。在设计实验时，必须保证能够控制所有的实验条件。比如，如果想知道封闭容器中气体压强和体积的关系，通过控制容器的体积就可以实现。这就是比较容易控制的实验条件。

　　还有一种特殊的情况：实验条件看似能够控制，却存在一些特别容易被实验者忽略的因素，导致实验结果不准确、不可信。举个例子。想要了解化肥使用量和庄稼收成的关系，按照前文介绍的管理变量，大部分人能想到的做法肯定是把其他因素如光照、浇水、农作物的种类等设置得一致，然后单独控制化肥使用量，看看对产量会有什么影响。但这里面有两个细节很容易被忽略，可能导致无法真正实现对化肥使用量的控制。

首先，土壤中本身就含有化肥中的氮磷钾肥，这个因素也会影响农作物的产量。显然，我们很难保证实验使用的每一寸土壤都是完全一样的。第二个细节是化肥的使用方式。把化肥的水溶液浇到植物的根部，和把固态肥料撒到植物的周围，两种方式的效果也是不同的。

那应该怎么办呢？想要排除掉这两个因素的影响，更好地控制化肥使用量，一个更为可行的办法是采用水耕栽培的方式来做对比实验。我们需要摆脱传统农业所必需的农田，将植株埋进不含有机质和无机盐的珍珠岩、砾石或者砂粒中，只通过水来运输植物生长所需的营养成分。这样就能完全控制肥料用量这个变量了。

很多情况下，为了实现实验设置的可控性，或者为了方便控制实验条件，我们需要构造出一个理想的模拟环境，而不是直接使用真实的环境。比如，想要测试不同海拔高度水的沸点，虽然可以把炉子搬到一座大山的不同高度上去做实验，但这种控制条件的方式显然不方便。更高效准确的办法是在实验室里通过控制气压来模拟海拔高度。又比如，想要测试一款摄像头在不同分辨率下对人像的识别率，更通用的做法是把不同图片压缩成几种固定的分辨率让镜头识别，而不是直接让真人站在镜头前测试。用真人来做实验必然会引入很多混杂因素，比如这个人的表情变化，不同时间段的容貌未必一致，等等，这些因素非常容易影响实验结果。

总的来说，在实验中设置模拟环境，主要是为了方便控制实验条件。当然，这种模拟环境也带来了一些局限，因为它跟真实环境必然存在差异。模拟环境几乎滤除了所有可知的混杂因素，而真实环境通常都会伴有混杂因素的影响。这导致我们不能简单地将在实验中取得的结论直接运用在生活中。

## 随机分配原则

设计实验的最后一个重要原则是实验单位的随机分配原则。它指的是在实验中，必须通过随机的方法把实验对象分配到不同的实验组或者对照组中，确保每个实验对象被分配到特定组的概率是相等的。

举个例子。为了测试一种新型降压药的效果，我们在人群中招募了200名高血压患者来接受药物临床实验，计划把他们分为两组进行对照实验，一组接受新药治疗，另一组只接受安慰剂治疗，然后观察结果。那么在实验前，除了要确保他们的年龄、生活习惯等因素尽可能没有差异，也要在分组时尽量满足随机原则。比如，不能让所有女性患者分在一组，男性却都在另一组，或者让病情严重的都在一组，轻微的都在另一组，不然，肯定会影响实验结果。

随机分配原则同样是为实验的准确性、可信度服务的。只有在实验开始前就尽量规避已知和未知的各种潜在因素影响，才能减少实验结果的偏差。

# 8.7 双盲：如何排除主观因素的影响

前文介绍过，在对人进行的调查中，由于心理安慰的影响，接受调查者会因为参与实验而导致自身状态和行为的变化，影响调查结果的准确性。为了避免心理因素的影响，我们需要人为设计一些实验。在这类实验中，最重要的是双盲实验。

"双盲"中的"盲"，是指被测试者不知道自己正在接受实验，或者不知道自己在接受什么样的实验。而"双"这个字，则对应于早期的"单盲"。早期科学家们在做实验时，为了消除被测试者心理因素对实验的干扰，采取了"盲测"实验。早在19世纪30年代，人们在进行药物效果实验时，就将被测试的病人分为实验组和对照组。当时，病人不知道自己属于实验组还是对照组。这种被测试者不知情、实验人员知情的实验，就叫单盲实验。

不过，当时的科学家们很快发现一个问题，当医护人员知道哪些病人服用的是药物、哪些病人服用的是安慰剂时，就会在不经意间对不同组的病人流露出自己的情绪——通常是向对照组的被测试者表露出同情、愧疚，或者态度上较为敷衍。毕竟，他们很清楚对照组的病人只是在做无用功，吃着没有实际效果的安慰剂。

不要小看这种情绪的传导。在疾病治疗中，尤其像不孕症、失眠、疼痛这些疾病的治疗中，心理安慰对患者起的作用非常大。实验人员的态度不一致，无异于把实验信息传递给了被测试者，最后当然会干扰实验结果。

不让医护人员知道自己给病人送的是什么药，就可以解决这个问题。这样，单盲实验就变成了双盲实验，既"盲"了被测试者，也"盲"了实验人员。双盲实验的本质是通过同时消除实验者和被实验者情绪对实验的影响，达到准确收集数据、得到可信的实验结果的目的。

今天，医学上的双盲做得很严格，不单是送药时，甚至在收集和分析实验对象的数据时，也不允许实验人员提前知道分组信息，这样才能避免他们不自觉地倾向于一些依据常识和经验得出的结论，比如认为服用了药物的病人治疗效果更好。

双盲实验的优势很明显：它能够极大地减少实验结果受到人为因素的干扰，比如主观期望、情感偏好或者无意识的暗示等。不仅在治疗上，在很多时候，人为因素都会直接影响实验结果。比如，在中小学里，"实验班"的成绩通常比普通班要好，其中很大一部分原因来自心理暗示。如果一群中小学生被告知"你们非常优秀，现在被选为实验班的同学，马上会引入最新的教学方法、集中全校最好的资源，来支持你们班的教学"，那么，在接下来的实验期间，学生们即便接受的只是跟先前差别不大的教育，也会因为受到心理暗示，在学习上干劲十足，最终很有可能带来全班的总体成绩提升。

这种现象在心理学中被称为皮格马利翁效应（或罗森塔尔效应）。相传古希腊著名雕塑家皮格马利翁爱上了自己雕刻的雕像，而那个美女雕像后来就真的变成了现实中的美女。皮格马利翁效应的本质，就是对他人寄予某种期望或者暗示，最终戏剧性地产生了预期甚至超预期的效果。

这种效应常常被应用在教育领域。现在教育界提倡的激励式教育和正向引导，背后原理就是老师和学生之间的皮格马利翁效应。

而对于实验来说，皮格马利翁效应就是让实验对象知道了自己在接受什么样的测试、可能会有什么结果，显然就成了一种严重干扰实验结果的混杂因素。双盲实验的发明就解决了这个问题。

### 设计实验的方法和原则

设计实验的方法和原则可以大致分为七个步骤。

第一，明确实验设定。在实验之前需要有一个整体构想，比如，实验的目的是什么——验证失眠症患者服用这款新药的效果怎么样；实验变量有哪些，不属于变量的又有哪些；混杂因素有哪些。

第二，确定实验单位，选取合适的实验样本。比如，要测试某种治疗方式对失眠症的治疗效果，实验单位是患有失眠症的病人，以个人为单位来采集数据。实验对象的人数假定有500人。这些志愿者需要在医学上被明确诊断为患有失眠症，而不能只是偶尔有过几次失眠经历。他们的年龄、性别、基础健康状况也要尽可能保持一致。为了保证样本的代表性，最好避免挑选比较极端的样本，比如这位志愿者不但长期失眠，而且正处于癌症晚期。

第三，确定实验组和对照组。分组要结合实验变量来设置。如果参加实验的总人数是500人，给实验组的250人服用新药，对照组的250人只服用对失眠不起作用的安慰剂，比如维生素。值得强调的是，在分组时，要确保遵循随机分配原则。只有保证每个实验对象被分配到特定组的概率相等，才能尽量减少对实验结果的干扰。

第四，进行"双盲"处理，这是双盲实验中最关键的一步。需要注意的细节包括：制作同等规格的新药和安慰剂——新药做成了什么样，安慰剂就也要做成什么样，外形、口感都不要有区别；给实验组和对照组编号打码；向实验人员和参与者严格保密。

第五，实施实验。在这个过程中，同样要确保实验信息严格保密，也要保证实验对象每天的衣食住行都处于同等条件下，只设置服用药片的成分不同这一个单一变量。

第六，收集实验数据。在失眠症这个案例中，要收集的数据包括服用效果、副作用等。然后对数据进行统计和分析，对比实验组和对照组的结果。

第七，解盲。确保数据分析完成之后，揭开实验对象所属的分组。

今天，一个医学结论的得出，通常都需要经过双盲实验的验证。但在很多现实场景中，我们的实验无法做到双盲，还有很多实验者给出的结论并不是在双盲条件下得出的，对此我们要非常小心地分辨。

　　双盲实验不但常常出现在医学研究中，也被广泛应用于心理学、食品、社会科学等领域，甚至高科技产品研究领域。比如，我们为一款互联网产品设计了新用户界面，想知道它是否比以前的界面更受欢迎。如果采用双盲实验的做法验证，就可以随机选取一批用户，给他们提供新的界面使用，同时选取数量相等的用户，提供原有的界面使用。然后，通过比较两组用户的产品使用行为，如使用时间、每周使用的次数、是否出现付费或者交易行为等，来确认哪个设计更受欢迎。而且，我们还要让不知情的同事去进行这些实验操作。总之，在这项实验中，用户不能知道自己是作为测试者来体验界面的，分析数据的人也不能带着个人偏向来分析结果，这才符合双盲实验的要求，得出的结论会更准确、更公平。

　　双盲实验不但是归纳这种推理方法的重要手段，也是所有科学方法中最值得了解的一种。通过双盲实验的原则和操作步骤，我们能学会从最初的挑选实验样本，到设置对照组、遵守随机分配原则，再到避免主观因素造成的皮格马利翁效应的全过程。双盲实验每一个重要细节的设计，都是为了保证最后得到可靠的实验结果。

## 🔍 本章小结

　　调查和实验是两种常用的获取数据的方法。从现实世界的全集中，收集有关正在研究的信息称为调查，它的目的在于发现信息当中各种变量之间的联系。为研究一些相关信息或者相关变量之间的关系，通过科学方法主动获取信息，被称为实验。

　　调查通常可以获得较大的样本量，但样本当中的信息可能会受到各种噪音的影响。实验通常样本数有限，但是可重复性高，由于实验室为特定目的设计的，通常可以屏蔽掉噪音的影响。

　　无论调查还是实验，从获取信息到处理信息，都要遵循科学的方法，这样才能保证结果的可靠性。

# 第九章

# 处理和分析数据

前两章介绍了如何通过调查和实验这两种方法收集到可靠的数据。有了数据，接下来就要处理和分析这些数据，得出统计规律。

## 9.1　分布：如何确定某个数据在全体数据中的位置

很多时候，从数据中得到的结论和凭经验得到的结论是截然相反的。来看一个例子。

在很多人的印象中，男性玩手机的时间比女性长，因为男性喜欢玩手机游戏。

而美国某个调查机构的研究人员通过调查，发现女性玩手机的时间要比男性长很多。我们随机截取了一些调查的真实数据，数字代表的是被调查者每天玩手机的分钟数。

男性：127、44、28、83、0、6、78、6、5、213、73、20、214、28、11

女性：112、203、102、54、379、305、179、24、127、65、41、27、298、6、130、0

从这组数据可以看出，男性平均玩手机的时间是62分钟，最多的是214分钟，约3.5个小时，最少的是0，中位数是28分钟。女性平均玩手机的时间是128分钟，是男性的两倍多，最多的是379分钟，比男性最多的多了两个多小时，中位数是116分钟，也远远高于男性的中位数。

从这些数据中，可以得到四个有价值的结论：

第一，女性玩手机的时间明显比男性多；第二，有些人，主要是男性，很少玩手机，甚至完全不玩；第三，男性中有两个异类，玩手机的时间远远高于平均值，把均值拉高了很多，远远高出中位数；第四，女性中基本上不存在异类，大家玩得都比较多，均值和中值基本上重叠。

从这个例子可以看出，没有得到数据就直接下结论，是非常危险的。在缺乏数据的时代，人们通常根据自己有限的经验下结论，其中一些和真实情况天差地别。今天，获取数据不是什么难事，我们最好养成在获得数据之前不发表意见的习惯。

上面的例子从本质上讲，是两组数据的简单对比。数据对比通常有两种类型，一种是确定某个数据在全体数据中的位置，另一种是对比两个数据集，找出它们的差异。本节先从第一种讲起。来看一个例子。

**例9-1**

假如常有理这次考试得了90分，他是应该高兴还是沮丧呢？

这个问题很难马上回答。如果90分就是班里的第一名了，小常当然会高兴，而如果这个成绩比中位分数还低，小常就高兴不起来了。当然，还要和他之前的成绩做对比。要是之前一直是100分，那他这次自然就高兴不起来；如果之前都是70分，那他这次应该会很高兴。

面对数据，需要对比才能理解它的意义，单纯一个数字是没有意义的。只要生活在社会中，我们就不得不与他人进行比较，比如要根据成绩排名录取大学，要根据工作绩效发放奖金。因此，懂得如何正确地做比较，如何通过对比来了解我们所处的位置，是非常有必要的。

了解一个数据在一组数据中的相对位置，比如一个年薪20万元的人在年薪中位数是10万元的公司里的相对位置，其实是一个很常见的统计问题。要解决这个问题，就需要了解数据的分布情况。数据的分布情况可以用点图这个工具形象地表示出来。当数据量非常大的时候，点图的轮廓看上去就像是一条连续的曲线，这条曲线就是数据的分布曲线。来看一个黄豆随机下落的实验。

例 9-2

设计一个装置，在一块垂直的木板上钉入一排排钉子，上方第一排有一个，下面每一排比上一排增加一个（图9-1）。然后把黄豆从上往下倒，黄豆每下一排钉子，随机地向左或向右进入一个出口，然后再往下坠落，直到最后落入十几排钉子下事先放好的透明格子中。

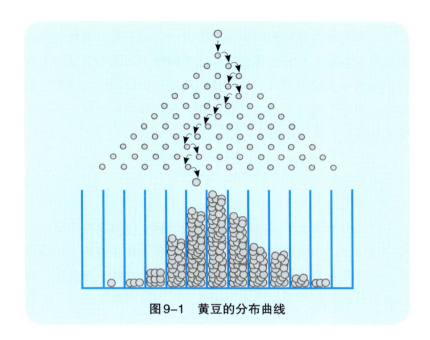

图9-1 黄豆的分布曲线

　　图中的每颗黄豆其实就代表着点图中的一个点。在黄豆足够多之后，黄豆的分布就呈现出下面这张图（图9-2）的形状，这就是正态分布曲线。

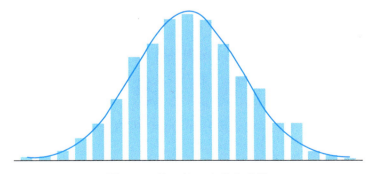

图9-2 黄豆的正态分布曲线

正态分布是最常见的数据分布之一。由于其中的每一个位置实际反映的是相应数值出现的频率高低，因此它也被称为相应数据的概率密度曲线，简称密度曲线。密度曲线可以是任何形状，有些有规律可言，比如正态分布；有些则没有。本节着重关注这些有规律的曲线。

### 正态分布

正态分布也被称为高斯分布。它的第一个显著特点是，它是完美对称的，中值和均值完全重合。正态分布的第二个特点是，中值附近的数据最多，密度最大，因此曲线中间最高；而远离中值的数据少，曲线两端就低。特别值得指出的是，当远离中值到一定的距离之后，数据的密度衰减得特别快，几乎接近于0。也就是说，在正态分布中，远离中值的情况发生的可能性较小。

### 泊松分布

除了正态分布，数据的分布还有很多种情况。比如，下图（图9-3）展示的是某城市半程马拉松的成绩分布，其中横坐标表示的是每名选手比第一名慢了多少分钟。为方便起见，图中只展示了第一名到达终点之后30分钟以内的成绩分布。

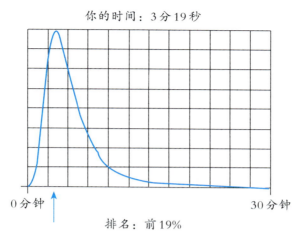

**图9-3 马拉松选手比第一名慢的时间分布图**

　　这种分布虽然也是两边低中间高，但显然不是对称的，它被称为泊松分布。泊松分布的特点是数据密度向左边偏移，靠左侧的数据密度明显大于右侧，并且它的尾巴拖得特别长。马拉松这样的长跑比赛就是这种情况。在第一名返回终点之后，陆续有选手回来，然后人数越来越多。等过了高峰之后，回来的总人数虽然不少，但越往后，选手回来的时间间隔就越长。

　　泊松分布是自然界固有的一种分布，电器的寿命就属于这种情况。另外，人的寿命分布是泊松分布的镜像分布，也就是左边低右边高。

## 指数分布

正态分布和泊松分布都有中间高、两边低的特点，那么是否有一头高的分布呢？指数分布就是这样的。来看一个例子。

> **例9-3**
>
> 小常和小梅上班会乘坐同一路公交车，但是两个人出门的时间不同，因此他们每天在公交车上相遇的概率是$\frac{1}{2}$。今天，小常和小梅相遇了。接下来，他们再次相遇是第 n 天后。请画出 n=1、2、3……的概率分布曲线。

由于小常和小梅每天见面的概率是$\frac{1}{2}$，因此他们第二天见面的概率为$\frac{1}{2}$。也就是说，他们下一次见面就在第二天的概率是$\frac{1}{2}$，这时 n=1，我们把它记录为 P（n=1）=$\frac{1}{2}$。如果他们第二天没见面，但第三天见面了，则第三天见面的概率为$（1-\frac{1}{2}）\times \frac{1}{2}=\frac{1}{4}$，即 P（n=2）=$\frac{1}{4}$。如果接下来的两天他们都没有见到面，第四天才见面，则此时见面的概率为$（1-\frac{1}{2}-\frac{1}{4}）\times \frac{1}{2}=\frac{1}{8}$，即 P（n=3）=$\frac{1}{8}$。不难证明 P（n）=$\frac{1}{2^n}$。计算完成后，就可以用这些数据画出两个人下一次见面在 n 天之后的概率密度图了（图9-4）。

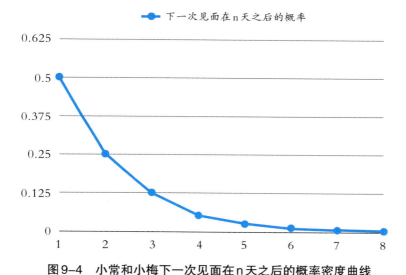

图9-4　小常和小梅下一次见面在n天之后的概率密度曲线

这根密度曲线是随指数衰减的，左边高，但右边很快就趋近于0了。

## 均匀分布

还有一种数据分布比较均匀，叫作均匀分布。来看一个例子。

### 例9-4

小梅是牙医诊所的医生。每个月，她从第一个工作日到第二十一个工作日诊治病人的数量如下：

12、11、13、10、12、12、10、14、12、11、9、8、12、13、10、15、11、8、10、13、12

小常在这个月的某一天去诊所看牙了。请画出小常在任一天看牙的概率密度分布图。

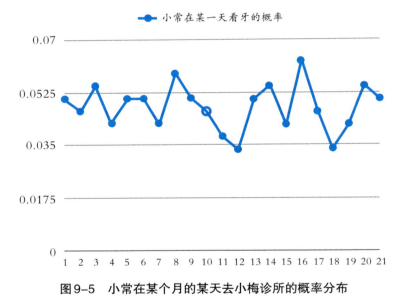

图9-5 小常在某个月的某天去小梅诊所的概率分布

我们拿每天就诊的人数除以一个月的总人数，就得到了小常在某个特定日子去看牙的概率。图中的数据都围绕着0.048上下浮动，而且相差不多。这种分布就是均匀分布。也就是说，小常在任何一天去诊所的概率都差不多。

如果知道一组数据大致符合什么样的分布，根据一个具体数值在分布中的位置，我们就能大致判断它在所有数据中的次序。一个数据越靠近中值，它的排名就越靠近50%；一个数据离中值越远，则它要么靠近0%，要么靠近100%，主要看它是往哪一边偏离。比如，在前文半程马拉松比赛的例子中，中值大约比第一名慢6分钟。如果小常比第一名慢了3分19秒，我们就可以根据泊松分布的概率公式算出他在前19%的位置。公式如下：

$$P(X \leq k) = e^{-\lambda} \sum_{i=0}^{k} \frac{\lambda^i}{i!}$$

这个公式比较复杂，如果不是专门做数据处理工作，你就不需要去记它。人们通常使用一个更实用的方法来估算某个数在泊松分布中的位置，即标准差方法。

标准差是概率和统计中的一个基本概念，它代表的是一组数据相对于均值的浮动范围。比如，一只股票浮动的范围很大，它的标准差就大，另一只股票走势比较稳定，它的标准差就小。标准差的计算公式如下：

$$\sigma = \sqrt{\frac{\sum_{i=1}^{n}(X_i - \overline{X})^2}{n-1}}$$

其中，n是样本的数量，$X_i$是样本集中第i个样本的值，$\overline{x}$是样本的均值。这个公式也不用刻意去记，今天有很多计算工具都能很快给出一组数据的标准差。介绍标准差这个概念，是为了引入Z值。$Z = \dfrac{X_i - \overline{X}}{\sigma}$，也就是特定数值减去平均值后，再除以标准差。Z值可以直接帮助我们了解一个特定数值在一组数据中的相对排位。Z值越大，它对应的数据排位越往后；Z值越小，排位越往前。比如，在正态分布中，Z=−1，大约排在前16%的位置；Z=−2，大约排在前2.3%的位置；Z=2，则排在97.7%的位置。关于其他Z值，可以查阅表9−1。

### 表9−1　正态分布中数据的Z值和相对位置的关系

表中数值是随机数落在负无穷至Z区间中的累计概率大小

| Z | G（Z） | Z | G（Z） | Z | G（Z） | Z | G（Z） |
|---|---|---|---|---|---|---|---|
| -4.00 | 0.000 03 | -3.15 | 0.000 82 | -2.30 | 0.010 72 | -1.45 | 0.073 53 |
| -3.95 | 0.000 04 | -3.10 | 0.000 97 | -2.25 | 0.012 22 | -1.40 | 0.080 76 |
| -3.90 | 0.000 05 | -3.05 | 0.001 14 | -2.20 | 0.013 90 | -1.35 | 0.088 51 |
| -3.85 | 0.000 06 | -3.00 | 0.001 35 | -2.15 | 0.015 78 | -1.30 | 0.096 80 |
| -3.80 | 0.000 07 | -2.95 | 0.001 59 | -2.10 | 0.017 86 | -1.25 | 0.105 65 |
| -3.75 | 0.000 09 | -2.90 | 0.001 87 | -2.05 | 0.020 18 | -1.20 | 0.115 07 |
| -3.70 | 0.000 11 | -2.85 | 0.002 19 | -2.00 | 0.022 75 | -1.15 | 0.125 07 |
| -3.65 | 0.000 13 | -2.80 | 0.002 56 | -1.95 | 0.025 59 | -1.10 | 0.135 67 |
| -3.60 | 0.000 16 | -2.75 | 0.002 98 | -1.90 | 0.028 72 | -1.05 | 0.146 86 |
| -3.55 | 0.000 19 | -2.70 | 0.003 47 | -1.85 | 0.032 16 | -1.00 | 0.158 66 |
| -3.50 | 0.000 23 | -2.65 | 0.004 02 | -1.80 | 0.035 93 | -0.95 | 0.171 06 |
| -3.45 | 0.000 28 | -2.60 | 0.004 66 | -1.75 | 0.040 06 | -0.90 | 0.184 06 |
| -3.40 | 0.000 34 | -2.55 | 0.005 39 | -1.70 | 0.044 57 | -0.85 | 0.197 66 |
| -3.35 | 0.000 40 | -2.50 | 0.006 21 | -1.65 | 0.049 47 | -0.80 | 0.211 86 |
| -3.30 | 0.000 48 | -2.45 | 0.007 14 | -1.60 | 0.054 80 | -0.75 | 0.226 63 |
| -3.25 | 0.000 58 | -2.40 | 0.008 20 | -1.55 | 0.060 57 | -0.70 | 0.241 96 |
| -3.20 | 0.000 69 | -2.35 | 0.009 39 | -1.50 | 0.066 81 | -0.65 | 0.257 85 |

续表

| Z | G（Z） | Z | G（Z） | Z | G（Z） | Z | G（Z） |
|---|---|---|---|---|---|---|---|
| -0.60 | 0.274 25 | 0.60 | 0.725 75 | 1.80 | 0.964 07 | 3.00 | 0.998 65 |
| -0.55 | 0.291 16 | 0.65 | 0.742 15 | 1.85 | 0.967 84 | 3.05 | 0.998 86 |
| -0.50 | 0.308 54 | 0.70 | 0.758 04 | 1.90 | 0.971 28 | 3.10 | 0.999 03 |
| -0.45 | 0.326 36 | 0.75 | 0.773 37 | 1.95 | 0.974 41 | 3.15 | 0.999 18 |
| -0.40 | 0.344 58 | 0.80 | 0.788 14 | 2.00 | 0.977 25 | 3.20 | 0.999 31 |
| -0.35 | 0.363 17 | 0.85 | 0.802 34 | 2.05 | 0.979 82 | 3.25 | 0.999 42 |
| -0.30 | 0.382 09 | 0.90 | 0.815 94 | 2.10 | 0.982 14 | 3.30 | 0.999 52 |
| -0.25 | 0.401 29 | 0.95 | 0.828 94 | 2.15 | 0.984 22 | 3.35 | 0.999 60 |
| -0.20 | 0.420 74 | 1.00 | 0.841 34 | 2.20 | 0.986 10 | 3.40 | 0.999 66 |
| -0.15 | 0.440 38 | 1.05 | 0.853 14 | 2.25 | 0.987 78 | 3.45 | 0.999 72 |
| -0.10 | 0.460 17 | 1.10 | 0.864 33 | 2.30 | 0.989 28 | 3.50 | 0.999 77 |
| -0.05 | 0.480 06 | 1.15 | 0.874 93 | 2.35 | 0.990 61 | 3.55 | 0.999 81 |
| 0.00 | 0.500 00 | 1.20 | 0.884 93 | 2.40 | 0.991 80 | 3.60 | 0.599 84 |
| 0.05 | 0.519 94 | 1.25 | 0.894 35 | 2.45 | 0.992 86 | 3.65 | 0.999 87 |
| 0.10 | 0.539 83 | 1.30 | 0.903 20 | 2.50 | 0.993 79 | 3.70 | 0.999 89 |
| 0.15 | 0.559 62 | 1.35 | 0.911 49 | 2.55 | 0.994 61 | 3.75 | 0.999 91 |
| 0.20 | 0.579 26 | 1.40 | 0.919 24 | 2.60 | 0.995 34 | 3.80 | 0.999 93 |
| 0.25 | 0.598 71 | 1.45 | 0.926 47 | 2.65 | 0.995 98 | 3.85 | 0.999 94 |
| 0.30 | 0.617 91 | 1.50 | 0.933 19 | 2.70 | 0.996 53 | 3.90 | 0.999 95 |
| 0.35 | 0.636 83 | 1.55 | 0.939 43 | 2.75 | 0.997 02 | 3.95 | 0.999 96 |
| 0.40 | 0.655 42 | 1.60 | 0.945 20 | 2.80 | 0.997 44 | 4.00 | 0.999 97 |
| 0.45 | 0.673 64 | 1.65 | 0.950 53 | 2.85 | 0.997 81 | | |
| 0.50 | 0.691 46 | 1.70 | 0.955 43 | 2.90 | 0.998 13 | | |
| 0.55 | 0.708 84 | 1.75 | 0.959 94 | 2.85 | 0.998 41 | | |

　　利用Z值这个工具，可以解决前文提到的工资问题。假设该公司工资数据的分布符合正态分布，公司的平均工资是10万元，标准差是5万元。如果你挣了20万元，那么根据Z值的计算公式，可以得到Z=2。也就是说你比97.7%的人收入都高。但假如标准差是10万元，那你的Z值只有1，也就是你只比84%

的人收入高。

在其他分布中，计算相对位置的方法略有不同。但总的原则都一样：只要数据的分布是有规律的，就可以通过对比目标和均值的差距，以及目标所在数据集合的标准差，利用Z值公式，大致了解目标的位置。

# 9.2 数据集合：如何比较不同地区的收入水平

确定一个特定数据在一组数据中的位置，是一种简单的数据对比。日常生活中，我们还经常需要做另一种对比，就是两组数据或者两个群体之间的比较。比如，几个班学生的成绩、不同地区居民的收入水平、不同职业人群的健康状况，等等。两组数据之间的比较也大有学问，对比不当，就容易形成对某个群体的错误印象。那么，该如何对比两组数据呢？先从一个例子讲起。

**例 9-5**

下面两张点图（9-6a 和 9-6b），显示的是某个年级两个班（A班和B班）在某次考试中的成绩分布情况。对比这两张图，我们能否得知哪个班学生的成绩更好一些？

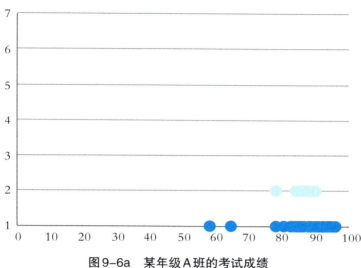

图9-6a　某年级A班的考试成绩

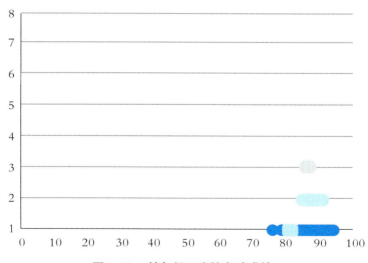

图9-6b　某年级B班的考试成绩

　　只凭这两张图很难得到答案，还需要其他统计数据做参考。A班的平均分是86.9，中值分数是88；B班的平均分是87.2，中值分数也是88。差不多，但似乎B班更好一点。不过从图中可以看到，A班有两个成绩特别低的学生，如果把他们的分数刨去，A班的成绩会更好一点。在这个例子中，我们之所以难以判断两组数据哪个更好，是因为当我们把这两组数据放到一起时，它们的差距不大，甚至大部分会重叠在一起，干扰我们的判断。因此，两个集合或者两组数直接比较并非一件容易的事情。有些时候，稍微改变一下看待数据的角度，甚至就可能得出相反的结论。

　　不妨来看一个稍显极端的例子。在你的印象中，美国加利福尼亚州（下文简称加州）和夏威夷州哪里的民众收入更高？估计大部分人的回答都会是加州，因为加州有高收入的硅谷和好莱坞，而且加州如果作为一个国家来计算GDP，仅次于德国，是全球第五大经济体。

　　但是事实上，加州和夏威夷州的平均家庭收入几乎相同，加州只略高一点点。将这两个州居民收入的分布曲线画在一张图上（图9-7），我们会发现，夏威夷州居民的收入曲线大部分时候是在加州曲线的右边，也就是说，大部分夏威夷居民的收入更高。而加州的平均数略高于夏威夷，是因为最有钱的5%居民收入更高，拉高了平均数。

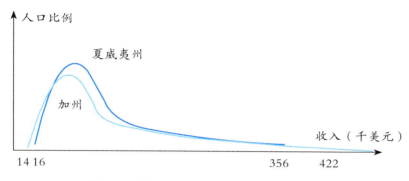

**图9-7 加州和夏威夷州居民收入分布对比**

　　表9-2是这两个州最高收入人群、最低收入人群，以及收入的四个五分位点的具体数据。五分位点和前文讲到的四分位点类似，是把所有数据五等分后得到的。这样，第一五分位数就是位于20%位置的数据，第二五分位数在40%的位置，以此类推。美国统计局在统计收入数据时，常用五分位点而不是四分位点，因为这样可以更细致地反映出每一阶段居民的收入情况。通过这一组五分位点的对比，我们发现，除了最有钱的5%那一组人是加州收入高，其他组都是夏威夷州收入高。

**表9-2 加州和夏威夷州不同五分位点居民收入的对比（美元）**

|  | 加州 | 夏威夷州 |
|---|---|---|
| 收入最高的5% | 422,000 | 355,000 |
| 第四个五分位值 | 104,000 | 108,000 |
| 第三个五分位值 | 64,000 | 72,000 |

续表

|  | 加州 | 夏威夷州 |
|---|---|---|
| 第二个四分位值 | 37,000 | 44,000 |
| 收入最低的20% | 14,000 | 16,000 |

　　从这个例子可以看出，在对比两组数据时，除非它们的差异特别大，否则只看平均值、中值的意义都不是很大。加州的收入平均值掩盖了加州大部分居民都比夏威夷州居民收入低的事实。所以，要想得出结论，需要对两组数据做整体的对比。

　　对数据进行整体对比的时候，我们可能又会发现新的问题。在图9-7中，两条曲线中的一条基本上始终都在另一条的右边，所以很容易得到一个整体的结论。但如果两个人群的收入分布是下图这样（图9-8），整体的结论可能就不存在了。

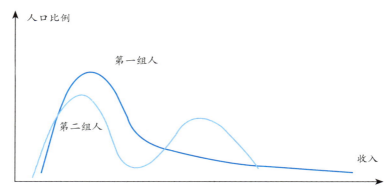

图9-8　具有不同分布特点的两组数据

　　对于这种情况，通常需要把数据根据某种特性进一步细分，才能得出结论。比如，图9–8中第二组人奇特的收入分配分布，可能是不同职业、不同职务收入差距很大造成的。在美国大学里，教职人员有助理教授、副教授和正教授三种，他们的收入差距很大。以麻省理工学院为例，这三类教授的收入是以12.3万美元、15.9万美元和18.6万美元为中心的三个正态分布。把他们的收入分布数据放到同一张图中，就会出现有几个不同峰值的情况。因此，很多时候，对于这些分布受某些特征影响较大的数据，细分后再比较，才能帮助我们得到更准确的结论。

对两组数据做整体上的比较涉及很多领域知识（domain knowledge）。因此，真正能把大数据工具做好的人，都懂得要和相应领域的专家合作的道理。不过，绝大部分数据集合都有一些共性。比如，一个维度的数据分布大概率会比较集中，而且只有一个峰值。如果数据分布非常宽，一定存在造成这种现象的原因。如果数据分布有多个峰值，说明相应的数据集可能包含了几个相对独立的子集。了解那些领域的相关知识或背景后，就能解释数据中那些"异常"现象。

### 比较数据时的常见错误

了解了不同领域的数据可能具有自身特点后，我们在比较两个数据集合时，要防范两个常见的错误。

第一，对于那些分布范围很宽的数据，不要用整体的情况直接代表里面某个子集的情况。

还是以加州和夏威夷州的居民平均收入对比为例 。我们已经通过数据看到，除了最富有的一群人，夏威夷州居民在几乎所有的收入阶层，都比加州居民收入更高。但是如果单独对比其中的白人群体或亚裔群体，结论就又不相同了。下图（图9-9）给出了这两个州不同族裔的收入中位数情况。

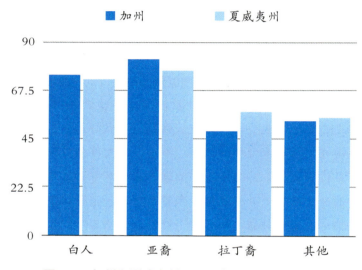

**图9-9　加州和夏威夷州不同族裔居民收入的对比**

从图中可以看出，加州各族裔中只有拉丁裔的收入明显低于他们在夏威夷的同胞，其他族裔相比自己在夏威夷的同胞要么持平，要么高出一些。换句话说，一个亚裔在加州挣到的钱可能比夏威夷州挣到的更多。

今天大家在媒体上会看到很多排名和对比，它们当中有一大半结论都经不起推敲，其中一个很重要的原因就是做了不当对比，包括泛泛的整体对比，以及拿一个整体去和一个局部对比。经常会有人比较和讨论江苏、浙江和广东这三个省份哪个人均GDP最高。如果以此估算它们的经济总量或者增长率，这没问题。但是，如果试图通过这些数据估算居民的生活水平、购买力或者社会发展水平，就容易被误导。事实上，连云港和苏州同为江苏城市，人均GDP就差了很多。今天人们得到一个江浙粤居民有钱的印象，其实来自苏州、杭州和深圳等城市，很多欠发达地区都被忽略了。

放眼到全世界，我们会发现，很多统计数据做的都是这一类不公平的比较。如果去看一下世界各国的基尼指数，你会发现所有人口超过1亿的国家基尼指数都超过0.4，也就是说收入差异较大。今天有人举出各种指标来说明北欧国家的社会福利好，我们承认北欧各国在收入水平和社会公平方面确实做得不错，但是拿这些人口只有几千万的国家去和人口上亿的大国相比并不公平。如果把整个欧洲作为一个整体，那它的基尼指数并不低。欧洲人均最富有的卢森堡和欠发达的阿尔巴尼亚，差了20多倍。

第二，对两组不同的数据做对比时，要注意数据产生的条件。

很多人觉得重点中学的高考升学率比普通中学要高很多，是因为老师教得好。不可否认，重点中学确实在师资力量、硬件条件、学习氛围上存在优势，但人们通常忽略了一个事实，就是进入这些重点高中的，是全市甚至全省最好的几千名学生，拿他们去和普通高中的学生做对比，其实没有太多的可比性。这就是忽略了数据产生条件的不公平比较。比较公平的比较应该是拿重点高中所录取学生中最后的10%，和普通高中的尖子生去做对比。因为他们的起点差不多，这样得到的数据，才能说明重点高中的教学到底好多少。不过遗憾的是，我们至今没有看到这方面的数据。

概括来讲，两组同类数据之间的比较是一件比较复杂的事情。对于那些差异较小的数据，我们不能简单使用几个指标，比如均值、中值就给出结论，而需要把这两组数据的分布情况做全面的对比。当每一组数据的分布都特别宽时，我们要对数据的类型细分之后再进行比较，找到它们差异巨大的原因。

# 9.3　相关性：如何理解数据之间的关系

寻找两件事之间的关系，在生活中很常见。比如，要改进一个营销方案，就得知道这些改进的措施到底和最后的结果有没有关系。前文介绍演绎推理时讲过，变量 X 和 Y 之间可能有必然的因果关系，即 X→Y；也可能是互斥的，即 X∧Y=F（或者 X→~Y）；当然还有第三种情况，就是 X 和 Y 之间既没有因果关系，也不是互斥的，X 和 Y 可能同时成立，但没有必然性。这种情况在演绎推理中被笼统地称为有可能。至于可能性是大是小，演绎推理没有考虑，因为在演绎推理中，1%的可能性和99%的可能性都是可能，无须加以区别。但是，这两种情况显然不一样。在归纳推理中，有了统计数据的支持，我们就能区分这两种情况了。

可能性从大到小，可以分为决定性、相关性和无关三种。决定性是指一个变量改变，另一个变量也一定改变；相关性是指一个变量改变，和另一个变量的改变之间有关系；无关是指一个变量改变，并不能引起另一个变量的改变。在这三种关系中，我们把重点放在相关性上。因为通常来说，决定性和无关都比较容易判断，而相关性判断起来就不那么直观了，并且会受到主观感觉的干扰。

有一种可视化的统计工具，可以帮助我们更直观地理解 X 和 Y 之间的关系，那就是二维点阵图，它被广泛应用在统计学和科学实验中。

看一个具体的例子。假设我们想知道，在篮球比赛中，得分多和防守好这两个因素哪个对于赢得比赛更重要，最好的做法就是研究一下球队分数和赢球场数之间的关系。

表 9-3 是 NBA（美国职业篮球联赛）2022—2023 赛季常规赛中各队的平均每场得分情况及赢球场数。

表 9-3　NBA 2022—2023 赛季常规赛各队场均得分和获胜场数

| | 球队名称 | 场均得分 | 获胜场数 |
|---|---|---|---|
| 1 | 萨克拉门托国王队 | 120.2 | 48 |
| 2 | 亚特兰大老鹰队 | 118.2 | 41 |
| 3 | 金州勇士队 | 118.1 | 44 |
| 4 | 俄克拉何马城雷霆队 | 117.3 | 40 |
| 5 | 犹他爵士队 | 117.1 | 37 |

续表

| | 球队名称 | 场均得分 | 获胜场数 |
|---|---|---|---|
| 6 | 密尔沃基雄鹿队 | 117.0 | 58 |
| 7 | 波士顿凯尔特人队 | 116.8 | 57 |
| 8 | 洛杉矶湖人队 | 116.3 | 43 |
| 9 | 印第安纳步行者队 | 116.3 | 35 |
| 10 | 孟菲斯灰熊队 | 116.1 | 51 |
| 11 | 丹佛掘金队 | 115.3 | 53 |
| 12 | 明尼苏达森林狼队 | 115.1 | 42 |
| 13 | 新奥尔良鹈鹕队 | 114.4 | 42 |
| 14 | 达拉斯小牛队 | 114.2 | 38 |
| 15 | 纽约尼克斯队 | 114.1 | 47 |
| 16 | 费城76人队 | 113.7 | 54 |
| 17 | 菲尼克斯太阳队 | 113.7 | 45 |
| 18 | 洛杉矶快船队 | 113.7 | 44 |
| 19 | 波特兰开拓者队 | 113.4 | 33 |
| 20 | 华盛顿奇才队 | 113.2 | 35 |
| 21 | 圣安东尼奥马刺队 | 113.0 | 22 |
| 22 | 芝加哥公牛队 | 112.8 | 40 |
| 23 | 多伦多猛龙队 | 112.8 | 41 |
| 24 | 布鲁克林篮网队 | 112.4 | 45 |
| 25 | 奥兰多魔术队 | 111.4 | 34 |
| 26 | 克利夫兰骑士队 | 111.2 | 51 |
| 27 | 夏洛特黄蜂队 | 111.0 | 27 |

续表

| | 球队名称 | 场均得分 | 获胜场数 |
|---|---|---|---|
| 28 | 休斯敦火箭队 | 110.7 | 22 |
| 29 | 底特律活塞队 | 110.3 | 17 |
| 30 | 迈阿密热火队 | 109.1 | 44 |

面对这么多数据，我们很难产生什么直观感受。可以把这些数据制作成一张二维点阵图（图9–10），来直观地感受每场得分和获胜场数这两个变量之间的关系。图中每个点代表一支球队，横坐标是这支球队每场的平均得分，纵坐标是它在赛季中获胜的场数。

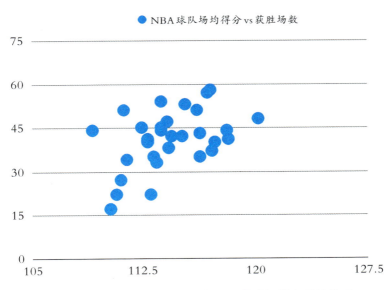

图9–10 NBA比赛各队场均得分和获胜场数之间的关系

可以看到，这些点较为杂乱地分布在画面中。在获胜场数相同的水平线上，往往得分从低到高的球队都有，得分最高的球队未必获胜的场数就是最多的。平均每场得分最低的迈阿密热火队，总共赢了44场，在所有球队中其实处于中上水平。事实上，那个赛季迈阿密热火队甚至最终进入了总决赛。因此可以得出结论，每场平均得分和最后的获胜场数确实没有什么相关性，或者说相关性极其微弱。

那么，如果得了很多分也不能保证球队赢球，什么因素才能决定比赛的胜负呢？球迷肯定听过这样一句话："得分靠进攻，赢球靠防守。"这句话其实非常符合现实情况。防守好、不失分的球队，一般更有可能获得整场比赛的胜利。

接下来，我们把各球队场均失分和赢球场数的统计数据（表9-4）绘制成二维点阵图（图9-11），看看直观的数据分布。

表9-4 NBA 2022-2023赛季常规赛各队场均失分和获胜场数

| | 球队名称 | 场均失分 | 获胜场数 |
|---|---|---|---|
| 1 | 克利夫兰骑士队 | 106.88 | 51 |
| 2 | 迈阿密热火队 | 109.79 | 44 |
| 3 | 费城76人队 | 110.90 | 54 |
| 4 | 多伦多猛龙队 | 111.38 | 41 |
| 5 | 波士顿凯尔特人队 | 111.41 | 57 |
| 6 | 菲尼克斯太阳队 | 111.57 | 45 |

续表

| | 球队名称 | 场均失分 | 获胜场数 |
|---|---|---|---|
| 7 | 芝加哥公牛队 | 111.83 | 40 |
| 8 | 丹佛掘金队 | 112.46 | 53 |
| 9 | 新奥尔良鹈鹕队 | 112.48 | 42 |
| 10 | 布鲁克林篮网队 | 112.50 | 45 |
| 11 | 孟菲斯灰熊队 | 112.98 | 51 |
| 12 | 洛杉矶快船队 | 113.09 | 44 |
| 13 | 纽约尼克斯队 | 113.10 | 47 |
| 14 | 密尔沃基雄鹿队 | 113.30 | 58 |
| 15 | 奥兰多魔术队 | 113.98 | 34 |
| 16 | 达拉斯小牛队 | 114.15 | 38 |
| 17 | 华盛顿奇才队 | 114.37 | 35 |
| 18 | 明尼苏达森林狼队 | 115.82 | 42 |
| 19 | 俄克拉何马城雷霆队 | 116.39 | 40 |
| 20 | 洛杉矶湖人队 | 116.60 | 43 |
| 21 | 金州勇士队 | 117.13 | 44 |
| 22 | 夏洛特黄蜂队 | 117.20 | 27 |
| 23 | 波特兰开拓者队 | 117.41 | 33 |
| 24 | 犹他爵士队 | 118.01 | 37 |
| 25 | 萨克拉门托国王队 | 118.06 | 48 |

续表

|   | 球队名称 | 场均失分 | 获胜场数 |
|---|---|---|---|
| 26 | 萨克拉门托国王队 | 118.13 | 41 |
| 27 | 底特律活塞队 | 118.52 | 17 |
| 28 | 休斯敦火箭队 | 118.60 | 22 |
| 29 | 印第安纳步行者队 | 119.46 | 35 |
| 30 | 圣安东尼奥马刺队 | 123.07 | 22 |

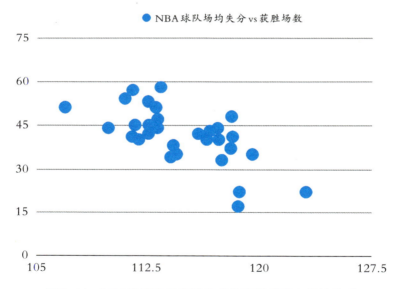

图9-11　NBA比赛各队场均失分和获胜场数之间的关系

　　相比于图 9-10，图 9-11 中数据的分布比较有规律。可以看到，图中的点大致是沿着从左上到右下这样一条线分布。也就是说，失分越少的球队，获胜的场次通常越多；失分越多的球队，获胜的场次通常越少。一位篮球教练看了这些数据，应该就知道要如何训练球队了。数据的背后反映出我们的生活经验。通过对数据的分析和归纳总结，我们能够得到对生活有所指导和帮助的结论，这正是统计和归纳的意义所在。

　　通过一组数据，找出另一组数据的规律，其核心是两组数据之间具有相关性。相关性可以分为两种：正相关和负相关。

　　所谓正相关，就是指一个变量增大，另一个变量也会相应增大。比如，下图（图 9-12）展示的是美国家庭收入和纳税金额之间的关系。纵坐标是纳税金额，横坐标是收入金额。

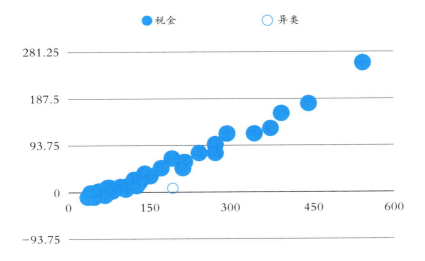

图 9-12　收入和纳税的关系（千美元）

从图中可以看出，虽然有同样收入的人纳税金额可能有所差异，但总体来说，收入越多，纳税就越多，这两个数据变量是非常相关的。图中有个别家庭的收入和纳税金额偏离了其他数据点的分布范围，也就是成了我们说的"异类"或野值，这说明很可能存在偷税漏税的情况。事实上，美国国税局和州政府就是用这种方法来寻找可能偷税漏税的企业和个人的。图里还有人的纳税金额是负数，那是因为低收入人群的退税补贴比他们交的税还要多。

与正相关相对应，负相关是指一个变量增加，另一个变量随之下降。前文讲到的NBA各队场均失分和获胜场数的关系就是如此。

介绍完数据间的相关性，我们再来看看决定性和无关性。

决定性和无关性可以被理解为最强和最弱的相关性。通过前文几个例子可以看出，相关性是有强有弱的。相比而言，收入和纳税的相关性就比较强，NBA比赛场均丢分和获胜场数的相关性就比较弱。相关性最强的关系也叫决定性关系，而如果两个变量的相关性特别弱，弱到可以忽略不计，我们就认为它们基本无关。

来看两个例子。

**例 9-6**

某款汽车发动机的转速和扭矩之间的关系如下图（图9-13）所示。转速决定扭矩的大小。

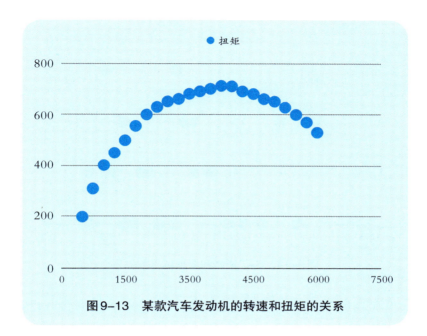

**图9-13　某款汽车发动机的转速和扭矩的关系**

图中，横坐标代表转速，纵坐标代表扭矩。由于有变速箱的作用，转速和扭矩不是成正比的，但是转速可以决定扭矩的大小。给定一个转速，就可以通过它们的关系图，非常确定地得到一个扭矩。换句话说，扭矩是转速的函数，或者说扭矩随着转速变化。这就是两个变量之间存在决定性相关的典型例子。

**例9-7**

图9-14是美国某大学录取结果和申请者大学入学标准化考试成绩（SAT）的关系图。该大学把申请者分为四大类：一定录取、有可能录取、不太可能录取、肯定不录取，分别对应了3、2、1、0四档分数。

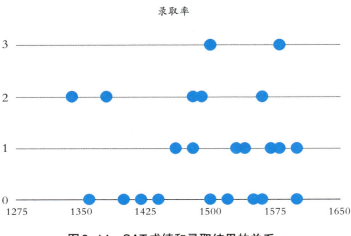

图9-14　SAT成绩和录取结果的关系

　　从图中可以看出，在SAT成绩达到一定的分数，比如1450后，分数高低就和录取与否基本无关了。有人可能会下意识地觉得，考试成绩和录取结果之间肯定多少有一点相关性。但是，如果两个变量之间的相关性小到几乎难以察觉，我们就不再认为它们是相关的，可以当作无关来处理。

　　确定了两个不同维度的数据之间的相关性后，我们就能通过对一个维度的数据的了解，来预测另一个维度的数据了。我在《智能时代》①一书中讲过这样一个例子：美国西雅图的警察通过对比每个家庭和全市普遍用电模式的差异，就能找到在家中种植毒品的人（图9-15）。

---

① 吴军：《智能时代》，中信出版社2016年版。

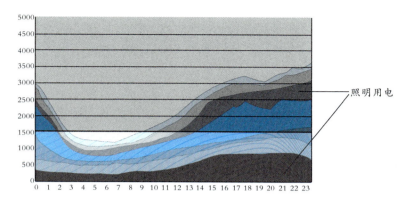

图9-15 西雅图每天不同时间不同种类电器的用电量

图中有很多波浪形曲线，这是整个城市每天不同时间的用电量，其中不同的颜色代表不同电器的用电情况，比如斜线的部分是照明用电，其他部分有的是空调，有的是冰箱，有的是洗衣机，等等。每个家庭虽然生活习惯不同，但用电模式基本上是一致的，比如天黑了会开灯，晚上睡觉会关灯，等等。按理说，相关性应该很高才对。

图中下半部分的矩形代表的是种植毒品的房屋的用电情况。那些房屋中没有人居住，照明用电却24小时不停，甚至不同时间的用电量都是一样的，而且只有照明用电，几乎没有其他电器的耗电。这种用电模式和全市的普遍模式没有相关性，因此警察很容易找出来。

可见，数据的相关性不仅能帮我们对未知的数据进行一些预测，还能帮助我们消除一些疑虑，发现一些问题。

# 9.4 线性回归：如何通过已知预测未知

在寻找两组数据之间的相关性时，图形工具无疑是一种简单直观的工具。但是，如果数据量巨大，画图就不方便了。因此，人们发明了很多量化分析的工具，其中最简单、最直观、最容易理解的就是线性回归模型。先来看一个真实的例子。

在2002年的冬季奥运会上，一位名叫皮埃尔的花样滑冰裁判被指控打分不公正。投诉的教练指出，皮埃尔给的分数平均比其他裁判要低0.8分，有这么大的差异，很可能是他在故意压低某些选手的比赛成绩。然而，裁判委员会在调查后，却撤销了对皮埃尔的指控。裁判委员会发现，皮埃尔的打分和其他裁判的打分之间呈现线性相关，相关性是0.9。也就是说，对于同一位选手，别人打分高，皮埃尔打分也高，别人打分低，皮埃尔打分也低。因此，皮埃尔并不存在刻意压低某些选手成绩的打分意图。

在这个例子中，有一个新的名词——线性相关。所谓线性相关，是指两个或多个变量之间的关系可以用直线来描述，当一个变量增加单位数量时，和它相关的另一个变量也随之增加或者减少特定的数量。如果后者随前者增加，就是正相关，如果减少，就是负相关。当然，在现实中，完全准确的线性非常少见，只要两个变量的关系大致是线性的，就可以认为它们是线性相关。比如前文讲到的大部分美国人的纳税金额和收入金额，就大致可以认为是线性相关的。从下图（图9-16）中可以看出，各个点基本上是沿一条从左下角到右上角的直线分布的，这条直线就被称为（线性）回归线。

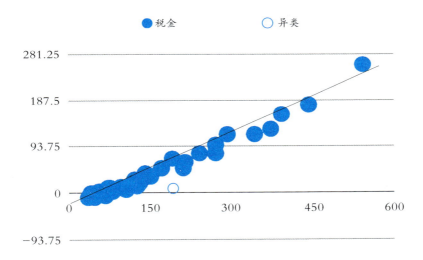

**图9-16　收入和纳税基本上是线性关系**

显然，对于两组相关的变量，如果能找到这样一条反映数据分布规律的回归线，就能推测出改变其中一个变量，另一个变量会随之发生什么变化。线性相关比较简单，相应的工具也比较多，因此人们在分析数据时，经常把重点放在寻找线性关系上。而如果两种变量的关系是非线性的，很多时候也可以通过对其中一组变量进行一些操作，让它变成线性的。比如，半导体领域著名的摩尔定律告诉我们，集成电路中晶体管的数量基本是时间的指数函数，因此晶体管的数量和时间显然不是线性关系。但是，如果我们把晶体管数目取对数，这个新变量和时间就基本是线性关系了。

当我们寻找两个变量或两组数据的关系时，第一步先要确定两组数据之间的相关性是什么形式，是线性的，还是非线性的（曲线的）。如果不是线性的，我们要看看能不能通过简单的函数变换，把它转化成线性的。通常的做法有取倒数、取对数、开平方、取指数等。

前文讲过齐普夫定律，这个定律表明世界上很多事物的排名和频率（或者总量）的乘积是个常数。比如，人们的财富总量和富有程度的排名就符合齐普夫定律（图9-17）。显然，财富总量和排名不是线性关系。但如果我们对每个人的排名取倒数，那它和财富总量基本上就是线性相关的了（图9-18）。

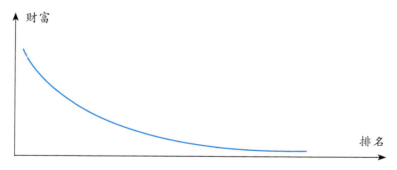

图9-17　财富和排名的关系

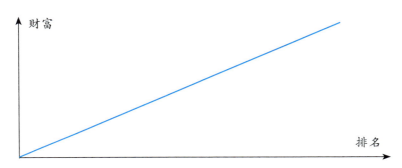

**图9-18　财富和排名倒数的关系**

如果经过各种简单的变换之后，两组数据之间依然看不出有线性关系，那就需要用非常专业的统计工具去寻找它们之间的关系了，这不在本书讨论的范围内。

假定在进行了简单的变换后，两组数据之间存在线性关系，或者大致近似于线性关系，我们就要进行第二步判断，确定二者是正相关，还是负相关，或者先正相关再负相关。最后这种情况也不少。比如，税率和税收的关系就是这样的。在税率不是很高的时候，它们是正相关的，但是在税率高过一定百分比之后，再提高税率反而会让税收下降。原因很好理解。一方面，税率太高会让经济受到打击；另一方面，高税率会让很多人不得不想办法逃税。这时候，两个变量就变成负相关了。当然，还有第四种情况：两个变量先负相关，再正相关。

接下来的第三步，也是最关键的一步，就是确定这种相关性有多强，并且用一个简单的数学模型进行描述。前文讲到的收入和纳税金额的关系、集成电路中晶体管的数量和时间的关系，以及财富排名和财富总量的关系，相关性就非常强。而NBA 比赛中场均失分和获胜场数之间的关系，相关性就要弱一些。

当然，我们并不满足于简单地用"强"或者"弱"这样的形容词来描述一种关系，而是希望有一个定量的度量方式。线性自回归模型就是一个很好的工具，也就是用一条直线 y=rx+b，代表具有线性相关性的两组数据 x 和 y，其中 x 是自变量，y 是应变量。

在这条直线中，数值 r 也被称为相关系数。我们用它来衡量两个变量之间的相关性。数值 r 的范围是 1 到 –1。这里要重点关注三个比较重要的 r 值：

当 r=1 时，表示两个变量完全正相关，一个变量的值增加 1，另一个变量的值也按比例增加 1。

当 r=0 时，表示两个变量完全无关。

当 r=–1 时，表示两个变量完全负相关，一个变量的值增加 1，另一个变量的值会按比例减少 1。

那么，是否存在变量 x 增加 1，而 y 增加 2 的情况？如果存在，是不是 r=2 呢？如果我们考察原始的数据，这种可能性当然存在。比如，企业利润和其股票估值的关系就基本上是线性的，但是利润增加 1 块钱，估值通常会增加 10~20 块钱。不过，我们在计算相关系数时，是为了对数据进行归一化处理，也就是把变量 x 的变换范围和 y 的变化范围都归一化在 0 和 1 之间，这样 r 的范围就不会超出 [–1，1] 这个区间。举个例子。我们假定某个城市夏天的平均气温每升高 1 摄氏度，每天空调的耗电量会增加

100万千瓦时，这是一个线性关系。我们假定该城市夏天的平均气温在30~40摄氏度，空调的耗电量在500万~1500万千瓦时。为了方便计算r值，可以把气温从[30, 40]这个区间直接归一化为0~1；把耗电量的区间[500万，1500万]也归一化为0~1。这样相关性就不会大于1了。

那么，如何从一组数据中得到这样一条回归线，让它代表这组数据呢？不难理解，这条回归线应该尽可能地拟合所有的数据点。要如何判断出拟合的程度呢？统计学家给出的要求是，所有的点到这条回归线距离的平方和要是最小的，这样能保证这条回归线最大程度地拟合所有数据点，不至于偏离得太远。比如图9–16中的回归线，反映出收入金额和纳税金额之间的线性关系。可以看到，这条直线从左下角到右上角，每一个原始的数据点离直线距离都不算太远。而直线归一化后的斜率就代表了相关系数r，大致是1。

再来回顾一下NBA比赛中场均失分和获胜场数的关系。把这两个变量的点图复制如下（图9–19），并且绘制出它们的线性回归线（图9–19中的实线），可以计算出它的斜率是–0.9。这说明场均失分和获胜场数的关系是负相关，而且相关性比较强。

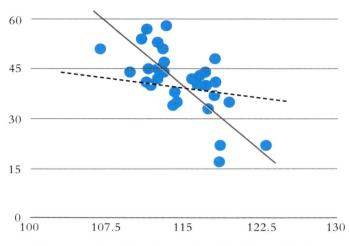

**图9-19　NBA比赛中场均失分和获胜场数之间的关系**

　　这条回归线为什么斜率要画成0.9，而不是更大或者更小，像图中的虚线那样？这是因为它要满足"所有点到回归线距离的平方和是最小的"。之所以要求距离的平方和最小，而不是各点到直线距离的总和最小，是为了保证满足条件的直线通常只有一条。如果使用后者作为寻找回归线的条件，很可能满足条件的直线不止一条。比如，图9-16中直线的很多平行线，都能满足各点的距离之和最小。当然，这些平行线的相关因子r是相同的，但是常数b不同。线性回归模型中常数b的意义在于，确保回归线穿过所有的数据，而不是在数据的上方或下方，如图9-20所示。

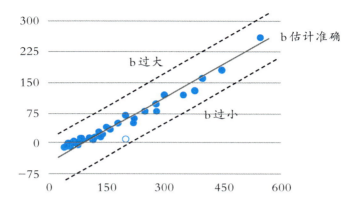

**图9-20 常数b对回归线位置的影响**

　　至于如何从数据中得到回归线，今天计算机上有很多工具帮你做这件事，甚至大部分计算器也能计算出r和b的值。生活中如果真要用到线性回归模型，我们只需要懂得它的原理就好。

　　最后，再来看看如果两个变量无关，回归线会是什么样。

　　前文举过一个例子，说明SAT成绩和录取结果基本上无关。如果一定要假设它们多少有些关系，用数据算出它的回归线，就是下图（图9-21）所示的样子。显然，图中的回归线非常平，它的数值r在0.1左右，只有很弱的相关性。一般来讲，r的绝对值小于0.5，我们就认为相关性非常弱或者无关。对于这种极为微弱的相关性，忽略它比考虑它更好。事实上，在美国申请大学，成绩确实不是一个决定性的因素，申请者的社会实践经验、文书水平、特长加分等，同样非常重要，甚至更重要。

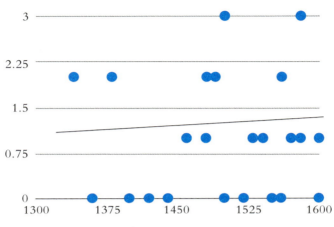

**图9-21 SAT成绩和录取结果之间的相关性**

总结一下，在对两组数据进行比较时，有时候不能只看均值、中值这些统计数据，还要对比它们的相关性。如果两组数据之间没有相关性，特别是努力与结果没有相关性时，我们就应该意识到不要再往这个方向下功夫了。

# 9.5 方差和残差：线性回归模型有何局限性

虽然现在的统计工具很强大，但很多时候人们依然会利用线性回归模型寻找线性相关性，这是因为它简单，容易理解。利用线性回归模型这个工具，可以通过一个维度的信息预测其他维度的信息，比如根据一个人的收入，估算其所得税的大致范围。

但是，线性回归模型在实际运用时，预测出来的结果有时和实际情况相差很远。这并不是因为线性回归模型本身有问题，而是因为使用不当。在一些情况下，简单机械地套用线性回归模型，并不能得到可靠的结果。下面我们就来看看，在什么情况下要慎用线性回归模型。

第一，两组数据相关性很弱的情况。太弱的相关性可能只是巧合，这种硬套公式算出来的相关性，其实没有什么参考价值，基本上和随机的结果差不多。这时，与其相信两组数据是相关的，不如把它们看成随机的、没有规律的更好。

比如，前文说的SAT成绩和美国名牌大学录取的关系就是如此。虽然两者之间看似有微弱的相关性，但是把时间花在进一步提高分数上，其实不能增加被录取的概率。所以，SAT成绩达到一定水平后，就不要再把所有时间都花在试图多考几分上，不如提升一下自己其他方面的能力。很多人会质疑，美国名牌大学招生时的这种做法是否是在歧视成绩好的学生。事实上，美国很多大学做过研究，学生入学时的SAT成绩和毕业时的GPA（平均分）之间几乎没有相关性。不过，根据美国西北大学数学系夏志宏教授等人的研究，学生们入学第一年的数学成绩和GPA却是相关的，相关系数在0.7~0.8，并且对文科生也适用。这倒不是说所有的课程都要用到数学，而是因为数学相对难学，需要花足够的时间，同时掌握学习方法。一个人在大学时能把这两件事做好，那他所有的课程就都能学好。

平时，我们在生活中总会遇到这样的情况，看似还有改进的空间，但是最后那点改进和结果的相关性非常小，继续投入时间和资源就不合算了。

　　第二，确定了两组数据有相关性，甚至计算出来的相关系数很高，也不一定有很高的参考价值。有些时候，相关性系数很高，但是由于回归线到所有数据点的距离的平方和也很大，得到的相关性也不太靠得住。我们通常把数据点到回归线距离的平方的平均值称为方差。换句话说，方差太大的相关性是靠不住的。来看一个例子。

　　下图（图9-22）的a、b两图分别代表相关性系数相同，但是方差不同的两种情况。

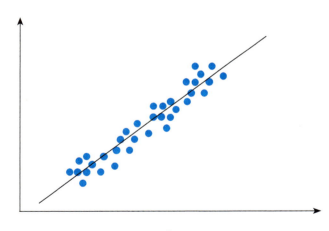

a

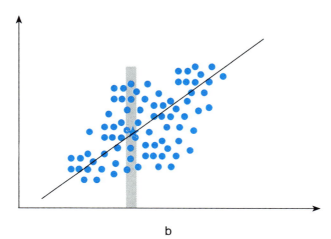

b

**图9-22 相关性系数相同、分差不同的两种情况**

从图中可以看出，二者的回归线斜率相同，也就是说相关性的强弱相同。但是在图9-22a中，所有的数据点都在回归线附近，它们的方差很小，这时用回归线来归纳它们的规律比较准确。在图9-22b中，有很多数据点其实远离回归线，虽然这条回归线已经是最能描述这些数据的统计规律的一条了，但也不过是矮子里面拔将军。如果真用回归线的斜率，在给定一个维度的数据后预测另一个维度的数据，可能和实际情况相差很远。

比如，在图9-22b中，我们限定了横坐标变量的一个范围，想通过两个维度数据的相关性预测纵坐标变量的位置。根据我们的预测，这些数据都在回归线上，但真实的情况却是，纵坐标变量浮动的范围特别大，实际的数据从灰色区域内的最上面一个点到最下面一个点都有可能。在这种情况下，即使找到了相关性，其实也没有太大的参考价值。

图9-22b所代表的这类情况在股票市场很常见。比如，我们知道央行利率的变动和股市的涨跌有很强的相关性，但是方差很大。根据美国的历史数据，通常利率每下降1%，股市短期内平均会上涨3%，但实际涨幅是在–7%到+13%波动。显然，简单地根据利率变化预测股市，准确性不会高。

为了方便描述通过回归线预测的数据与真实数据的差异，需要介绍一个新的概念——残差。所谓残差就是真实数据，也就是观测值与回归线预测值之间的差距。换句话说，残差=观测值—预测值。对比一下图9-22的a、b两图，我们会发现前者的残差小，后者的残差大，因此在前一种情况中，用线性回归模型预测会相对准确，在后一种情况中，线性回归模型就不太适用了。

用相关性进行预测时，要注意，对于残差很大的情况，预测没有意义。事实上，几乎所有和股票涨跌相关的信息，都属于残差很大的信息，因此基本所有人预测股市都是对一半，错一半。

那么，为什么相关性相同的数据，有的残差会很大，有的则很小呢？这是由数据本身的性质决定的。比如，用线性回归概括收入和纳税的关系，残差就小，因为收入相同的人纳税金额不太可能差很多，除非出现了偷税漏税的情况。但是，用企业的盈利预测它的市值，残差就很大，因为同样盈利水平的企业，市值差个几倍，甚至差出一个数量级，都是很常见的事。

美国股市的年回报率平均是 7% 左右，持续两百多年了。但是，如果以为持续了两百多年，就能保证自己进场后一年资产增加 7%，你就大错特错了。事实上，它的残差大约是 ±18%，也就是说，一年后你的投资大概率会在亏损 11% 到盈利 25%，具体怎样就看运气了。有人运气比较差，第一年亏了 11%，第二年又亏了 11%，然后他就割肉退场了。结果第三年、第四年，大盘每年涨了 25%。在股市中，这种故事特别常见。

这些人确实运气不好，更主要的是，他们的思维方式是错的，科学素养也不够高。在思维方式上，他们把"勉强做出的"非常粗糙的预测，当作确定性的规律。在科学素养上，他们只知道有平均回报率，不知道后面还有残差，而那些残差波动的幅度，甚至要比回报率大得多。或者说，残差相当于噪音，会把回报率完全淹没。

除了相关性的强弱和方差的大小，在使用线性回归模型之前，我们还要考虑第三种情况，数据间的相关性可能不是线性的。比如，如果用线性回归的办法计算发动机转速和扭矩的相关性，我们会发现它的回归线是下图（图 9-23）中那根斜率很低的直线，几乎看不出相关性。显然，我们把非线性相关的两组数据当作线性相关的来处理了。

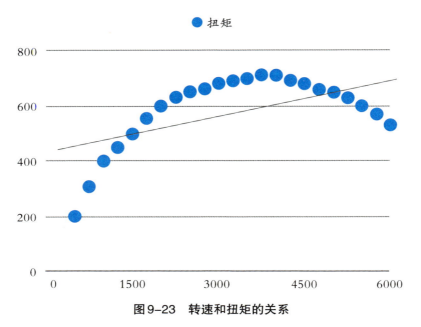

**图9-23 转速和扭矩的关系**

　　另一个类似的例子是抛物运动时间和高度的关系。扔一个纸飞机，每过一段时间测量一下它飞行的高度，就会得到如下图（图9-24）中的点。纸飞机飞行的高度当然受时间的影响，而且影响还很大，但如果一定要用线性回归来描述二者的关系，得到的结论就是它们毫无关系，因为回归线是水平的。可以看到，这两张图中的数据呈曲线分布。对于这些非线性相关的数据，不能简单地用线性相关的方法去计算它们的相关性。

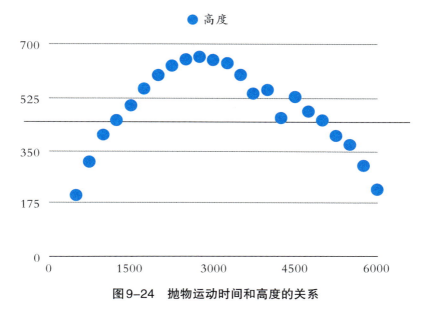

**图9-24 抛物运动时间和高度的关系**

最后，异类对于线性回归模型也会有影响。前文多次提到异类，它是一个非常重要但又容易被忽略的干扰因素。异类平时很少看到，否则也就不被称为异类了。但是异类由于远离大部分观察到的数据，因此虽然数量少，却会在很大程度上影响统计的结果，导致我们通过统计归纳出来的结论偏离实际情况。来看下面这两张图（图9-25a和图9-25b），其中各有一个异类存在。

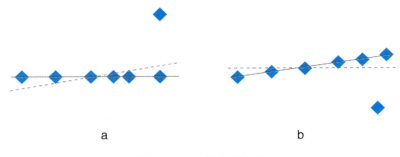

a

b

**图9–25　有异类的点图**

图9–25a中的数据如果没有那个异类的存在，原本是没有相关性的，但是异类让它看似有了相关性，图中的虚线就是有了异类后的回归线。图9–25b中的数据本来是有相关性的，但是把异类考虑进去，它反而显得没有了相关性。因此，在寻找数据相关性之前，要先把异类的情况排除出去。

总结一下，在用数据的相关性做预测时，在三种情况下，相关性几乎是无用的。第一种情况是相关性太弱，第二种情况是数据点到回归线的方差太大，第三种情况是数据本身的相关性不是线性的。此外，我们还要注意异类的影响，在确定相关性之前，要先排除异类。

## 🔍 本章小结

在收集到数据之后，我们需要开始处理数据，寻找数据中隐藏的规律，并且合理地使用规律。通过数据，我们可以了解一个个体在全集中的位置，了解两组数据的差异及它们的相关性。通过数据之间的相关性，我们可以利用已知的数据，或者容易获取的数据，预测与它们相关的未知数据。这就是我们常说的归纳总结经验。当然，由于不同数据之间的相关性可能是各种各样的，可能比较复杂，我们通常把关注的焦点放在那些具有线性相关性的数据上。

# 第十章

# 数据统计和归纳的应用

我们已经了解了如何通过调查和实验的方法来收集数据，也掌握了如何通过对比及寻找相关性的方法获取数据背后的信息。接下来，我们重点关注一下如何从数据中归纳总结经验，得到规律性的认识，再将这些规律用于真实世界。

# 10.1 归纳：如何通过局部了解整体

我们知道，归纳是一种试图从有限的案例中找出真实世界规律的方法。但是，是否真的能够通过对局部的研究，获得一个具有普遍性的经验或规律呢？这个问题不能用简单的是或否来回答。想回答它，一要看结论是如何总结出来的，二要看结论是在什么情况下使用的。如果按照正确的方法得出结论，并且将其应用到符合条件的场景，对于它的回答就是肯定的。

来看一个真实的例子。

第二次世界大战期间，盟军缴获了不少德国军队的坦克，每辆坦克上都有一个编号。盟军的指挥官就想，是否可以通过这些编号了解德国的坦克总数？于是，他们将编号发送给华盛顿特区的数学家，要求对方估算德国的坦克总数。

那么，数学家们能否从那些编号中推断出德国的坦克总数呢？如果能，他们该怎么做？估算的误差大概是多少？

先来回答第一个问题。假如德国人在给坦克编号时是完全随机的，数学家们就很难根据已有的编号估计出坦克的总数。比如，假设德国生产了5万辆坦克，编号却长达8位，面对02437819或者32148110这样的数字，是很难估算出全集数量的。

不过，德国人在给产品编号时，基本上是按照生产顺序来的。比如，德国著名的相机厂商莱卡在给镜头编号时，就是按照出产顺序，越新的镜头编号越大，因此，消费者很容易根据编号估算出镜头的生产时间。德国"二战"时期的坦克也是如此。看到 5456 号坦克，我们就能知道德国已经至少生产了 5000多辆坦克，不过到底是生产了 1 万辆还是 5 万辆，则无法得知。

那么，华盛顿的数学家们是怎么做的呢？他们是反向来思考这个问题的。他们先做了一批卡片，每张卡片代表一辆坦克，编号从 1、2、3 一直到 n。n 可以是 1000、5000 或者 10000这样一个足够大的数字。简单起见，我们假设他们做了 1000 张卡片，编号从 0 到 999。接下来，他们让几个人各自随机从中抽出一些，代表被击毁或者被俘获的坦克，然后把编号记录下来，

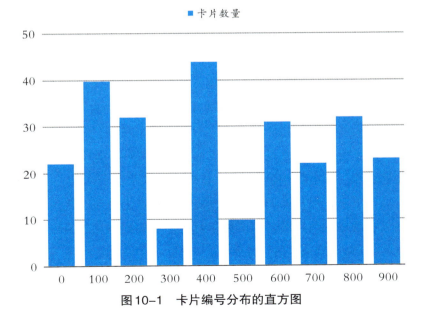

图 10-1 卡片编号分布的直方图

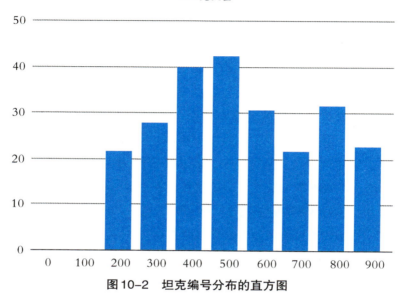

**图10-2 坦克编号分布的直方图**

画出一张点图。这些点非常密集，可以用直方图代替。我们设0~99的卡片为第一组，用0代替；100~199的卡片为第二组，用100代替，以此类推。

由于每一张卡片是完全随机抽取的，每一个数字被选中的概率均等，因此数字的分布大致是均匀分布。

接下来，数学家们再把军方提供的真正击毁和俘获的坦克编号也画成一张点图。为了便于对比，我们把坦克的编号也压缩到0~999，用直方图代替点图。

可以看到，坦克编号的分布也是比较均匀的，比较早的编号缺失，可能是因为早年生产的坦克已被淘汰或者在早期的战斗中被击毁，没有统计。由于坦克编号的均匀分布差不多，数学家们就认为这些被缴获的坦克也是随机地分布在德军所有坦克中，以此为基础来开展之后的工作。

接下来，数学家们想出了三种估算德国坦克总数的方法。

第一种是用缴获坦克中最小的编号加上最大的编号。比如，在缴获的坦克中，最小的编号是2721，最大的编号是53488，就可以假设德国一共生产了53488+2721=56209辆坦克。为什么可以这样假设呢？因为如果认为在战场上击毁和缴获的坦克编号是随机分布的，那么每个编号被缴获的概率应该是相同的。现在已知德军肯定已经生产了53488台坦克，要确定的就是比53488大的编号中，还有多少没有被统计进来。现在已知的最小编号是2721，也就意味着这一编号之前的坦克都没有被随机抽样出来，这应该和编号大于53488的坦克没有被抽样出来的概率是相同的。因此，把这两个数字相加，就大致是所有坦克的数量。

第二种方法是对缴获的坦克编号取平均值，然后认定坦克的总数是平均值的两倍。这也不难理解。如果坦克的编号是均匀分布的，那么缴获的这些坦克的平均值就能代表整个编号范围的中心点。再将这个中心点乘以2，就能得到估算的总数。在数学家们设计的卡片游戏中，卡片的均值接近490，由此估算出卡片的数量是980，和我们准备的1000张基本相当。

第三种方法和第二种类似，只是用中值替代均值。估算的结果也差不多。

每一种估算的方法都有道理，那么哪一种最准确呢？后来，数学家们进行了更多的模拟实验，发现第一种方法误差是最小的。于是他们把这种估算方法分享给了军方。安全起见，军方又把估算值略微放大了一点。战争结束后，人们发现，用这种方法估算出的结果和德国实际生产的坦克数量基本一致。

我们可以用这个例子分析一下通过局部了解整体的几个关键之处。

首先，样本集所反映的样本分布情况和全集的分布情况要基本一致。成语"管中窥豹"形容一个人看事情不全面，它其实也反映了一些统计学上的道理。想要用管中看到的花纹推测豹子身上的花纹，前提得是豹子身上各处的斑纹分布基本一样。如果豹子全身都是没有规律的花纹，那么通过一个斑纹显然估计不出其他斑纹的样子。

在统计德军坦克总数的例子中，把坦克编号画成点图或直方图后，我们会发现它们基本上是均匀分布。虽然在战场上消灭的坦克不完全是随机的，有很多人为因素，但是因为战场很大，坦克分布的范围很广，消灭掉的坦克数量又足够多，人为的因素基本上抵消了。不过，在其他的应用场景中，抽样时要尽可能采取简单随机抽样，以保证样本集的分布和真实的分布一致。

其次，如果能够确定样本集的分布反映了真实的分布，那么研究抽样分布就是推理的关键。在统计坦克总数的例子中，数学家们大致估计出德国坦克编号的分布是均匀分布，然后利用均匀分布的性质，设计了估算坦克数量的数学模型。但是，假如在这个例子中，坦克编号的分布是泊松分布，数学家们想到的算法显然就不合适了。

再次，由于随机抽样的结果包含偶然因素，我们不能保证自己的推论是完全准确的，但是能保证结论在一定范围内大致正确。比如，我们不能把估算出的56209辆坦克真的当成德国实际制造的数量。这个道理并不难理解，但是生活中很多人会在这个问题上犯错。举个例子，股市中的各种数据，要长期观察它们的变化趋势，不能根据具体一个值，就匆匆忙忙作出决定。

最后，也是最重要的，我们需要明白，并非所有随机抽样得到的数据都包含了规律。比如，我们观看了几次轮盘赌，发现旋转的球落入的位置依次是单—双—单—单—双—双—单—单—单—双—双—双。先是一单一双，然后两单两双，再后来是三单三双。这时，我们是否会觉得接下来该是四单四双呢？其实，这个结果看似有规律，但很可能是一个巧合。

为了确保从随机抽样中得到的规律是真的，在使用它们之前，通常需要用另一组随机抽样得到的数据先验证一下。这组数据被称为保留样本集。比如，你觉得彩票中奖号码有规律，于是建立了一个数学模型预测它。但是在去买彩票之前，你最好拿一些没有用来训练过模型的历史数据检验一下，看看这个模型是否有效。

## 10.2 鸿沟：实验环境和真实世界有何差异

几乎所有从经验归纳总结出的规律，都存在一个问题，那就是得到规律的环境和使用规律的环境之间有差异。为了区别二者，我们把前者称为实验环境，后者称为真实世界。上一节估计坦克总数的例子中，带有编号的卡片就是实验环境，在战场上看到的坦克就是真实世界。当然，这两个概念不能从字面上简单地理解，实验环境本身也可能就是真实世界。比如，做药品有效性的对比实验，实验环境就是真实世界的一部分。本书特意明确这两个概念，只是要强调它们的差别。

了解了实验环境和真实世界的差别后，还有一组相对的概念也很重要，就是参数和统计量。参数是用于描述真实世界里某个全集所具有的特征的数值，它包含两个关键词："真实世界"和"全集"。比如，假设全中国城市居民的年收入中位数是8万元，8万元就是描述中国城市居民收入的参数。它不是抽样调查出来的结果，而是客观上中国城市居民收入的真正中位数。

显然，在一个真实的世界里，参数是一个真实存在的、确定的数字。但是，参数有时很难找到，就拿中位数收入来讲，我们很难把全国城市中每一个人的收入都调查清楚。即使能做到，也需要时间。调查第一个人和第十四亿个人的时间可能会相差半年，这样得到的数据就未必具有可比性了。

因此，使用统计方法寻找规律时，人们通常采用从样本集合中得到的有关全集的数字特征，也就是统计量，来估算真实的参数。统计量也包含两个关键词："样本集"和"实验环境"。比如，有关机构调查了3000个中国城市居民，得到年收入中位数是7.8万元。7.8万元就是统计量，而非参数。它是从一个特定的样本集合，而不是全集中得到的，而且在调查统计时可能还做了一些实验的设定，忽略了一些可能影响结果的因子。

分清楚参数和统计量，是正确理解统计结果和真实世界的差异的前提。来看两个简单的例子。

**例 10-1**
　　某款冰茶每瓶的质量是500克。质量控制检验员随机抽取了50瓶，这50瓶平均装有499克的冰茶。请问500克和499克哪个是统计量，哪个是参数呢？

答案：500克是参数，499克是统计量。

**例 10-2**
　　某年，美国公布的GDP增长率是7%，请问这是参数还是统计量？

答案：是统计量。有人可能觉得这是参数，因为GDP针对的是美国这个全集的经济活动。但其实这是统计量，因为统计中不可能把美国所有的经济活动都计算清楚，每年得到的数据都是统计的结果。

采用统计方法总结规律时，千万不要把参数和统计量这两个概念搞混。如果一个规律真实存在，参数是不会错的，因为它是一个客观事实，然而统计量却未必，由统计量得到的结论未必可信。我们努力的方向就是让统计量更接近参数，更能反映真实的情况，并且最终实现无偏差估计。

无偏差估计就是指通过采样统计或者实验估算出来的统计量等于全集的真实参数值。比如在前文的例子中，如果通过统计估算出的美国GDP是26万亿美元，而美国真实的GDP数值也是这么多，那么这个估计就是无偏差的。

当然，我们通常无法估计得绝对准确，因此可以给出一个范围，这个范围被称为变异性。统计量的变异性可大可小。比如，我们假定真实的GDP就是26万亿美元。第一位经济学家估算出26万亿美元，范围是从25.95万亿到26.05万亿，这个区间就是这位经济学家给出的统计量的变异性。而另外一位经济学家对GDP的估算也是26万亿美元，范围则是从23万亿到29万亿。显然第一个经济学家做出的估算变异性更小，因此更有指导意义。

偏差和变异性是经常用来衡量一个统计量的质量的指标。根据偏差的大小和变异性的高低，可以得到四种组合，用图形表示如下（图10-3）。图中同心圆的中心代表全集数据的真实参数，小黑点代表统计估算出的结果。

a偏差大，变异性小          b偏差小，变异性大

c偏差大，变异性大          d偏差小，变异性小

**图10-3 估计值和参数之间偏差和变异性的四种组合**

图10-3a中，小黑点分布非常集中，但全都远离中心点，这就代表偏差大、变异性小的情况。图10-3b中，小黑点全都围绕中心点分布，但彼此之间距离比较远，这就代表偏差小、变异性大的情况。图10-3c中，小黑点既远离中心点，彼此之间的距离也很大，这代表偏差大、变异性也大的情况。图10-3d中，小黑点集中在中心位置，这代表偏差小、变异性也小的情况。

显然，在这四种组合中，只有d才真的有意义。但是在现实世界里，再可靠的估计也不可能无限降低变异性和偏差，所以只能让这两个数据尽量小。

有什么办法可以做出低变异性的无偏差估计呢？最低要求是遵守两个原则。

第一个原则是要抽取足够多的样品。多少才能算"足够多"？统计学上有一个重要的10%原则，也就是抽样的数量不超过全集的10%。换句话说，全集至少要是样本的10倍。

为什么要设定这样一个原则呢？来看一个具体的例子。

**例 10-3**

一些商店的售货员会悄悄进一些假货混到真品中出售，然后把假货的收入直接装进自己的口袋，因此监管部门要经常去检查。假如某家箱包店有100个包，通常有10%是假货。监管部门随机抽检10个包，如果发现没有假货，这家店就过关了；如果发现有假货，就要把100个包全部检查一遍。请问，抽查的10个包中至少有一个假货的概率是多少？

我们知道，每一个包都只有两种可能，真或假，概率分别为90%和10%。这种每个个体都有两种可能结果的数据分布被称为二项分布，显然，100个包中假货的数量分布符合二项分布。于是我们可以通过二项分布的概率公式，计算出10个包都为真的概率。具体计算如下：

$$\binom{10}{0} 0.1^0 \times 0.9^{10} \approx 0.349$$

其中 $\binom{10}{0}$ 表示10个包中假货出现的概率为0。

前文讲过，好的调查或实验需要让每一个个体获得均等的被选中的机会。为了保证这个原则得到贯彻，需要每一次抽样时保证全集是相同的，也就是说，在抽第二个样本时，要把第一个样本放回全集再抽。但实际上没有人会这么抽样，我们都是直接从全集中抽出一批。按照通常的做法，一个个地随机抽取 10 个，然后再一个个检测，则每次都恰巧抽到真包的概率分别是 $\dfrac{90}{100}$、$\dfrac{89}{99}$、$\dfrac{88}{98}$……10 个包都是真品的概率则是它们的乘积，即：

$$\frac{90}{100} \times \frac{89}{99} \times \frac{88}{98} \times \frac{87}{97} \times \frac{86}{96} \times \frac{85}{95} \times \frac{84}{94} \times \frac{83}{93} \times$$

$$\frac{82}{92} \times \frac{81}{91} \approx 0.330$$

然而，通常的抽样方法得到真包的概率和理论上的概率是有偏差的。在假包比例不变的情况下，如果包的总数增加到 1000 个，利用二项分布从理论上计算出的概率和真实抽样得到的概率差异就会变小。但如果包的总数减少到 50 个，两者的差异就会放大很多。这是因为，当全集很大时，抽取少量的数据，这些数据彼此影响很小；但是如果从不大的全集中抽取了大量的数据，这些数据就会相互影响，数据的独立性就得不到保障。因此，设定 10% 原则，是为了保证经验得到的结果和理论上的结果差异在可以接受的阈值之内。

第二个原则被称为大于 10 原则，意思是说，要保证所抽取的样本数量 n，和所考察的事件发生的概率 p 的乘积 np 大于 10。比如，某地流行瘟疫，我们想了解染病人数在当地总人数中所占的比例。假定这个比例为10%。那么，能否通过在当地随机抽取50个人，检查他们是否染病，来估算实际的感染率呢？答案是否定的，因为50×10%=5，小于10这个门槛。因此，为了达到标准，至少要采样100人。

简单总结一下。想要做到无偏差估计，对全集数量和采样数量都有要求：全集至少要是样本的10倍，同时样本数量和事件发生概率的乘积也要大于10。这都是为了防止全集数量过小或者采样数量过少导致结果不准确。显然，全集数量非常少与某个事件发生的概率特别低，这两个条件其实是无法同时满足的。比如，一个小镇人口一共不足1000，疾病的感染率大约是10%，那么为了满足第一个条件，采样数量不能多于100人，而为了满足第二个条件，采样数量不能少于100人，这显然就有矛盾了。

那么，如果出现这两种情况，该怎么办呢？对于第一种情况，既然全集的数量少，就不要抽样了，直接做全面统计，也就是普查。而对于第二种情况，统计就失效了，因为得不到任何可信度高的规律，只能是具体问题具体分析。换句话说，统计的方法不是万能的。

今天很多人发现，自己总结了经验，但用起来似乎时灵时不灵，其实就是因为没有同时满足上述两个原则。

比如，很多投资人研究和总结1929—1933年西方大萧条的经验教训，觉得有了前车之鉴以后就可以避免，但真等到危机来了还是没有逃脱。这是为什么呢？道理很简单，1929—1933年的大萧条是小概率事件，要出现十几次几乎不可能。从几次类似的事件中得到的所谓经验，可能根本就不是经验，而是随机性。

实验环境和真实世界之间是有差异的，这种差异反映在统计学中，就是统计量和参数的差异。只有偏差小、变异性小的统计量，才有实际意义。以此为基础归纳总结出的规律，也才有意义。

# 10.3 变异性：为何规律会在真实世界的运用中失灵

那么，是否只要严格验证了实验得到的统计量变异性足够小，和真实世界的参数足够接近，就可以放心大胆地将归纳总结出来的规律在真实世界中广泛使用呢？答案是否定的。除了统计量会有偏差和变异性，还有两种情况会妨碍我们将调查和实验得到的经验运用于真实世界。

### 数据的变异性

第一种情况被称为数据的变异性。假如我们从实验数据中找到了一组数据的"规律"，然后把这组数据等比例扩大，它们之间的规律会保持不变吗？来看一个实际的例子。

例 10-4

假设某公司有100名员工，每个员工有1/10的可能性会有访客来访，公司需要为这些访客准备一些停车位，那么，该准备多少个停车位呢？

很多人会觉得准备10个就可以了，因为 $100 \times 1/10=10$。但是要注意，这里的1/10只是可能性，有可能会有超过1/10的访客同时到访，这时就有访客无法停车了。用二项分布来计算，"至少有10名访客同时到访"的概率是54.87%，也就是说，在将近一半的情况下，访客们来到公司却找不到停车位。

如果把访客的停车位增加到18个，就可以保证超过99%的情况下访客们都能停车，这样就比较保险了。

现在，假如把公司员工的数量扩大10倍，变成1000名，访客和员工的比例也是1:10，这时公司需要准备多少停车位呢？如果按照上面得到的结论，100个人要准备18个，1000个人似乎该准备180个。实际上，通过二项分布的计算，同时有130个访客到达的概率已经很低了，所以只要准备130个车位就足够了。这个例子说明，即使是同样性质的数据，数量的变化也会造成统计特性的变化，这就是数据的变异性。

产生这种变异性的原因，可以用统计学中的两个基本定理来解读——中心极限定律和大数定律。

中心极限定律是指，如果在一个非常大的集合中，每一个个体都是独立的，而且具有相同的分布，对它们抽样后，均值的分布趋向于正态分布。同时，抽样的点越多，分布的两边越对称。用掷骰子来举例。我们知道，每掷一次骰子，1到6每个数字出现的概率都是均等的，即1/6，也就是说，单次掷骰子的结果是均匀分布的。假设我们掷100次骰子，记录下6点朝上的数据，然后不断重复100次这个过程，把结果画成直方图（图10-4a）。理论上讲，6点朝上的次数可以是从0到100的任意数，因此横坐标的范围是0~100。由图可知，6点朝上次数的分布会呈现出以17为中心，类似正态分布的形态。如果我们做1000次实验，结果的分布图就是图10-4b，它集中在167附近。可以看出，随着数据点越来越多，这种形态会越明显，而且数据的分布会集中在中央。

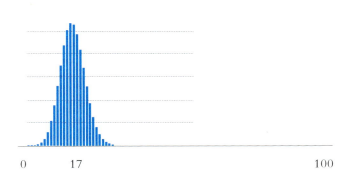

图10-4a 掷100次骰子

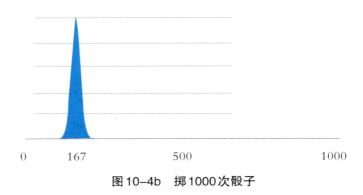

图10-4b  掷1000次骰子

中心极限定律保证，如果抽样是完全随机的，而且每个样本本身的概率分布是相同的，那么，只要抽样的数量足够多，抽样的均值就符合正态分布。

大数定律是指，在满足中心极限定律的条件下，如果抽样的数量足够多，均值的正态分布会非常窄，极其接近于这个随机事件发生的期望值，同时它的分布和全集的分布是一致的。在图10-4b中，数据分布的宽度明显比图10-4a窄。类似地，随机抛硬币，正反面出现的概率理论上都是50%。如果抛10次硬币，抛出正面的概率不一定是50%，但是如果抛1000次，抛出正面的概率就会无限接近50%。

中心极限定律和大数定律可以保证抽样得到的规律和全集的规律一致。但是有两个条件。第一个条件是全集中所有的个体都是独立的，所有的样本也是独立抽取的，而且它们的分布特点都是相同的。第二个条件是样本的集合和全集相比足够大。

回头看停车场的例子。在100名员工和1000名员工两种情况下，中心极限定律和大数定律成立的条件其实并没有满足。因此，从100名员工的公司得到的规律，并不是放大10倍就能自动适用于1000名员工的公司，反过来也一样。这就是数据的变异性。并不是数据本身改变了，而是由于数量的原因，导致规律改变了。

生活中，数据的变异性很常见。比如，保险公司为了保证赔付及时，需要准备比每月平均赔付金额更多的资金。保险公司规模越小，额外现金储备的比例越高。很多小型保险公司因为准备金不足，如果某个月或某几个月索赔的金额一下子猛增，就拿不出钱了，可能导致破产。因此，理论上讲，大保险公司要比小保险公司更可靠。类似的情况也出现在银行业。你可能听说过某个小城市银行取不出钱，但是大型银行出现这种情况的概率就很低，这就是大体量带来的稳定。用统计学的术语讲，体量太小时，中心极限定律和大数定律都不满足。

## 引入偏差

除了样本体量改变带来的数据变异性，还有一个因素也会影响实验或调查中的结果直接用于真实世界的效果。将一些规律用于真实世界后，世界就改变了，这被称为引入偏差。来看一个真实的例子。

20世纪80年代，为了减少交通事故，美国做了不少改进汽车设计的实验。当时的汽车只有左右两个刹车尾灯，没有中央的那一个。一项实验表明，如果在汽车后方装上中央刹车尾灯，可以减少一半以上的追尾事故，这是一个非常大的改进。于是，从1986年开始，美国公路管理局要求，凡在美国销售的汽车，都要装上车后方的中央刹车灯。

按理说，这项强制性措施实施后，追尾事故应该大幅度减少才对，但随后的统计表明，所有汽车都配备中央刹车灯后，追尾事故仅减少了5%。这是为什么呢？

因为在做实验时，绝大多数汽车都没有额外的刹车灯，因此中间这个与众不同的刹车灯很容易引起后方司机的注意。但在所有汽车都装了中央刹车灯后，它就不再引人注目了。这就是引入偏差。

类似的情况我们在生活中也经常会遇到。比如，一个班里以前没有人在考试前突击做题，如果有两个学生突击做题，他们的名次就提高了。但是在所有学生都这么做以后，突击做题效果就不明显了。我在美国读书时，经常帮系里过滤和筛选博士生的申请材料，发现这样一个现象：由于有了新东方帮助中国学生备考托福和GRE，中国学生这两项成绩在几年内飞速提高。但水涨船高，这并没有帮助更多的中国学生被录取。

这种情况也经常出现在股市中。当所有人都采用一种所谓能赚钱的交易技术时，这项技术就已经对股市产生了影响，让后来采用它的人变得无利可图。

在我们把从过去得到的统计规律用于真实世界之后，真实世界的情况就被改变了，过去的统计规律也就失灵了。因此，从经验中总结出一个规律之后，可以大胆运用它，而且屡试不爽的前提是，这个规律所描述的世界是不变的。比如物理学规律，它描述的是宇宙的基本法则，我们就可以大胆使用。但是经济学规律就不具有这个特点。社会经济是一个自反馈系统，而且反馈的速度非常快，这也被称为市场的时效性。因此，对过去经验的使用会让真实世界发生变化。从哲学意义上讲，此前此后的真实世界已经不是同一个世界了，不具有可比性。

关于数据的变异性和引入偏差，可以记住两个关键词——"空间变化"和"时间变化"。空间变化是指数据体量的改变可能会造成数据的变异性，带来规律的改变。可以理解为，通过经验得到的结论在空间上有适用范围的限制，空间的大小不同，同一个规律适用与否就存疑了。而时间变化则是指，从经验得到的规律在时间上有过期的可能性。当一个经验大规模推广后，所产生的结果可能导致规律本身失灵。

# 10.4　量化：如何验证一个结论是否成立

中心极限定律和大数定律说明，如果关于全集的规律本身存在，采样的方式没有问题，当样本的数量足够多时，统计得到的规律和全集自身的规律是一致的。而且，通常选取的样本越多，一致性越好。那么，能不能用具体的数字来量化这种一致性呢？比如，保证统计量和真实世界的参数一致的概率是95%。如果实验结果不能得出这样的结论，那么是该继续做更多实验，让样本的数量继续增加，还是说这种可能性本身就不成立呢？这一切的前提，都在于能否量化度量一个结论的可靠性。如果能做到，就能判断出一个结论的可信度有多高，以及该如何根据实验的结论作出决策。来看一个例子。

某商场正在举行转盘抽奖游戏。转盘上只有两个面积相等的区域，一个是奇数，一个是偶数。当指针落在奇数区域时，转动转盘的顾客可以获得一个小奖品；如果落在偶数区域，顾客就什么也得不到。结果，顾客连续转了5次，指针居然全都落在偶数区域。这个商场会不会使用了什么手段在作弊呢？

首先，我们可以确立一个需要检验的结论，用H0表示，它也被称为零假设。在这个例子中，可以用H0来表示结论"商场没有作弊"。同时，还需要确立一个和H0对立的结论，代表的是除H0之外的所有情况，可以用Ha来表示。在这个例子中，Ha就是"商场作弊了"。

接下来，我们假设H0是成立的，也就是商场没有作弊，那么每转一次转盘，指针落在奇数和偶数区域的概率应该是相等的，都是50%。连续5次转动转盘，指针都落在偶数区域的概率是多少呢？由于转盘是公平的，每一次的结果都是独立产生的，和前一次无关，可以计算出这个概率为$0.5^5 = 0.03125$，也就是3.1%左右。

3.1%这个概率是很小的，于是在这种情况下，可以认为原假设H0不可靠，Ha大概率是真的。换句话说，通过3.1%这个小概率，我们就可以推翻"商场没有作弊"这个结论，相信"商场作弊了"。

总结一下。如果想验证一个结论H0，可以先假设这个结论是成立的，然后计算一下在 H0 成立的情况下，有多大概率能出现相应的结果。如果这个概率非常小，就可以认为 H0 是错的。至于概率要多小才算"非常小"，其实并没有严格规定，要看我们对结论的要求有多严格。通常在统计学中，用得最多的标准是 5%，它也被称为显著性水平。也就是说，假设 H0 成立，但是当前情况发生的概率却小于 5%，通常这种情况是不可接受的。和 5% 相对应，如果当前情况发生的概率超过 95%，通常就可以相信 H0 成立。当然，这是对于生活中的大多数情况而言。在严谨的科学领域，对显著性水平的要求也比较严格。比如，必须在概率达到 99% 以上时，才能确认 H0 成立。

需要指出的是，在肯定和否定一个结论之间，还存在着很大的中间地带，仅仅通过概率不能否认也不能肯定这个结论。还是看转盘抽奖的例子。假如连续三次结果都是偶数，能确认商场作弊吗？这时就不能了。因为 0.5 的 3 次方等于 0.125，也就是 12.5%，这个数字不小于 5%，但也不能认定商场就没有作弊，因为它也没有大于 95%。事实上，世界上很多事情都是没有结论的，或者说根据我们掌握的信息是无法得到结论的。平时在生活中，我们也不要轻易下结论。

通过这个简单的例子，我们大致了解了应该如何验证一个结论。总的来说，如果一个结论导致了一个发生概率非常低的结果，就可以推翻这个结论，相信和它相反的结论成立。这种先假设、后检验的方法，在统计学上被称为假设检验，常被用来帮助我们判断样本的数据是否足以支持某一假设。

再来看一个生活中很常见的例子。

　　某家医药公司声称它的一款新药有效率为80%。为了验证这个结论，医院进行了50例实验，发现这款药最多仅对32人有效。这家医药公司是否在夸大疗效呢？

　　这个例子比转盘抽奖更复杂，不过解决的思路差不多。

　　先确立一个零假设H0，即新药的有效率大于等于80%，意味着公司没有夸大药效。再确立一个零假设的对立面Ha，即新药的有效率小于80%，说明医药公司的宣传不实。

　　接下来，需要计算在H0为真的前提下，有多大概率会发生50例中最多只有32例有效的情况。

　　为了便于理解，我们把这个问题转换成抽卡片的问题。假设一个盒子里有红、蓝两种卡片，数量很多，红色和蓝色的比例是8∶2。红色卡片代表治疗有效，蓝色代表无效。从这个盒子里抽50张卡片，每一次抽取的过程都是独立的，结果互不影响。最后抽到的卡片中，红色的不超过32张。这就相当于治疗50个病例，小于等于32例有效。只抽到32张红色卡片的概率之和如下：

$$0.2^{50}+\binom{50}{1}0.8^1\times0.2^{49}+\cdots\cdots+\binom{50}{32}0.8^{32}\times0.2^{18}\approx0.006$$

　　也就是说，如果这种药的有效性真是80%，那么50例病患中只有小于等于32例有效的概率仅为0.6%。这个概率远小于通常的显著性水平5%，几乎是不可能发生的。因此，我们可以认为零假设H0是错误的，Ha是正确的，也就是医药公司确实夸大了药效，实际的药效其实小于80%。

　　了解了量化验证一个结论真假的方法后，在使用的过程中还需要注意一个问题。无论是用实验来确定还是否定一个结论，都有一个前提，就是每次实验的条件是相同的，而且每次实验出现同一个结果的可能性是相同的。但是，生活中的很多事都带有不确定性，每一次产生同样结果的概率是不同的。比如，两个球队比赛，就不能完全用过去10年的成绩来预测接下来一场比赛的结果。不妨来看这样一个例子。

在NBA比赛中，截止到2012—2013赛季之前，湖人队和勇士队对战了396场，湖人队赢了247场，勇士队赢了149场。但是从2013年到2023年，湖人队在和勇士队的比赛中只赢了14场，输了23场。在这种情况下，是否能认定湖人队打假球了呢？

如果湖人队和勇士队之前的胜负比真的固定在247∶149，那么根据2013—2023年湖人队只赢了14场、输了23场的结果，我们有99.5%的把握认为湖人队打假球了。但是，球队的水平是逐年变化的。勇士队最近10年能力不断提升，已经成为一支NBA强队，而湖人队却变成了弱队。也就是说，如果把这两支队伍的比赛看成一种实验，每次实验得到同一个结果的概率是不断变化的，因此通过实验验证结论的方法就不成立了。

今天有些人也会犯类似的错误，比如根据一只股票的历史表现判断它未来的走势。其实它所代表的公司过去的情况，和今天、今后都是不同的。有人用错误的理论去投资，失败了就觉得是市场的问题。其实，他们更需要检查的是自己的理论，以及得到理论的假设前提。

# 10.5 相似性：如何对两个全集进行比较

要对全集进行比较，首先要了解两个事实。

第一，大部分时候，两个不同的全集拿来做比较没有意义。

比如，可以比较某个果园中苹果的大小和砌墙砖头的重量吗？可以比较某个月的天气情况和某班同学的考试成绩吗？显然，这种对比既没有意义，也得不到什么结果。这样的全集之间就不具有可比性。

第二，在具有可比性的两个全集中，有些分布具有相似性，有些则不具有。

比如，图10-5中的四种数据集合，可能都具有可比性。但是a组和b组分布形状比较接近，具有相似性。而a组和cd两组就不具有相似性。

只有当两个集合的分布具有相似性时，才可以在整体上对它们进行比较。在这四组数据中，很容易看出a组数据的分布比较集中，而b组数据的分布比较扁平。对此，我们可以使用均值和标准差进行计算。但是将a和c或b和d做整体上的对比，就没有太大意义了。

判断两个数据集合的分布是否具有相似性，如果能画出分布图，是可以用肉眼看出来的。但是当数据量特别大时，特别是使用计算机处理数据时，靠眼睛判断就不是一个好方法

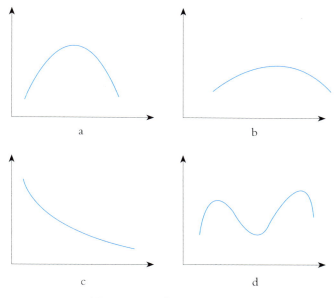

图10-5 四种不同的数据分布

了——不仅慢,而且不准确。今天,有多种有效方法可以判断两组数据的分布是否相似,比如欧几里得距离、相对熵和两组数据之间的夹角。

### 欧几里得距离

$$D(p,q) = \sqrt{\sum_x \left( p(x) - q(x) \right)^2}$$

其中 p 和 q 是两种不同的分布。

要计算两组数据的欧几里得距离,需要先把两组数据 p 和 q 进行归一化处理,比如把数据范围都压缩在 0 到 1,然后逐点

（即每一个 x）对比两条曲线上的数值，把它们差异的平方加起来，再开根号，得出最终的数值。如果欧几里得距离较小，说明两组数据具有较高的相似性，否则相似性就较低。如果两组数据的分布完全一致，则它们的欧几里得距离就是 0。欧几里得距离最大的缺陷在于异类的影响太大。

### 相对熵

$$D(p,q) = \sum_x p(x) \cdot log\frac{p(x)}{q(x)}$$

相对熵计算的是一种分布 q 相对于另一种分布 p 的差异，q 是被比较的分布，p 是参照系。如果 p 和 q 这两种分布完全相同，相对熵就是 0，分布的差异越大，相对熵就越大。相对熵在信息论上更合理，但它的问题是不对称，把 p 和 q 互换位置，得到的结果就和原来的不一样。而欧几里得距离和后面介绍的夹角度量都是对称的。

### 两组数据之间的夹角

每一组数据都可以被看成多维空间的一个向量，它的方向就代表了它的分布特征。因此，两组数据的差异会通过两个相应向量的夹角反映出来。夹角越小，两组数据越一致。而想计算两个向量的夹角，则可以利用余弦定理，即：

$$cos(\angle p, q) = \frac{<p, q>}{|p| \cdot |q|}$$

明确了两个全集是可比较的，而且具有一定相似性后，接下来的问题是如何比较。人们通常喜欢比较平均值/中值和标准差，看看是否一个集合明显比另一个大，或者一个集合的分布比另一个集中。

来看一个例子。某个年级有两个班，A班的平均分是80分，B班的平均分是90分。这两个班的成绩基本都是正态分布，而且标准差都是5分。那么，是否能够得出结论说B班成绩一定比A班好呢？

为了对这两个班的成绩有感性认识，可以先画出这两个班级成绩的分布图，然后叠加到一张图中（图10-6）。在这张图中，越往右边，成绩越高。左边的曲线代表A班的成绩分布，右边代表B班的。不难看出，B班成绩分布的曲线总体来看是在A班右边，也就是更高一些。

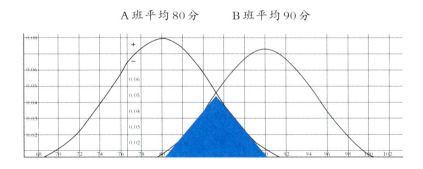

图10-6　A、B两个班成绩的分布图

但是，这两个班的曲线有一部分是重叠的，就是图中阴影的部分。A班的曲线构成重叠部分的右半边，B班的曲线构成这个部分的左半边。也就是说，在这个部分，A班的成绩反而比B班高，这个概率大约是30%。所以，我们只有70%的把握说B班成绩比A班要好。

这个结论和我们的直观感觉其实不一样。通常，如果两个班的平均成绩相差10分，我们会认为这是很大的差异。怎么B班成绩仅仅有70%的可能性比A班好呢？其实无论是推导过程还是我们的直观感觉都没有错。问题在于，我们在推导上面的结果时做了一个假设，就是两个班每个人的成绩都是随机分布的，只不过A班的成绩是围绕80分浮动，B班则是围绕90分浮动。这个假设其实不符合事实。通常，成绩好的学生下一次考试成绩还会比较好，成绩不好的学生下一次考试成绩几乎不可能超过平均分。也就是说，每个班里每个学生的成绩并非围绕着全班的平均分浮动，而是围绕着自己的成绩范围浮动。

从这个例子可以看出，当两个全集进行比较时，除非每个全集内的个体都具有类似的特性，否则不能简单用均值或中值进行比较，这样会掩盖两个全集之间的差异。

除了中值和标准差，还可以根据不同的目的，寻找两个集合数据中的一些特征值进行比较，并且根据特征值比较的结果对这两个集合下结论。来看下面的例子。

例 10-5

如何比较世界各国的下列水平？

a. 足球水平

b. 体育水平

c. 科技水平

　　显然，这三项比较不能简单使用均值，比如测定一下各国的人百米跑的成绩，或者踢足球的水平。当然，更不能让各国的人出来一个个比较，即使能比较，成本也太高。事实上，世界范围内采用的，大家也都认可的比较方式，是以最大值为特征值进行比较。比如足球，无论一个国家人口有多少，都选出最会踢足球的 22 人组队，再派 11 个人上场踢比赛。哪怕一个国家人口再多，或者高水平的足球运动员再多，也只能选出 22 人，这 22 人代表了一个国家足球水平的最高值。

　　对于更广泛意义上的体育运动，人们有时会比较各国在奥运会上的金牌总数。这看似是汇总的结果，但是，每个国家同一个项目，参加比赛的不会超过三个人，本质上也是最大值之间的比较。还有的时候，相对于奥运会金牌总数，人们更关心少数项目的比赛结果，比如篮球、网球、田径、体操、花样滑冰，等等。这些是所有项目中最热门的，而参赛者又是各国该项目成绩最好的几个人，所以可以认为，它们的最大值代表了一个国家体育的特征值。

　　至于科技水平，就更难有一个大家都认可的比较方式了。

用诺贝尔奖或者类似奖项（如菲尔兹奖、图灵奖等）的数量来比较是个通行的做法，或者用重大发明的数量来比较。这些标准，其实也是类似于最大值的比较。

再来看一个特征值为最小值的例子。

**例 10-6**

如何比较不同城市的安全性？

对于这个问题，大部分人肯定会想到犯罪率、失业率等标准，而不会比较两个城市之间每一个人，或者每一个社区是好是坏。比较犯罪率和失业率，实际上是使用最小值作为特征值。如果 A 城市的犯罪率是 0.1%，同时当地有 70% 的人对他人友善，乐于助人，B 城市的犯罪率是 0.5%，同时 90% 的人对他人友善，我们会认为城市 A 比城市 B 安全。类似地，对比两个品牌的同类产品时，我们会用到合格率这个特征值。比较合格率其实也不是比较产品中最好的那部分，而是看最坏的那部分有多坏，有多少。

在很多场合，用最大值或最小值作为特征值进行比较，要比用均值或中值有意义得多。比如，要对比两个班的成绩，班上第一名或最后一名虽然不能代表全部，但能反映出该班学生成绩的天花板和底线。

除了用中值和标准差比较，以及用特征值比较，还有一种比较两个全集的方法，就是对相似子集进行比较，也就是选择两个全集中的一个或几个在某些特定属性上相似的子集来进行比较。

比如，还是对比两个班的成绩，以10分为一档，60分以下为不及格，60~69分为及格，70~79分为中等，80~89分为良好，90分以上为优秀，然后统计两个班有多少人达到了优秀，多少人良好，多少人不及格。这样，每个班的老师就可以针对不同层级的学生制定提高的目标。事实上，今天世界各国对教育成果进行评估时，基本都采用这种方法，而不是笼统地看平均分有没有提高。再比如，媒体经常会对比不同国家上市公司中估值最高的是哪些行业的，或者把各国上市公司按照行业做对比，就能了解各国经济的特点。举个例子。美国估值最高的公司都是科技公司，日本是制造业公司，而德国除了高科技公司SAP和德意志电信，剩下的也都是制造业公司。这样的对比就很有意义。

总的来讲，对全集的对比是一件很复杂的事情，并不存在一个统一的对比方法。而在生活中，人们经常会陷入对全集进行不恰当对比的陷阱。有两种常见错误值得注意。

首先，很多人在对全集进行比较时，常常忽视全集形成背后的特殊原因。

举个例子。要证明吸烟对人体有害，我们通常的做法是比较吸烟和不吸烟两个群体的健康状况。然而，单纯这样比较是不够的，因为吸烟群体形成的原因有可能恰恰是他们得病的原因。比如，有人是因为工作压力大才会吸烟，而工作压力大本身就容易引发疾病。因此，要研究吸烟对人健康的伤害，就需要在同等条件下进行比较，像是同等的工作压力、相似的生活习惯等。

　　其次，把一个子集当作全集，去和另一个全集进行比较。一个很典型的例子就是地域歧视。前文演绎推理的部分说过，地域歧视是由于错误地以偏概全造成的。所谓偏，指的就是没有代表性的子集。那么为什么人们会形成这样的地域歧视呢？如果对地域歧视这个问题稍微留意一下，我们就会发现，地域歧视的人歧视的通常不是所有的人，而是特定地区的人，而且不同城市里的地域歧视对象也不同。比如，A城市里的人会歧视B省份的人，C城市里的会歧视D省份的人。但是A城市的人对D省份就没有什么歧视。为什么会造成这种现象呢？这通常是因为B省份离A城市比较近，很多人会选择到相对更发达的A城市找工作，他们中很多人从事的是低收入工作，生活条件也不是很好。这时候，拿B省份的这部分人和A城市的平均水平做对比，就是拿子集和全集做对比，而且拿的是教育水平相对较低、从小的生活环境和今天的工作收入都较差的那部分人做对比。因此，造成歧视的原因不是地域，而是教育水平、生活水平和劳动环境。

## 10.6　可信度：冬季出生的人更容易成为职业冰球运动员吗

　　运用调查和实验两种方法可以收集到可靠的数据，通过对比个体在全集中的位置、全集之间的差异，再采用一些统计模型，可以预测未知，量化判断一个结论的可信度。本节通过两个例子，来介绍如何通过数据找到规律。用这种方式找到的规律，有时会颠覆人们自以为的常识。

第一个例子来自畅销书作家马尔科姆·格拉德威尔的《异类》一书。书中，作者讲了这样一件事：青少年冰球运动员的出生月份对他们能否成为国家冰球联盟（NHL）的职业球员有很大影响。书中说，在北美青少年的冰球比赛上，同一年中，1月份出生的孩子和12月出生的孩子会被分到同一组。12月出生的球员就比较吃亏，因为要和比自己大好几个月的球员一起竞争。青少年差个半岁一岁，体型、体能可能相差很大，因此年龄稍大几个月的青少年选手往往会在比赛中表现得更好，进而可以获得更多的上场时间、得到更多的指导，并且最终有更大的成功机会。

这个观点听起来有点不可思议：人到了20多岁大学毕业时才准备进入职业联盟，几个月的年龄差，这时候还会有什么影响吗？更何况在运动场上，23岁半的人，未必比23岁的人体能和技术更好，运动员之间差得多的主要是天赋。

为了验证格拉德威尔的结论是来自他的想象还是巧合，或者是背后隐藏了什么规律，我们需要数据。为此，美国的统计学家们严肃地做了研究。

统计学家们在某个赛季随机抽取了80名国家冰球联盟的球员并记录了他们的生日，然后按照季度统计，结果如下表（表10–1）所示。

表 10-1　国家冰球联盟球员出生的月份

| 出生月份 | 1—3 月 | 4—6 月 | 7—9 月 | 10—12 月 |
|---|---|---|---|---|
| 人数 | 32 | 20 | 16 | 12 |

　　从表中可以看出，出生在第一季度，也就是1到3月的有32人，而出生在最后一季度，也就是10到12月的仅有12人。格拉德威尔的声明似乎是成立的。但是我们依然需要用前文介绍的假设检验的方法，来证实或证伪"能否成为职业冰球选手和出生月份有关"这个结论。

　　首先，先确立一个零假设H0，即所有国家冰球联盟球员的生日均匀分布在一年中的四个季度，我们看到的差异只是随机性造成的。对应的假设Ha则是国家冰球联盟球员的生日分布不均匀。

　　接下来，先看看上述抽样是否满足了无偏差估计所需要的10%原则，也就是说，抽取的样本不能超过全集的10%。由于那个赛季国家冰球联盟一共有879名球员，因此80人的抽样小于10%，符合要求。

　　接下来计算如果H0成立，抽样得到的结果出现的概率。前文介绍二项分布时说，二项分布中实验只有两个可能的结果，而在这个例子中，抽样到的运动员有可能出生于四个季度中的任意一个，有四个可能的结果。因此这里的概率分布是一种多项分布，计算起来比较麻烦，本书就不介绍计算过程了，直接给出结果。

如果H0成立，也就是运动员的出生月份是均匀分布的，那么能抽样得到上面表中情况的概率不到2%，小于通常要求的显著性水平5%，因此我们就有理由否定H0，接受与它相对的Ha。换句话说，格拉德威尔观察到的现象不是一种偶然，出生月份早的青少年选手更有可能成为职业冰球运动员。

最后，我们再做进一步的分析，看看能否根据上面的数据得出一个更强的结论：一季度出生的孩子比四季度出生的孩子成为职业冰球选手的概率高一倍。

单纯看表中的数据，这样的结论似乎是正确的，因为一季度出生的运动员数量几乎是四季度的3倍。不过，在得出结论之前，还是要仔细验证一下。

首先，给出新的H0假设，即一季度出生的孩子成为职业冰球选手的概率是四季度孩子的两倍或者更高。当然，和它对应的Ha假设就是一季度出生的孩子成为职业冰球选手的概率不会比四季度孩子高出一倍或者更多。

接下来用多项分布进行计算。如果H0为真，那么抽样能够得到表中数据的概率就上升到了83%，但是没有达到95%。也就是说，虽然这种假设大概率是正确的，但是我们仍然无法完全肯定它，毕竟还有17%的概率是随机性造成的。

在这个例子中，我们通过数据验证了两个结论。第一个结论是，不同月份出生的孩子成为职业选手的可能性不同，这其实是一个比较宽泛的结论。通过抽样调查、假设检验，可以验证这个结论。第二个结论是，一季度出生的孩子成为职业选手的概率是四季度出生的孩子的两倍或者更高，这是一个更加具体、更加严格的结论，我们调查得到的数据还不足以支持这个结论。

可以看出，从统计数据中确实能归纳总结出规律和经验。但是，得出一个宽泛的结论容易，得出一个严格的结论很难。对于严格的结论，要有非常充足的数据证据来支持。

再看一个会颠覆大部分人认知的例子。美国研究人员做了两项研究。第一个是养宠物是否有助于缓解压力。第二个是，当一个人遇到压力时，和朋友在一起，或者和宠物在一起，哪种方法对缓解压力效果更好。

为了验证第一个结论，该如何设计实验呢？可能很多人会想到随机抽取两组感觉压力较大的人，一组和宠物在一起，另一组一个人单独排解压力，然后对比一下两组人前后的一些心理数据指标。这确实是一个可行的办法。但是正如前文讲的，把有宠物陪伴和没有任何陪伴设为变量做对比，未必是公平的比较。当一个人压力过大时，可能随便做点什么其他事都能让他感觉得到缓解，因此即便压力缓解了，也不一定能证明是宠物陪伴的作用。更公平的比较方法应该是，对比宠物陪伴和其他缓解压力方法的效果。最简单的做法就是找朋友来陪伴。事实上，美国研究人员就是这样设计对比实验的。他们招募了45名女性，把她们随机分配到三组中，15人一组，第一组有她们的狗陪伴，第二组有朋友陪伴，第三组是自己一个人。然后，让她们独自完成一项有压力的任务，同时检测她们的心跳。下表（表10-2）是这三组人的心跳数据，都根据实验对象平时的心跳做了归一化处理。

表10-2 宠物组、朋友组和对照组的心跳情况（次/分）

| 宠物组 | 朋友组 | 对照组 |
|---|---|---|
| 69.169 | 99.692 | 80.369 |
| 70.169 | 83.400 | 87.446 |
| 75.985 | 102.154 | 90.015 |
| 86.446 | 80.277 | 99.046 |
| 68.862 | 91.354 | 87.231 |
| 64.169 | 100.877 | 91.754 |
| 97.538 | 101.062 | 77.800 |
| 85.000 | 97.046 | 84.738 |
| 58.692 | 79.662 | 84.877 |
| 69.231 | 89.815 | 73.277 |
| 69.538 | 98.200 | 84.523 |
| 70.077 | 76.908 | 70.877 |
| 72.262 | 88.015 | 75.477 |
| 65.446 | 81.600 | 62.646 |
| 67.461 | 86.985 | 92.492 |
| 72.6696666666667 | 90.4698 | 82.8378666666667 |
| 72.670 | 90.470 | 82.838 |

这三组人的平均心跳分别是每分钟72.67、90.47和82.84次。

从这三组数据可以看出，第一组，也就是有宠物陪伴，对于缓解压力效果最好，朋友在身边反而是最差的，一个人待着，解压效果在两者之间。这个结果会颠覆很多人的认知，我第一次读到时也很震惊。很多人压力大的时候都希望能把朋友叫出来一起放松一下，但实验表明，几个压力最大的人都来自朋友组。

这个例子进一步验证了一个观点，在取得数据验证之前，我们的很多想象和感觉其实并不一定准确。所以，对于那些有争论的话题，最好的办法不是去找几个证据来证明自己的观点，而是通过实验用数据说话。

最后再来看一个例子。了解一些内部消息是否有助于提升股市回报率呢？对这个问题，大部分人的回答会是肯定的。实践中，也有很多人一直在试图打探内部消息，希望从中牟利。然而，学者们进行了大量调查统计后得到的结论，却并不支持内部消息能够明显提升投资回报率的说法。

人们之所以认为内部信息能够让人获益，是认定了股票交易本身是一个零和游戏，利用内部信息进行交易，能够以牺牲外部人的利益为代价，让有内部消息的人受益。但这个假设其实是错的。股票交易只在短期内是零和游戏，从长远来讲，股价大多会不断上涨。了解内部消息的一些人提前卖掉了股票，规避了一些风险，但也失去了长期获利的机会。根据学者们多年的研究，股票的长期持有者几乎不受内部交易的影响，而他们才是获利最多的人。

利用内部消息交易无法获利的另一个原因是，对于一个消息是好是坏的判断，具有很强的主观性。比如，某人了解到 A 公司这个季度的营收不错，会超出主要机构对盈利预期的平均数，于是提前买入了股票。但是等到这个消息真的被公布后，市场的看法和他之前的想法未必相同。可能市场觉得超出预期的程度不够，结果股价不涨反跌。

我们通过数据了解到的真实世界，其实和我们的想象有很大的差异，甚至有些时候会颠覆我们的认知。当我们的认知和事实不相符时，正确的是事实，因为它已经发生了，出错的是我们的认知，包括我们的模型和之前的推理。对此，我们需要仔细分析原因。

## 🔍 本章小结

今天我们收集数据、处理数据的方法都比较确定，按部就班进行就可以了。但是如何根据我们的目的设计调查和实验，在有了数据之后该如何总结规律，却是一门艺术，不能简单套用别人之前的做法。

不过，在设计实验、总结规律时，了解一些通用的经验和需要防范的误区，可以使我们少走弯路。比如，我们需要知道实验环境和真实世界的差异，知道从实验中总结的经验用到真实世界中可能改变世界本身，让经验不再灵验。我们还需要知道对两个全集进行比较是一件很复杂的事情，不能简单用几个指标概括全集的特征。最后，当事实和我们的认知相互矛盾时，我们应该清楚，事实总是对的，需要分析认知出现偏差的原因。

# 逻辑学有何局限性

在本书的最后，需要花一点篇幅讲一讲逻辑学的局限性。必须承认，生活中的很多问题是不能靠逻辑推理解决的，而且有一些问题永远无法靠逻辑解决。也就是说，逻辑学有一个明确的边界。

逻辑学的边界，其实和数学的边界是等价的。事实上，近代以来，人们发现数学和逻辑学是能够相互转化的。数学问题能够变成逻辑学的问题，而逻辑学可以看成数学的一个分支。

接下来就让我们看看数学的边界在哪里。这要从两位大数学家希尔伯特和哥德尔说起。

学过高等数学的人，对希尔伯特这个名字一定不陌生。在微积分和线性代数中，很多内容都和这个名字有关。

希尔伯特是19~20世纪的德国数学家。他在数学史上地位很高，通常认为他的贡献仅次于阿基米德、牛顿、高斯和欧拉。希尔伯特的贡献主要有三个。

第一，他将几何学进一步公理化。早在欧几里得时期，几何学就已经建立在严谨的公理之上了，希尔伯特为什么还要将几何学进一步公理化呢？因为欧几里得的公理系统存在一些没有清晰定义的概念，会让人产生二义性的理解。而希尔伯特用更清晰、更符合逻辑的数学概念定义了几何学的全部概念，并且重新描述了几何学公理。

第二，希尔伯特将数论研究规范化，创立了代数数论，这里就不展开讲了。

第三，希尔伯特通过全面考察和分析19~20世纪数学的发展状况，总结了23个人类需要解决的最重要的数学问题。为此人类奋斗了一个多世纪。可以说，他为人类指明了一个多世纪以来的数学发展方向。今天，世界上通常按照各国所解决的希尔伯特问题的数量，来衡量它们在数学上的实力。

不过，虽然已经在数学领域取得了很大的成就，希尔伯特的理想却并不仅限于此。他的最高目标是将所有数学知识放进一个基于很少的公理，并通过逻辑学演绎出来的系统当中。

与希尔伯特同时代的那批数学家有一个共同的想法，就是将数学的一个个分支公理化。事实上，在19世纪末20世纪初，几乎所有已知的数学分支，从微积分、近世代数到概率论，都被公理化了。在这种背景下，希尔伯特开始了一个宏大的设想，就是将整个数学纳入一个完备的公理系统之中。希尔伯特产生这个想法还有一个原因：当时的数学家和逻辑学家发现，数学和逻辑学基本上是一回事。比如，通过集合论，可以演绎出关于谓词逻辑的全部内容。同样，从集合论出发，可以演绎出近代的全部代数学内容。

　　具体来讲，希尔伯特认为，所有数学知识应该用一种统一的、严格形式化的语言和一套严格的规则来描述。这套规则应该具有下面四个特性：第一，完备性，也就是说数学里所有的真命题都可以根据它证明出来；第二，一致性，也就是运用这套规则不可能推导出矛盾；第三，保守性，用谓词逻辑举例就是，假设一个推理过程对于全称量词是对的，那么它对于存在量词也一定对；第四，确定性，也被称为可判定性，就是能够判别一个命题是真命题还是假命题。

　　这些要求显然都很合理，似乎也能够做到，因为在我们的印象中，对于一个数学命题，我们一定能判断它的真假，并且从同样的前提出发，不可能同时推导出相互矛盾的结果。

　　希尔伯特的这个想法是1920年提出来的，在之后的10年时间里，希尔伯特和很多数学家、逻辑学家不断努力，试图证明它的可行性。但是到了1931年，年仅24岁的数学家哥德尔提出了哥德尔不完备定理，证明了希尔伯特的这种想法无法实现。

　　简单来说，哥德尔找到了一个反例，证明存在一种公理系统，不可能同时满足完备性和一致性。也就是说，如果想让这个公理系统证明出所有的真命题，它就有可能推导出自相矛盾的结果。要想避免这种情况，有些命题就一定无法证明出来。

　　哥德尔不完备定理的提出和证明对希尔伯特打击很大，因为这宣告着他毕生的梦想无法实现了。但是换一个角度看，哥德尔不完备定理对数学和逻辑学的帮助很大，因为它告诉大家不要去做那些根本做不到的事情。

　　哥德尔不完备定理划定了数学和逻辑学的边界，告诉大家世界上很多问题是不可能靠数学和逻辑学来解决的。说得更直白一点，就是世界上很多问题根本就不是数学问题，也无法变成数学问题。如果一定要用逻辑学或数学的方法来解决，不仅解决不了问题，还会闹笑话。

说回哥德尔。虽然哥德尔提出了哥德尔不完备定理，证明了逻辑学是存在边界的，不能解决所有问题，但是在生活中，哥德尔非常较真，喜欢找出各种逻辑上的矛盾。

讲一个最典型的例子。1947年，哥德尔申请通过归化成为美国公民，开始学习美国宪法。当时，爱因斯坦和经济学家摩根斯特恩准备陪他去参加公民归化的考试。哥德尔告诉爱因斯坦，他发现美国宪法中有一个矛盾。爱因斯坦和摩根斯特恩非常担心他们的朋友会在考试时挑战考官。果然，在考试时，考官恰好问到哥德尔这个问题，哥德尔便开始向考官论证他发现的问题。所幸，爱因斯坦认识那位考官，那位一头雾水的考官赶忙打断哥德尔的长篇大论，随便问了些其他问题就让他通过了。

甚至，哥德尔的死亡也和他的较真有关。晚年的哥德尔得了病，在普林斯顿住进了医院。因为怀疑医院提供给他的食物有毒，但又无法证实或否定这一点，最终他绝食而死。

逻辑学本身就存在边界，不能概括所有的情况，我们生活的现实世界也不是一个非对即错的形式逻辑的世界。但即便如此，学习一些逻辑学，提升自己的逻辑思考能力，仍对提升自己的科学素养有很大帮助。希望你读完本书也能成为经常使用逻辑进行思考的受益者。